거지 성자

진리의 길을 가고자 하는 모든 이에게

쾰른의 성자, 페터와 함께 한 7년
거지 성자

전재성 지음

한국빠알리성전협회

추천의 글

 인연이란 이런 것인가 보다. 내가 처음 전 선생을 만난 것은 유신 정권의 핍박이 서슬 퍼렇던 1970년대 중반이었다. 그때 그는 늦깎이 학생이었고, 불교 철학에 대해 남다른 열정을 갖고 있었다. 당대를 살아가던 대부분의 청년이 그러했듯, 전 선생 역시 아픈 시대의 질곡을 온몸으로 부딪치며 항거하고 있었다.

 그와의 두 번째 만남은 독일에서 이루어졌다. 그 무렵 나는 광주 민주화항쟁을 르포 형식으로 기록한 〈죽음을 넘어 시대의 어둠을 넘어〉를 몰래 출판하고 안기부에 끌려가 고초를 당해야 했다. 1984년에 이르러 나는 베를린에서 열린 제3세계 문화축제에 초청 받아 독일을 방문했다. 당시 독일의 한인들 사이에는 광주 민주화항쟁을 기록한 비디오 테이프가 큰 파장을 일으키고 있었는데, 내가 전 선생을 다시 만난 것은 본을 방문했을 때였다. 그때 우리는 재회의 기쁨을 나눌 겨를도 없이 이국의 망명객이 된 심정으로 조국의 현실을 가슴 아파했다.

 최근 나는 그를 다시 만났다. 내가 형무소에서 출감한 지 얼마 되지 않아서였다. 뜻밖에도 그는 직접 쓴 원고 한 뭉치를 내게 보여주었다. 그 원고에는 조국을 떠나야 했던 한 청년의 쓰디쓴 기억과 7년 동안의 가슴 아린 이국 생활이 기록되어 있었다. 그가 7년 동안의 유학생활을 통해 가져온 것은 새로운 학문만이 아니었다. 그는 세상에서 가장 소중한 사람, 바로 페터 노이야르 선생의 가르침을 가슴에 담아온 것이다.

 미셸 푸코는 그의 해체 철학의 정점에서 윤리적인 주체의 형성과 그 실천으로 담보되는 최고 경지로서의 존재 미학에 관해서 이야기했다.

그것은 서구에서 데카르트 이후에 권력과 표리일체가 되어온 지식으로부터 앎과 함의 합일을 주장하는 지혜로의 복귀를 주장하는 것이다. 독일의 페터 노이야르 선생의 무소유적인 삶은 바로 동양적인 사상의 빛을 받아 이러한 데카르트적인 지와 행의 불일치를 극복하려고 시도해온 서구인의 인문학적인 반성에서 나온 노력의 결과이기도 하다.

이러한 결과는 서구문명의 오만과 횡포에 대한 대안으로서 이슬람, 불교, 힌두교, 유교, 기독교 문명간의 상호 이해와 일치를 바탕으로 한 21세기 새로운 문명 철학의 가능성을 시사하는 것이기도 하다.

'나는 아무 것도 가진 것이 없지만 아무 것도 필요로 하지 않는다.'

무소유란 그런 것이다. 진정한 무소유는 모든 것을 버릴 뿐만 아니라 어떤 것도 가지려 하지 않는다. 그러나 역설적으로 전세계를 끌어 안는다. 당신이 몸 담은 이 세상에 이보다 빛나는 삶이 있을까. 이보다 더 풍요롭고, 아름다운 삶이 있을까. 이 책을 읽는 동안 나는 마치 찬란한 빛으로 엮은 가사 한 벌을 얻어 입은 듯한 느낌에 사로잡혔다.

그는 지구 전체를 파멸로 몰아넣고 있는 현대 서구문명에 대한 반성을 통해서 모든 종교가 가르쳤던 핵심을 깨달았을 뿐만 아니라 그 깨달음 그대로를 자신의 삶에 투사하고 있다. 그의 삶과 사상은 우리 시대의 문명을 걱정하는 모든 이들에게 반성의 거울이 되어줄 것이다.

우리가 목마르게 기다리는 것은 바로 실천하는 성자이다.

황석영/소설가

저자의 말

페터 노이야르.

　한 촉의 촛불을 밝히고 가만히 그의 얼굴을 떠올린다. 깊은 어둠 속에서 다가오는 한 줄기 새벽빛처럼 맑디맑은 그의 눈빛과 침묵으로 전해오던 영혼의 울림, 내 숨구멍을 막아오던 그의 아름다운 시어(詩語)들….

　이제 나는 머나먼 이역 땅에서 만났던 한 사람에 대한 이야기를 시작하려고 한다. 차가운 북구의 밤하늘을 바라보며 외로움에 지쳐 있던 그때, 나는 내 정신의 마지막 수직의 정점에서 위대한 '사람의 아들'을 만났다. 그는 세상의 모든 비밀을 알았고, 살아 있는 모든 것들에 대한 삶의 비의(秘儀)를 알았으며, 그 깨달음을 몸소 실천한 사람이었다. 나는 그의 맑은 두 눈에서 세계를 보았고, 땅을 즈려밟은 그의 두 발에서 세계를 지탱하고 있는 자비를 보았다. 또, 나는 보았다. 거센 비바람과 차가운 눈보라 속에서 위대한 성자의 몸을 가려주고 있던 검은 망토를….

　우주에 녹아 있는 낱낱의 것들까지 담아내고 있는 그의 눈을 보면서 어느덧 나는 우주의 중심에 서고, 별들의 무덤 저편에서 다시 태어나는 것을 느꼈다. 남루하기 짝이 없는 망토 자락이 나부낄 때마다 나는 그가 미련 없이 떨쳐버린 세상의 티끌들을 보았으며, 머리조차 편안히 둘 곳이 없는 만행(卍行)의 자취를 쫓으며 세기를 관통하는 위대한 정신을 보았다.

　정신은 화석화된 돌이 아니고, 그 속에 갇혀 있을 수도 없다. 아, 그러나 우리는 감각적인 쾌락의 돌 속에 갇혀 있다. 우리가 사는 집은 영원히 헤어 날 수 없는 이중의 돌로 된 감옥이다. 페터 노이야르. 그는 정신을 가두고 있는 돌을 깨뜨리고, 마침내는 유폐된 정신의 감옥으로부터 탈출한 사람이었다. 그는 완전한 가난, 즉 무소유를 실천한 사람이었다.

　중세의 수피였던 몰라나 즐라레딘 루미는 이렇게 노래했다.

　'가난은 루비의 광맥 같은 붉은 비단으로 나를 감싸네.'

　페터 노이야르 선생과의 우연한 만남은 나의 모든 것을 바꾸어놓았다. 내가 그를 연모하고 동경해마지 않았던 것은 그 동안 나를 스쳐 지나간 빛의 현현과 세계의 소멸에 대한 체험 때문이었다. 그것은 유일성에 대한 체험이었다. 물론 그 환희에 가득 찬 체험이 있기까지에는 어둡고 긴 절망이 있었다. 그것은 내 가냘픈 청춘의 모든 것을 앗아간 기나긴 지옥과도 같은 것이었다.

칼 포퍼는 이렇게 말했다.

'이 지상에 천국을 건설하려는 모든 시도는 지상에 지옥을 만드는 것으로 끝났다.'

그는 1989년 독일 뮌헨에서 열린 강연회에서 [열린 사회는 잘못을 줄여 가는 것으로 족하다]고 밝힌 바 있다. 내가 페터 노이야르 선생에게 물었을 때, 그는 이렇게 대답했다.

'잘못을 고치려고 수없이 노력하지만, 나는 아직도 잘못을 고치지 못한 사람이네.'

선생의 겸허한 마음가짐 앞에서 나는 또 고개를 숙일 수밖에 없었다. 무언가를 더 얻기 위해 발버둥치는 우리와 달리, 그는 전 생애를 통해 아무 것도 소유하지 않으려고 노력한 사람이었다. 그는 물질적인 가난뿐 아니라 정신적으로도 완전한 가난을 추구했다. 하지만 그는 결코 가난한 사람이 아니었다. 절대적인 빈곤을 통해서 그는 가장 풍요로운 삶을 살아온 사람이었다. 그래서 나는 감히 그를 성자(聖者)라 부른다.

나의 영원한 벗이자 스승인 페터 노이야르 선생을 소개하는 이유는 참다운 가난은 저주받아야 할 육체가 아니라 위대한 정신이라는 믿음 때문이다. 참다운 가난이 없을 때 부와 풍요는 아무런 가치도 없는 돌덩이에 불과하다. 또 완전한 실천이 없을 때 종교는 우상숭배의 산물이며, 사회는 감옥일 따름이며, 개인은 노예에 불과할 뿐이다.

페터 노이야르 선생의 가르침은 단단한 콘크리트 속에서 발아한 생명의 빛이자 구원의 희망이었다. 내가 선생의 삶에 대해 글을 쓰기로 결심한 것은 그의 가르침과 실천이 문명의 어두운 그늘 속에서 신음하고 있는 우리에게 맑고 깨끗한 한 모금의 생명수가 될 수 있다는 믿음 때문이다.

쾰른의 성자, 페터와 함께 한 7년
거지 성자

추천의 글 —— 04
저자의 말 —— 06

I 성자와 함께 한 7년

1 성자의 호수
1982년, 쾰른 —— 16
성자의 호수 —— 19
어두운 청춘의 그늘 밑 —— 24
당신이 잃어버린 것 —— 33
아픈 사랑의 독(毒) —— 37
빛의 체험 —— 42
헤어질 때와 떠날 때 —— 46

2 그대, 왜 아름다운 날을 약속하는가
그대, 왜 아름다운 날을 약속하는가 —— 50
내 머리 위에 쓰레기를 버려다오 —— 54
아름답지 않으므로 아름답다 —— 61
아무 것도 가진 것 없는 자의 행복 —— 69
아나가리카의 삶 —— 77

3 쓰디쓴 쾌락의 허물
수평의 길 위를 걸을 때 —— 86
술잔에 떠 있는 님의 얼굴 —— 92
포템킨의 마을 —— 102
버려야 할 것과 채워야 할 것 —— 108
생겨나는 것도 없고, 사라지는 것도 없다 —— 116
쓰디쓴 쾌락의 허물 —— 123
문명의 어두운 그림자 —— 131
세상을 놓아 버리게나 —— 139

4 위대한 영혼은 머물 곳을 찾지 않는다
　버리고 떠나기 —— 146
　위대한 영혼은 머물 곳을 찾지 않는다 —— 158
　뿌리를 자르면 모든 것이 잘린다 —— 164
　내 안의 세계 —— 173
　서울, 어느 하늘 아래 —— 180

II 아름다운 재회

1 낙타의 방울이 길을 재촉할 때
　만남의 인연 —— 188
　두 번째 재회 —— 200
　나에게 비술(秘術) 따위는 없네 —— 207
　초대하려면 벼룩까지 불러야지 —— 214
　낙타의 방울이 길을 재촉할 때 —— 221
　세월이 새겨놓은 흔적 —— 228
　말할 수 있는 것은 도가 아니다 —— 233
　인연의 풀고 맺음 —— 242
　행복한 부자는 없다 —— 250
　독이 있는 덩굴 —— 258
　내 영혼의 무덤 —— 263

2 왜 돌아갈 길을 걱정하는가
　왜 돌아갈 길을 걱정하는가 —— 276
　영혼이 머물 자리 —— 285
　이별 전야(前夜) —— 294
　떠나는 자의 뒷모습 —— 300
　독일에서 온 편지 —— 308

성자와 함께 한 7년

성자의 호수

1999년 정월, 독일행 비행기에 오르기 전에 나는 하와이에 머물고 있는 아내와 통화했다. 아내는 잔뜩 감기가 걸린 목소리로 나의 장거리 여행을 염려했다. 17년 전 김포공항을 떠날 때, 나는 혼자였다. 하지만 지금은 혼자가 아니었다. 나의 만류에도 불구하고 아버지는 나를 배웅하기 위해 공항에까지 따라나섰던 것이다.

나는 얼마 전 리모콘이 달린 카메라 한 대를 샀다. 마지막이 될지도 모를 이번 여행의 흔적을 남기고 싶었기 때문이었다. 공항 출구를 나서기 전, 나는 카메라를 세워놓고 아버지와 나란히 사진 한 장을 찍었다. 내 내이 마흔 다섯이 넘도록 처음으로 아버지와 함께 찍어보는 사진이었다.

이제 여든 바라보고 있는 아버지. 평생을 철공소에서 잔뼈가 굵은 아버지에게 내가 보여줄 수 있는 것은 고작 중년의 나이를 훨씬 넘겨버린 주름진 얼굴뿐이었다. 그런데도 아버지는 신형 카메라 앞에서 대단히 만족스런 미소를 지었다. 일찍이 나는 아버지가 이토록 천진스런 표정으로 좋아하는 모습을 본 적이 없었다. 세월은 이토록. 모질게 지나가 버리는 것일까. 나는 주름진 아버지의 얼굴에서 오래 전에 묻혀버린 당신의 젊은 날과 내 청춘의 아픈 기억을 떠올렸다.

아버지는 출국장으로 들어서는 내 등뒤에 대고 열심히 손을 흔들었다. 그 모습을 곁눈질로 훔쳐보면서 나는 애써 걸음을 옮겼다. 루프트한자 항공기에 몸을 실은 후 나는 잠시 페터 노이야르 선생의 맑은 얼굴을 떠올렸다. 그의 얼굴을 떠올리는 것만으로도 청량한 기운이 온몸으로 퍼져 나가는 기분이었다.

나는 의자 깊숙이 몸을 묻은 채 지그시 눈을 감았다. 내 눈앞에 떠오른 것은 17년 전, 초췌한 몰골로 루프트한자 항공기에 오르던 스물 일곱 살의 가녀린 청년이었다. 영원히 세상을 등질 것 같은 표정으로 단출한 가방 하나를 둘러메고 여객기 트랩을 오르던 그 청년은, 이제 중년의 나이가 되어 있었다.

묶어둘 수 없는 세월 앞에서 나는 쓰디쓴 미소를 지었다. 절망 앞에 허우적거리며 피안(彼岸)을 찾아 조국을 떠나던 그 청년은 이제 다시 독일로 향하는 여객기에 몸을 싣고 있는 것이다. 되새김질을 하듯 나는 17년 전의 회억(回憶)을 곱씹기 시작했다. 그것은 단단한 각질을 뚫어내고 새살을 돋게 하는 아픔이자, 내 영혼의 빛을 찾아가는 머나 먼 여행이기도 했다.

1982년, 쾰른

1982년, 루프트한자 항공기에 몸을 실은 나는 금세 착잡한 기분에 빠져들었다. 하늘에서 바라본 이 땅은 거대한 침묵으로 짓눌려 있었고, 나는 유배를 떠나는 망명객처럼 우울한 시선으로 내가 몸담았던 땅을 내려다보았다. 절망과 회한으로 가득했던 내 청춘이 그대로 묻어 있는 것만 같아, 나는 창에 비친 마지막 잔영(殘影)이 아스라이 사라질 때까지 시선을 거두지 못했다.

어쩌면 이것이 영원히 돌아오지 못할 길이 아닌가 걱정하면서, 나는 긴급조치나 서대문 형무소 같은 어두운 낱말들을 떠올렸다. 그저 청춘이라고 표현하기에는 참으로 기나긴 고통의 시간이었다. 나는 이미 폐결핵 3기였고, 어느 곳에도 탈출구는 없어 보였다. 어쩌면 독일 유학이 나에게는 절망의 구렁텅이에서 빠져 나올 수 있는 유일한 희망의 빛이자 구원이었는지도 몰랐다. 다행히 나에게는 한 여자가 있었다. 그녀는 나에게 독일 유학을 주선해 주었고, 꺼져 가는 내 마지막 생명의 불꽃을 되살려주었다.

쾰른 공항에 도착했을 때, 나는 마중 나온 사람들 틈에서 그녀를 발견했다. 낯선 이역 땅에서 그녀의 존재는 맑은 샘물을 품고 있는 오아시스처럼 느껴졌다. 그녀는 이미 쫄스톡에 방을 얻어 어학시험 준비를 하고 있었고, 쾰른시 교외에 있는 에페른에 내가 머물 방까지 구해놓은 터였다.

여장을 푼 첫날 밤, 나는 설렘과 두려움 때문에 잠을 이룰 수 없었다. 나에게는 미래에 대한 구체적인 계획도 마련되어 있지 않았고, 독일어조차 변변치 못한 처지였다. 때문에 앞으로의 유학생활에서 기대한 성과를 거둘 수 있을 것인지조차 확신할 수 없었다.

이튿날, 나는 에페른에서 멀지 않은 슈타트발트(시유림)로 향했다. 그곳은 숲에 둘러싸인 초원지대였다. 어둡고 비좁은 방에서 절망만 삼켜왔던 나에게 초원은 거대한 바다처럼 보였다. 끝없이 깔린 푸른 잔디 위에 섬처럼 서 있는 숲은 내게 새로운 세계를 약속하는 신의 축복처럼 느껴졌다.

저녁 무렵이 되어 나는 여자 친구의 안내를 받아 쾰른 시내를 구경하러 갔다. 쾰른은 라인강 하류에 위치한 도시로 상업과 교통의 중심지였다. 오래 된 구시가에는 독일 고딕 건축의 걸작품인 쾰른 대성당을 비롯하여 로마 시대의 유적과 박물관이 산재해 있었다. 우리는 중심가인 노이마르크에 도착한 후 넓은 번화가를 따라 걸었다. 구두가게와 옷가게가 즐비한 거리를 따라 걷다가 나는 오른 편에 악마의 요새처럼 검푸른 빛을 반사하고 있는 엄청난 크기의 첨탑을 보았다.

"쾰른 대성당이에요. 여기 사람들은 '돔'이라고 부르죠."

그때서야 나는 유럽 대륙의 한가운데에 서 있다는 것을 느낄 수 있었고, 왜 유럽인들이 쾰른을 북로마라고 부르는지 이해할 수 있었다. 돔은 1248년에 처음 초석을 놓은 후 아직까지 건축이 진행중인 북유럽 최대의 건축물이었다. 그 엄청난 예술 혼과 유구한 역사에 탄복하면서 나는 한동안 돔을 바라보았다.

우리는 성당 안으로 들어서서 성모 마리아 상을 바라보았다. 밀랍으로 만들어진 성모 마리아 상 앞에는 수많은 촛불이 타오르고 있었다. 성소는 청동 상으로 가득 차 있었고, 우람하게 뻗어 내린 기둥들이 끝을 알 수 없는 천장을 받치고 있었다. 성스러운 권력의 상징처럼 흑회색을 띤 건물은 매혹적이고 우아했다. 이러한 건물이 건축되기까지 13세기나 걸렸다. 잊혀진 영혼과 잊혀진 시간들이 빚어낸 유령 같은 성당이었다. 이 성당을 두고 카톨릭 시인 안네드 폰 드로스테 휠스호프는 1842년에 이런 시를 썼다.

드높은 쾰른의 대성당이여.
모든 시대의 기념비여.
독일의 광명이여.
오랜 세월 속에 회색의 연륜을 쌓았으되
아직도 완성을 기다리노라.

그러나 같은 해에 하인리히 하이네는 약간 조롱기 섞인 시를 썼다.

보라! 저기 달빛 아래
거대한 녀석을!
저주받아 검게 솟아 있는
쾰른의 대성당이여
영혼의 바스티유 감옥이여
간사한 로마 숭배자들이 생각해낸
이 엄청난 감옥에서
독일의 이성은 여위어가노라.

이 위대한 대성당을 조롱한 하이네의 시를 안내 책자에 실은 독일인의 자유로운 영혼이 부럽기까지 했다. 하지만 독일에서의 첫 감상적인 감회는 그것으로 끝을 맺어야 했다. 독일어 어학 코스에 등록하러 갔을 때 나는 절망하지 않을 수 없었다. 한국을 떠나기 전 독일어를 공부했음에도 불구하고 그들이 하는 말을 하나도 알아들을 수 없었던 것이다. 더구나 나는 몸이 성치 않았고, 스스로 학비를 마련해야 할 처지였으므로 절망은 더욱 깊을 수밖에 없었다. 절망감을 이기기 위해 기도와 명상에 몰두했지만 그리 성공적이지는 못했다. 나는 또다시 죽음을 생각했다.

성자의 호수

밤마다 경찰에 쫓기는 악몽은 독일에 와서도 계속되었다. 누군가 내 목을 낚아채는 순간 뒤를 돌아다보면, 거기에는 검고 칙칙한 어둠이 혀를 날름거리며 나를 노려보고 있는 것만 같았다. 한국을 떠나 무시무시한 악몽으로부터 벗어나면 몸이 나아질 거라는 기대도 물거품이 되고 말았다. 별다른 준비 없이 떠난 유학은 생각했던 만큼 녹녹하지 않았다. 몸은 점점 야위어갔고, 의지로 번뜩이던 눈조차 흐물흐물 빛을 잃어갔다.

그나마 나에게 위안을 주었던 것은 대학 건물을 둘러싸고 있는 울창한 숲과 악헨너 바이어의 커다란 호수였다. 가끔씩 나는 숲을 산책하면서 호흡을 가다듬고, 내 몸 속에 가라앉아 있는 찌꺼기들을 씻어냈다. 그러나 산책이 항상 즐거움을 가져다 준 것만은 아니었다. 너른 숲 속에 자리잡은 호수는 대개 엷은 안개 속에 덮여 있었고, 나는 그 음습한 안개 속에서 죽음의 환영(幻影)을 보곤 했다. 짙은 회색 빛 안개 속에 가라앉은 수면 위에서 나는 내 곁을 스쳐간 무수한 사람들의 얼굴을 보았다. 형무소의 쇠창살 너머로 보았던 동료들과 사랑했던 한 여인, 그리고 기꺼이 고통을 감내하며 조국에 남아 있을 내 또래의 청년들을….

독일에 온 이후 두 달 동안 나는 시바 신이 창조주의 해골을 들고 다니며 죄악을 참회하는 것과 같은 심정으로 호숫가를 배회했다. 그러나 무기력한 나의 배회는 결코 헛된 것이 아니었다. 마치 오랫동안 나를 기다리고 있었던 것처럼, 한 사람의 위대한 성자가 그곳에 앉아 있었던 것이다.

그는 홀로 벤치에 앉아 있었다. 잘 다듬어진 나무 인형처럼 앉아 있는 그의 모습에 집중하지 않았더라면, 나는 내 인생의 가장 소중한 기회를 잃어버렸을지도 몰랐다. 첫눈에도 그는 거지처럼 보였다. 그는 남루하지만 깨끗이 기워 입은 망토를 걸친 채 그윽한 눈길로 악헨너 바이어의 호수를 바라보고 있었다.

누구에게 버려져 이곳까지 흘러든 것일까. 목석처럼 앉아 있는 그를 보면서 나는 가슴을 찌르르 관통하는 동병상련의 아픔을 느꼈다. 나는 천천히 벤치로 다가가 그의 곁에 나란히 앉았다. 그는 이국에서 온 동양인에게 별다른 관심을 보이지 않았다. 그의 곁에는 자그마한 녹색 보자기 하나가 놓여 있었다. 그 보자기는 낡은 우산의 천을 벗겨내 이리저리 기워 만든 것이었다. 그는 보자기를 무릎 위에 올려놓고는 가만히 매듭을 풀었다. 보자기 안에는 반쯤 썩은 사과와 당근, 그리고 딱딱하게 굳은 흑빵이 들어 있었다. 그는 썩은 당근 하나를 꺼내들더니 아주 천천히 그것을 씹어 먹었다. 그때서야 낯선 이국인 하나가 자신을 물끄러미 바라보고 있는 것을 눈치챈 듯, 그는 말없이 썩은 당근 하나를 깨끗이 깎아 내게 건넸다.

"먹어 보겠소?"

나는 그가 대학 구내를 어슬렁거리는 부랑자 중 한 사람일 거라고 생각했다. 그러나 당근을 건네 받기 위해 손을 내밀었을 때, 나는 그가 범상한 인물이 아니라는 것을 단박에 알아차렸다. 그의 얼굴은 일찍이 느껴보지 못했던 맑은 기운으로 넘쳐흘렀고, 두 눈에서는 밝디 밝은 빛이 샘솟고 있었던 것이다. 나는 넋을 잃은 채 그를 바라보다가 간신히 서툰 독일어 몇 마디를 내뱉었다.

"두 비스트 비 아인 지저스 크리스투스(당신은 예수처럼 생겼군요)."

자연스럽게 기른 머리카락이 그의 어깨를 덮고 있었고, 부드러운 수염이 턱을 가리고 있었다. 또 넓은 이마와 형형한 눈빛, 맑고 깨끗한 피부가 너무나 예수를 닮아 있었다. 나는 그가 건네준 썩은 당근을 씹으며 한동안 그의 눈을 바라보았다. 그 순간을 말로 표현한다는 것은 부질없는 짓이다. 아마도 세례 요한이 예수를 만났을 때 이런 기분이 들었을까. 처음 보는 순간, 나는 그에게 매료되었고, 이루 형용할 수 없는 희열이 전신을 감쌌다. 그는 잔잔한 미소를 지으며 내게 말했다.

"나는 예수가 아닙니다."

그의 묵직한 어투조차도 나에게는 신비롭게 느껴졌다. 나는 다시 물었다.

"그런데 왜 이렇게 살고 있습니까?"

나는 낡은 망토 속에 태양과도 같은 빛을 감추고 있는 이 거지가 틀림없이 성 프란체스카와 같은 성자일 것이라고 생각했다. 그는 작은 칼로 부지런히 썩은 당근을 깎으며 대답했다.

"이히 레베 오네 보눙, 오네 겔트, 오네 프라우(나는 집 없이, 돈 없이, 여자 없이 삽니다)."

아아, 나는 가벼운 탄식을 쏟아냈다. 죽음을 늘 그림자처럼 달고 다니던 내게 그의 대답은 완전한 해방의 메시지였다. 더구나 '집 없이'라는 말은 닫혀 있던 대지와 우주를 나에게 열어 보이는 충격적인 메시지였다. 문득 나는 부끄러운 생각이 들었다. 집과 돈과 여자⋯. 나의 삶이란 한낱 그런 것을 얻기 위한 삶이 아니었던가.

괴테는 일찍이 〈파우스트〉에서 이렇게 노래했다.

나는 알고 있노라.
내 영혼으로부터 막힘 없이 흐르는 생각과
자비로운 운명이
깊은 곳으로부터 나를 기쁘게 하는
모든 행복한 순간 이외에
내 것이라는 것은 아무 것도 없다는 것을.

그는 내게 더 많은 말을 들려주었지만 독일어가 서툰 나는 제대로 알아들을 수가 없었다. 단지 내가 물을 수 있었던 첫마디는 고작 '당신은 부처님을 아십니까?' 정도였다.

"잘 알고 있습니다."

그는 고개를 끄덕이면서 붓다에 대한 설명을 덧붙였다.

"나도 붓다처럼 아나가리카(집 없는 자)로 살고 있지요. 옷은 기워 입으면 되니까 한 벌이면 족하지요."

2500년 전에 설파했던 붓다의 가르침을 수행하는 고행자를 유럽의 한가운데서 만날 수 있다는 사실에 나는 감동하고 말았다.

"성함이 무엇입니까?"

"페터 노이야르."

우리는 서로의 이름을 주고받았다. 내가 한국에서 왔다고 하자 그는 영국의 한 사원에서 지낸 적이 있었는데, 그때 한국의 승려와 인사를 나눈 적이 있다고 했다. 나는 또 다른 인도의 성자들에 대해 질문했다. 라마나 마하리쉬, 빠라마항사 요가난다, 간디에 대해 묻자 그는 고개를 끄덕이며 잘 안다고 대답했다. 나는 너무나도 놀라서 노자나 공자, 혹은 장자에 대해서도 알고 있는지 물었다. 그는 동양의 위대한 인물들이 가르친 구절들을 줄줄이 꿰면서 역시 잘 안다는 대답이었다.

반가운 나머지 나는 그를 멘자(학교식당)로 초대했다. 거지 차림의 그에게 마른 빵 대신 따뜻한 식사 한 끼라도 대접하고 싶었기 때문이었다. 그는 나의 초대에 기꺼이 응하면서 두터운 망토를 들고 따라나섰다. 영국에서 얻었다는 그의 검은 망토는 육체를 가릴 집이자 이부자리였다. 공원의 나무 밑에서 잠을 자려면 새벽의 추위를 견뎌야 하기 때문이었다. 학교식당에서 우리는 감자와 야채 샐러드로 허기를 달랬다.

"당신은 나의 구루(스승)입니다."

내가 말했을 때 그는 가만히 고개를 가로 저었다.

"나는 남의 스승이 될 만큼 성숙하지 못합니다."
"왜, 카톨릭 수도원이나 사찰에 들어가 수행하지 않습니까?"
"붓다는 이렇게 말했지요. 집이란 더러운 구석일 뿐이라고."

그리고 나서 그는 자유로운 하늘과 넓은 땅을 자신의 집으로 삼는다고 말했다. 우리가 대화를 나누고 있을 때 나의 여자 친구인 H가 나타났다. 그녀는 불과 두 달만에 독일인과 대화를 나누는 내가 무척 대견했던 모양이었다. 그녀는 불문곡직 옆자리에 앉아 신기한 외모의 페터 노이야르를 바라보았다. 그녀 역시 첫마디는 나와 똑같았다.

"예수처럼 보이는군요."

카톨릭 신자인 그녀는 한국에 있을 때부터 유창하게 독일어를 구사했기 때문에 페터 선생과 자유롭게 대화를 나누었다. 그러나 페터 선생을 바라보는 그녀의 시각은 나와 다른 데가 있었다. 오히려 그녀는 페터 선생에게 따끔하게 일침을 가했다.

"인생의 모든 것을 경험한 뒤에 자유인으로 사는 것은 또 다른 지적 허영이 아닙니까?"

페터 선생은 대답 대신 너털웃음을 터뜨렸다. 식사를 마치고 페터 선생과 헤어지면서 나는 "어디로 가면 다시 만날 수 있습니까?"라고 물었다.

"노이마르크에 있는 시립 중앙도서관으로 오시오."

그는 도서관으로 오면 항상 자신을 만날 수 있다는 말을 남기고 느린 걸음걸이로 내 앞에서 사라졌다. 멀어져 가는 그의 뒷모습을 보면서 나는 한참 동안이나 그 자리에 서 있었다. 그는 커다란 체구에 어울리지 않게 작은 손수레를 끌고 다녔다. 그 작은 수레에는 그가 하루 동안 일용할 양식과 추위를 가릴 옷가지들, 그리고 밖에서 잠잘 때 필요한 모든 것이 들어 있었다. 평생 안고 가야 할 짐이 저것뿐이라면 그의 행로는 얼마나 자유로울 것인가, 하는 생각을 하면서 나는 그와 다시 만날 수 있기를 기대했다.

어두운 청춘의 그늘 밑

페터 선생과의 첫 만남 이후 나는 그의 정체가 무엇인지 점점 더 궁금해졌다. 사실 나는 그가 범죄자나 탈옥수 출신의 부랑자가 아닌가 하고 의심도 했다. 하지만 이러한 생각은 모든 성자들이 처음 세상에 나타났을 때 많은 사람들이 성자에게 품었던 생각과 동일한 것이라는 사실을 깨닫고는 내 자신이 부끄러워졌다. 적어도 그는 여느 부랑자와 달랐다. 그의 빛나는 언어 속에는 깨달음을 얻은 사람의 가르침이 묻어 있었고, 그의 여윈 몸에서는 고행의 길을 떠나는 수행자의 면모가 엿보였던 것이다.

그로부터 한달 정도 지났을 때 나는 노이마르크에 있는 중앙도서관을 찾아갔다. 도서관은 투명하고 맑은 유리창과 붉은 색 철제 새시로 장식된 현대식 건물이었다. 노이마르크는 쾰른 시의 한가운데에 있었다. 드넓은 노이마르크 광장을 중심으로 번화가를 따라가면 쾰른 대성당이 자리잡고 있었고, 거리 주변에는 드문드문 오래 전에 축조된 중세 교회들이 고색창연한 빛을 발하고 있었다.

도서관에서는 책뿐만 아니라 테이프나 레코드 등도 열흘간 무료로 빌려주고 있었다. 따라서 페터 선생을 만나지 못한다 하더라도 나에게는 도서관을 찾아가야 할 충분한 이유가 있었던 것이다.

도서관에 들어선 나는 먼저 3층에 위치한 인문과학실로 발길을 옮겼다. 놀랍게도 나는 그곳에서 페터 선생을 만날 수 있었다. 그는 남루한 망토를 걸친 채 창가에 앉아 종이 쪽지 위에 무언가 열심히 적고 있었다. 눈부신 햇살 속으로 그의 거대한 그림자가 길게 누워 있었다. 나는 애써 반가움을 숨긴 채 잘 정돈된 서가 사이를 걸어 그에게 다가갔다.
"안녕하십니까?"
나는 낮고 조용한 목소리로 그에게 인사를 건넸다. 그는 아주 느린 몸짓으로 천천히 고개를 들어올렸다. 일순, 그의 입가에 화사한 미소가 떠올랐다.
"아, 전 선생!"
페터 선생은 갑자기 자리에서 일어나더니 가슴을 맞대며 나를 끌어 앉았다. 페르시아식 인사법이었다. 어리둥절할 정도로 놀라운 환대였다.
"인도에 관심이 있다고 했지요?"
그는 이내 나를 이끌어 인도학과 불교학 자료가 있는 서가로 안내했다. 그리고는 일일이 책을 꺼내들며 이것저것 설명해주는 것이었다. 그의 해박한 지식 앞에서 나는 경의를 표하지 않을 수 없었다.
"나도 석 달 동안 인도를 여행한 적이 있었지요."
그는 마치 여행의 동반자라도 만났다는 듯이 인도를 여행하면서 겪었던 일을 말하기 시작했다. 그는 인도를 여행하던 중 목이 너무 말라 깨진 유리병에 담긴 물을 먹고 심한 열병을 앓아 한동안 병원에 입원한 적이 있었다고 했다. 또 간디의 제자로 잘 알려진 비노 바바베를 만났던 이야기도 들려주었다.
그의 이야기를 들으면서 나는 서가에 꽂혀 있는 인도 자료와 불교학 자료들을 둘러보았다. 독일 학자들의 동양에 대한 관심은 놀라울 정도였다. 내가 방대한 양의 자료들을 둘러보고 있을 때 페터 선생이 다른 서가에서 책 한 권을 뽑아 내게 건넸다. 〈비르케나우의 연기〉라는 영문으로 된 다큐멘터리 책자였다.
"2차 대전 때에 유대인 학살 현장을 고발한 책이지요."
그는 그 책을 권하면서 인간의 탐욕과 무지가 얼마나 깊은가를 깨닫게 해줄 것이라고 설명했다. 그는 또 나치의 범죄 사실이 독일에서 여전히 은폐되고 있다고 말하면서 최근에는 나치의 유대인 학살 자체를 부인하는 박사학위 논문까지 등장했다며 개탄했다.

"나치들은 유대인을 체포해서 트럭의 짐칸에 싣고 수용소로 운반했어요. 짐칸에는 트럭의 배기 가스가 스며들도록 호스로 연결되어 있었고, 결국 유대인들은 수용소에 도착하기도 전에 모두 사망했지요. 나치는 유대인의 주검을 구덩이에 집단으로 매장하거나 기름을 짜내 비누를 만들었어요."

그의 얘기를 들으면서 나는 얼마 전 독일 영화관에서 본 영화의 한 장면을 떠올렸다. 그 영화에는 비밀경찰들이 사회주의자 로자 룩셈부르크 여사를 체포해서 운송하던 도중에 돌에 묶어 강물에 빠뜨리는 장면이 있었다. 그 끔찍한 장면을 보면서 나는 인간의 이성과 집단심리가 얼마나 우매한 대중을 만들어낼 수 있는지 뼈저리게 느낄 수 있었다.

"인간의 비극은 인간의 본성 속에 숨어 있는 탐욕과 어리석음 때문에 생겨나지요."

페터 선생은 안타까운 듯 쓰게 입맛을 다셨다. 마침 흑인 한 명이 페터 선생 곁으로 다가왔다. 나중에 안 일이지만 그는 회교도였다. 페터 선생은 그와 유창한 불어로 인사를 나누고는 나를 한국에서 온 친구라고 소개했다. 두 사람은 한참 동안 대화를 나누었지만 불어에 까막눈인 나는 무슨 이야기를 하는지 전혀 알 수가 없었다. 다만 나는 두 사람의 몸짓을 보면서 이슬람 수피에 관한 이야기를 주고받는 것이라고 짐작할 뿐이었다.

페터 선생이 흑인과 대화를 마치고 돌아오자 나는 그에게 저녁 식사에 초대하고 싶다고 제안했다. 페터 선생은 내 초대를 흔쾌히 받아들였다. 우리는 기숙사가 있는 에페른까지 걷기로 하고 도심을 벗어나 한가한 룩셈부르크 거리의 뒷길을 걸었다. 한참을 걸었을 때 페터 선생은 내게 뜻밖의 제안을 해왔다.

"이제 우린 친구요. 앞으로 거추장스런 존칭은 빼버리는 게 좋겠소."

나는 약간 놀랐지만 그의 제안을 거절하지는 않았다. 이후 그는 자연스럽게 반말로 말을 했지만, 나는 쉽사리 반말이 나오지 않았다. 더구나 그는 나보다 열 살이 많은 마흔 살이었고, 나는 이미 그를 스승으로 삼기로 결심했던 터였다. 그러나 독일어의 특성을 알면서부터 나도 자연스럽게 존칭을 생략했다. 독일에서는 나이에 관계없이 가까운 친구 사이일수록 반말을 하는 것이 예의였던 것이다.

이제 완연한 봄날이었다. 길게 이어진 철로 위에는 아지랑이가 나른한 몸을 일으켜 세우고 있었고, 철로를 따라 일구어놓은 채마밭에서는 부드럽고 향기로운 꽃내음이 물씬 풍겼다. 아름드리 나무에서 뻗어나간 우듬지에서는 지빠귀의 달콤한 노랫소리가 들려오고, 너울거리는 방울새의 날갯짓이 눈앞에 아른거렸다. 연두 빛으로 물든 숲에서는 이따금씩 꾀꼬리의 황홀한 울음소리가 들려오기도 했다. 철로를 따라 걸으며 우리는 많은 대화를 나누었다. 나는 페터 선생이 여자에 관해 어떤 생각을 하고 있는지 알고 싶었다. 그래서 나는 '오네 프라우'라는 말, 즉 여자 없이 살아간다는 것이 무엇을 의미하는 것인지를 물어 보았다. 그러자 페터 선생은 지그시 미소를 머금고 약간 쑥스러운 어조로 말했다.

"나에게도 연인이 있었네. 그녀는 헝가리 출신이었는데 알프스에서 열렸던 청년캠프에서 만났지."

그녀의 이름은 '안예쉬'였다. 아버지가 의사였던 그녀는 의학을 전공하고 있었는데, 페터는 2년 가까이 그녀와 교제했다. 그러던 어느 날 안예쉬는 그를 헝가리의 유명한 발라톤 호수에 초대했다. 발라톤 호수는 오스트리아와 헝가리 사이의 국경 서쪽에 위치해 있었다. 면적이 600㎢에 달하는 이 호수는 유럽 최대의 호수이자 유럽에서 가장 아름다운 호수이기도 했다. 호수의 북쪽은 아름다운 언덕과 비탈로 이루어져 있는데, 이 언덕 위에는 그림 같이 펼쳐진 포도밭과 별장들이 즐비하고, 언덕 마루에는 폐허가 된 성들이 늘어서 있었다. 또 그 뒤로는 떡갈나무 숲으로 뒤덮인 바코니 산맥이 지나고 있어 그 아름다움을 더해 주었다. 북쪽 호안에 발달한 티하니 반도에는 보기 드문 원시식물들이 서식하고 있으며, 건너편에 위치한 남쪽 호안은 해수욕장으로 유명하다. 바다에 접해 있지 않은 헝가리 국민들은 발라톤 호수를 바다라고 부르고 있었다. 그러나 엄청나게 크고 광활한 이 호수의 깊이는 대개 3~4 미터밖에 되지 않아 가족 휴양지로 이름이 높았다.

페터는 그녀를 정말로 사랑했고, 안예쉬의 부모님도 페터를 각별하게 대해 주었다. 그 무렵 페터는 프랑스에 머물고 있었다. 당시 프랑스 대학가에서는 베트남 전쟁에 반대하는 시위가 연일 벌어지고 있었다. 그때 페터는 반전을 주장하는 신문기사를 발췌하여 대자보로 만드는 일을 하고 있었다. 이 일을 하면서 같은 생각을 가졌던 두 사람 사이는 더욱 가까워졌다. 페터는 헝가리에 머물고 있는 연인과 장문의 편지를 주고받았고, 틈틈이 프랑스의 의학서적을 사서 보내 주었다. 연인에 대한 사랑으로 가득한 페터의 편지는 이따금씩 40장에 달할 만큼 장문이었다. 편지를 통해 두 사람은 세계의 이슈를 토론하고, 인류의 미래를 걱정했다.

1968년 당시 프랑스의 5월 혁명운동은 신좌파 운동으로 어느 정도는 낭만적인 요소를 품고 있었다. 산업사회에 대한 절망은 지식인들로 하여금 제3세계로 시선을 돌리게 했고, 서구문명에 대한 가치를 부정하게 만들었다. 또 그들은 서구문명을 지탱해 왔던 기존의 모든 가치체계는 물론, 기독교나 전통 마르크시즘까지 부정하면서 '지금 여기'에 이상사회가 실현되어야 한다고 믿었다.

일찍이 마르크스가 공상적 유토피아를 과학적 사회주의로 발전시켰다면, 마르쿠제는 과학적 사회주의를 다시 유토피아적인 현재로 환원시켰다. 참혹한 세계 대전과 이로부터 비롯된 냉전 이데올로기가 한국전쟁과 베트남 전쟁으로 이어지면서 유토피아를 꿈꾸던 지식인들은 역사 발전이 정의의 승리를 가져다 줄 것이라는 확신을 버려야 했다. 그러므로 그들은 역사의 발전이 지상천국을 약속해주지 않는 이상, '지금 당장 여기에' 천국을 실현시켜야 한다고 믿었다. 이러한 운동은 1960년대를 관통하며 청년들을 고무시켰다. 특히 중국에서 열병처럼 번져간 문화대혁명은 서구문명의 유산을 거부하고 제도화된 모든 것에 항거하려는 신좌파 운동에 자극을 주었다.

신좌파 운동에 가담한 히피족들은 "지금 천국을!"이라는 모토를 내걸고 있었고, 학생운동 지도자였던 마리오 사비오 역시 "지금 행동을!"이라는 구호를 외쳐댔다. 미국의 대학생들은 흑인들의 선거권 획득을 돕기 위해 남부로 향했지만, 그들이 확인한 것은 여전히 노예상태를 벗어나지 못한 흑인의 생활과 비극적인 베트남 전쟁이었다.

프랑스 5월 혁명의 중심지는 소르본느 대학이었다. 당시 대학을 점령한 학생들은 스스로 '시민대학'으로 부르며 모든 사람에게 출입을 허가하고 밤낮없이 토론을 계속했다. 교정은 여기저기서 떠들어대는 즉흥 연설로 떠들썩했으며, 고색창연하던 대학건물의 벽은 덕지덕지 흩날리는 대자보로 도배되었다. 이들은 선동적인 글귀를 대학 곳곳에 붙여 놓았다.

"여기에서는 모든 금지를 금한다."

페터는 그의 젊은 시절을 이러한 분위기 속에서 지냈다. 그때 안예쉬는 소련이 지배하고 있던 헝가리에서 벗어나 독일로 이주하기를 원하고 있었다. 그러던 어느 날, 페터가 스페인을 여행하고 돌아오자 안예쉬의 어머니로부터 장문의 편지가 도착해 있었다. 그 편지에는 안예쉬의 비극적인 소식이 적혀 있었다. 안예쉬가 뇌종양으로 사망했다는 소식이었다.

페터 선생은 자신이 겪은 사랑의 열병을 담담하게 이야기했다.

너무나 진지하게 대화를 나누는 동안 우리는 어느 새 슈타트발트를 지나 에페른의 호숫가에 도착했다. 하넨 가에 있는 나의 기숙사는 호수에서 아주 가까운 곳에 있었다. 우리는 좁은 샛길을 따라 언덕을 내려갔다. 호수의 심연은 너무나 깊은 나머지 어둡고 침침해 보였다. 우리는 한동안 호숫가에 선 채 수면에 비친 나무등걸과 회색의 구름들을 바라보았다. 잘 자란 갈대들이 뒤덮고 있는 호수는 갈탄을 파낸 자리에 물이 고여 생긴 인공호수였다.

파랗게 싹이 돋아난 잔디 위에 앉아 페터 선생은 계속 말을 이어갔다. 안예쉬는 페터와 만난 지 2년만에 스무 살의 꽃다운 나이에 사망했다. 그 이후 페터의 방랑생활이 시작되었다. 그는 파리의 세느강변에서 만난 스물 한 살의 홀랜드 처녀와 암스테르담에서 얼마 동안 동거했고, 그곳에서 딸을 낳았다. 그러나 페터는 처음부터 결혼을 생각하지 않았고, 더구나 아이를 갖는다는 것은 전혀 생각 밖이었다. 여자의 가족은 독일인에 대한 혐오감을 숨기지 않았기 때문에 두 사람은 행복하게 맺어질 수 없었다. 결국 페터는 그 여자와 헤어졌고, 그녀는 정부에서 미혼모에게 지급하는 지원금으로 생활을 꾸려나가야 했다.

"나의 가장 큰 죄악이자 수치였네."

페터 선생은 그렇게 말끝을 맺었다. 문득 나는 한국에서 겪었던 실연의 아픔을 떠올렸고, 그가 감내했을 청춘의 아련한 고통을 이해할 수 있을 것 같은 기분이 들었다. 커다란 아름드리 나무 위에 어두운 빛의 먹구름이 몰려오고 있었다. 금방이라도 소나기가 퍼부을 기세였다. 호수를 둘러싸고 있는 자작나무 사이로 연무(煙霧)가 피어오르는가 싶더니 개구리들이 일제히 울음을 터뜨렸고, 수면 위를 날던 나비들이 황급히 윤무(輪舞)를 추며 자취를 감추기 시작했다.

페터는 7년이 지난 뒤에야 홀랜드 여자가 다른 남자와 결혼했다는 소식을 들었다. 다시 10여 년의 세월이 흐른 뒤 그녀는 페터의 어머니에게 손녀의 사진을 보냈다. 그때 처음으로 페터는 몰라보게 자란 딸의 얼굴을 볼 수 있었다.

"지금쯤 사춘기의 소녀로 자라 있겠지."

호수 위를 낮게 비행하던 잠자리 떼가 일제히 허공으로 치솟아 오르더니 이내 갈대 숲 속으로 자취를 감추었다. 나는 미처 일행을 따라가지 못한 채 홀로 갈대 위에 앉아 있는 잠자리의 커다란 그물눈을 바라보았다.

페터 선생이 가만히 입을 열었다.

"중세시대에 페르시아의 수피였던 하피스는 이렇게 말했네. 보라, 연인의 아름다운 머리카락을…. 언제나 고통의 그물에서 신음하는 것을!"

나는 다시 실연의 아픔을 선사한 한 여자의 얼굴을 떠올렸다. 나를 연인으로 생각했던 그녀 역시 내가 고통스러워하는 만큼 고통스러워하고 있으리라. 하지만 언젠가 나는 그녀의 기억 속에서 사라질 것이고, 마지막 남은 나의 영상조차 그녀를 떠날 것이다.

"하피스는 어떤 사람이었습니까?"

"하피스는 한평생을 거지로 살았지."

하피스의 본명은 셈세딘 모하메드 하피스였다. 그는 무사페레딘 왕조가 시작되던 1318년에 태어나 1392년에 세상을 떠났다. 전해지는 바에 의하면 그는 본래 빵을 굽는 일을 했으나 후에 출가하여 수행자의 길을 걸었다. 그는 수행자의 신분임에도 불구하고 위선으로 가득 찬 다른 수행자들을 비판하며 걸림 없는 삶을 살았다.

"거지처럼 세상을 떠돈 사람의 시가 지금까지 전해지는 것이 놀랍군요."

"전설에 의하면 그는 시를 쓴 다음 아무렇게나 내팽개쳤지. 사람들이 구겨진 종이를 주워 모아 시집으로 엮었는데 페르시아에서는 가장 위대한 시인으로 추앙 받고 있네."

그러면서 페터 선생은 하피스의 시 한 구절을 읊어주었다.

"기대하지 말라! 이 잘못된 세상에서 그대에게 한 약속을! 수많은 남자의 유일한 신부는 욕망을 채우지 못한 노파이니."

결국 페터 선생은 평생 여자 없이 살기로 결심했다. 설핏 옷깃을 스치고 지나가던 비는 어느 새 멎어 있었다. 우리는 머리카락을 적신 차가운 빗물을 떨어낼 생각도 하지 않은 채 무연히 호수를 바라보았다. 수면 위에는 어느덧 붉은 황혼 빛이 물들어 가고 있었다. 누가 먼저랄 것도 없이 우리는 자리에서 일어나 언덕길을 걸어 올라왔다.

주위는 금세 어두워졌다. 나는 페터 선생에게 저녁 식사를 대접하고 싶었지만 그는 극구 사양했다.

"붓다는 해가 지면 공양을 하지 않았네."

나는 그와 헤어지는 것이 아쉬워 기숙사에서 함께 잠을 자는 것이 어떻겠느냐고 물었다. 하지만 그는 설레설레 고개를 내저으며 말했다.

"내 집은 룩카 물레야."

룩카 물레란 산스크리트어로 나무 밑을 뜻했다. 그는 짤막한 인사를 남긴 후 숲 속으로 사라졌다. 나는 하룻밤을 쉬어갈 나무 밑을 찾아 떠나는 그의 뒷모습을 바라보다가 발길을 옮겼다. 그는 이제 두 시간 동안 걸어 온 길을 되돌아가 박물관 근처에 있는 호숫가 나무 밑에 잠자리를 마련할 것이다.

당신이 잃어버린 것

그로부터 일주일 뒤, 나는 누군가 창문을 두드리는 소리에 잠에서 깨어났다. 채 어둠이 가시지 않은 새벽녘, 기숙사의 창문을 두드리는 그 소리는 미혹의 어둠을 밝히는 청명한 외침처럼 들려왔다. 나는 잠자리를 뒤척이며 게슴츠레한 눈으로 창문을 열었다. 거기에는 아침이슬에 흠뻑 젖은 페터 선생이 검은 망토를 입고 서 있었다. 내가 그의 손에 들린 바구니를 확인한 겨를도 없이 페터 선생은 어슴푸레한 새벽 안개 속으로 자취를 감추고 말았다. 나는 서둘러 창가로 다가갔다. 하지만 이미 그의 자취는 사라진 뒤였고, 창가에는 낡은 무명으로 된 자그마한 보자기가 놓여 있었다.

나는 무명 보자기를 풀어볼 생각도 없이 게으른 아이처럼 늦잠을 자고는 해가 창살에 비칠 때가 되어서야 비로소 잠에서 깨어났다. 그때서야 나는 창가에 놓인 낡은 보자기를 떠올렸다. 새벽 안개 속으로 사라진 페터 선생의 그림자를 떠올린 것도 그때였다. 나는 보자기를 들어 매듭을 풀었다. 보자기 속에는 썩은 사과며 바나나, 당근 같은 야채들이 가득 들어 있었다. 썩은 부분만 도려낸다면 먹을 수 있는 것들이었다. 또 그 옆에 놓인 종이 봉투 속에는 커다란 흑빵 한 덩이가 들어 있었다.

나는 흑빵을 잘게 썰어 버터를 바른 다음 그 위에 썩은 부분을 도려낸 과일을 얹었다. 그런 대로 훌륭한 아침식사가 되었다. 그러나 오래된 야채는 국을 끓일 수도 없었기 때문에 대부분 쓰레기통에 버렸다. 뒤에 깨달은 것이지만 그것은 나의 큰 잘못이었다. 이 모든 것이 선생에게는 얼마나 소중한 것들이었을까 하는 것을 미처 깨닫지 못했던 것이다. 야채를 날것으로 먹는 것은 건강을 위해 아주 중요한 요소라는 것을 안 것은 그로부터 오랜 세월이 지나서였다. 나중에야 알았지만 그 낡은 보자기 속에 들어 있던 과일과 야채는 유통기한이 지나긴 했지만 자연식품 가게인 비오라덴에서 얻어온 무공해 식품들이었던 것이다.

나는 식사를 마친 후 자전거를 끌고 어학코스에 갔다가 학생식당에서 점심식사를 하고는 오후가 되어서야 다시 기숙사로 돌아왔다. 나의 건강은 대체로 좋지 않은 상태였기 때문에 자전거를 타는 것조차 허리에 심한 부담을 주었다. 그러나 달리 방도가 없었다. 워낙 전차나 버스 요금이 비싼 편이었던 것이다. 그렇기 때문에 나는 벼룩시장에서 150마르크를 주고 프랑스제 중고 자전거를 샀던 것이다.

기숙사로 돌아오자 맞은편 방에 있는 터어키 친구 나이프가 페터 선생을 초대하여 공동 부엌에서 식사를 대접하고 있었다. 페터 선생을 보자 나는 새벽녘에 받은 선물에 대해 감사의 인사를 했다.

"아침에 훌륭한 과일과 빵을 갖다 주어서 아주 맛있게 먹었습니다."

그러자 옆에 있던 나이프가 말했다.

"전 선생 덕분에 페터 선생을 만났어. 선생께서 이렇게 편지를 써 주니 얼마나 고마운지 몰라."

나이프는 노동자로 이곳에 와 있는 친척을 따라 독일에 왔으나 장기체류 문제 때문에 커다란 곤욕을 치르고 있었다. 페터 선생은 나이프를 위해 관청에 보내는 서한을 작성해주고 있었던 것이다. 나는 나 외에 다른 사람이 페터 선생을 초대한 것에 대해 무척 흡족한 생각이 들었다.

나는 한국에서 가져온 결명자 차를 끓여 그들에게 대접했다. 페터 선생은 편지를 작성해준 뒤 결명자 차를 마시며 나이프에게 재미있는 이야기를 꺼냈다.

"나이프, 물라 나스루딘 호자의 이야기를 아는가?"

나이프의 얼굴에 금세 해맑은 미소가 떠올랐다. 물라 나스루딘 호자는 중세 시대에 페르시아에 살던 이인(異人)이었는데, 이슬람 세계에서는 재미있는 이야기들이 이 가공적인 현자에게 가탁되어 설명되곤 한다고 한다. 물라라는 말은 이슬람의 성직자를 일컫는 말이었다. 페터 선생은 특유의 묵직한 어투로 이야기를 시작했다.

물라 나스루딘 호자는 가난한 초가집에서 살았는데, 재산이라고는 마구간의 당나귀 한 마리뿐이었다. 어느 날 이웃에 사는 친구가 놀러와 당나귀를 빌려 달라고 졸랐다. 그러자 나스루딘은 짐짓 거짓말을 둘러댔다.

"당나귀는 마구간에 없네. 들판에 일하러 나갔거든."

그러나 나스루딘의 말이 끝나기가 무섭게 마구간에 있던 당나귀가 히히잉 하고 울음을 터뜨렸다. 그 소리에 당황한 나스루딘의 얼굴을 바라보던 친구는 화를 내며 친구에게 이럴 수 있느냐고 따졌다. 그런데도 나스루딘은 아주 태연한 표정으로 이렇게 말했다.

"자네는 당나귀를 믿나, 내 말을 믿나?"

이 대목에서 우리는 한바탕 폭소를 터뜨렸다. 페터 선생의 이야기가 끝나자 나이프가 나섰다. 그는 나스루딘의 또 다른 이야기가 생각났다면서 말을 꺼냈다. 나이프가 들려준 얘기 또한 무척 재미있는 우화였다.

어느 날 나스루딘이 외출했다가 집에 돌아와 보니 당나귀가 보이지 않았다. 그런데도 그는 누군가 훔쳐간 것이려니 생각하고 태연하게 지냈다. 그러나 이웃 사람들이 그 사실을 알고는 가난한 나스루딘의 마지막 재산이 없어졌다며 걱정을 하기 시작했다. 그래서 동네 사람들은 서로 힘을 합쳐 당나귀를 찾아 주기로 하고 나스루딘을 앞장세우고는 집을 나섰다. 하지만 앞장 선 나스루딘은 잃어버린 당나귀를 찾을 생각은 하지 않고 흥얼흥얼 콧노래를 부르며 춤을 추는 것이었다. 당황한 마을 사람들이 그에게 물었다.

"아까운 당나귀를 잃었는데 뭐가 그리 신이 나서 흥얼거리는가?"

동네 사람의 물음에 나스루딘은 아주 행복한 미소를 지으며 이렇게 대답했다.

"만약 내가 당나귀를 타고 있었다면, 나도 함께 잃어버렸을 것 아닙니까?"

나이프의 이야기야말로 우리를 정말 즐겁게 만들었다. 우리는 그것이 우스개 소리가 아니라는 것을 알고 있었다. 당나귀는 곧 우리가 집착하고 있는 욕망이며, 정작 우리가 잃어버린 것은 당나귀가 아니라 '나'인 것이다. 나이프의 얘기가 끝나자 선생은 중세 시대에 인도의 위대한 성자였던 카비르의 경구를 들려주었다.

'우리가 앉아 있는 나무 가지를 자르고 바닥에 앉지 않으면 안 된다. 그렇지 않으면 언제 나무 가지에서 떨어져 다칠지 모른다.'

우리가 앉아 있는 나무가지는 우리가 집착하는 '나'라는 도그마인 것이다.

아픈 사랑의 독(毒)

페터 선생과의 만남이 없었다면 나의 유학 생활은 결코 평탄하지만은 않았을 것이다. 그와의 짧은 만남을 통해 나는 어느 새 한국에서 얻은 마음의 병을 조금씩 치유해 가고 있었다. 하지만 젊은 날들의 기억이 완전히 사라진 것은 아니었다. 가끔씩 나는 독배(毒杯)를 비운 사람처럼 고통과 절망으로 몸부림치던 옛 기억 때문에 고통스러워했다.

한국에 있을 때 나는 긴급조치 위반 혐의로 체포되어 서대문 형무소에서 지낸 적이 있었다. 을씨년스런 모습의 사형장이 마주 보이던 감방에서 나는 귀에 익은 이름을 가진 사람들을 만날 수 있었다. 2층에는 시인 김지하가 수감되어 있었고, 맞은편 방에는 이철과 여정남이 수감되어 있었다. 그들이 겪어야 했던 고초를 짐작하기란 그리 어렵지 않았다. 그들은 매일 들것에 실린 채 신음을 토하며 감방을 들락거렸다. 얼마 후 여정남은 사형을 당했고, 보다 먼 훗날에 이철은 국회의원이 되었다.

감방을 처음 구경했던 나는 좁은 방안에서 낯선 사람들과 살을 비비면서 지내기가 여간 고통스러운 것이 아니었다. 처음에는 다른 사람들이 보는 앞에서 뻥끼통에 오줌을 누는 것조차 부끄러웠다. 그래서 한 번 소변을 보려면 10여 분 이상이 걸렸다. 밤이 되면 우리는 반쪽으로 쪼개진 통나무처럼 다른 사람들과 몸을 겹친 채 칼 잠을 자야 했다.

다행히 나는 기소유예로 서대문 형무소를 벗어날 수 있었다. 출소한 지 1년쯤 지난 뒤에 나는 송광사에서 열린 한 세미나에서 〈민중불교를 위한 소론〉을 발표한 적이 있었다. 서슬이 퍼렇던 군사정권 시절이었기 때문에 나는 발표한 글 때문에 당국의 조사를 받아야 했다. 그후 1년간 송광사에서 발표한 글을 보완하여 〈민중불교론〉을 완성했다. 하지만 내가 쓴 글을 실어줄 만한 곳을 찾기가 쉽지 않았다. 그래서 나는 평소에 잘 알고 지내던 황석영 선생을 찾아가 원고를 맡겼다. 황석영 선생은 원고를 검토해 본 뒤에 과분한 칭찬을 아끼지 않았다. 그러나 그 역시 마땅한 지면을 찾지 못했는지 내 원고는 1년 뒤에 임정남 선생의 손으로 넘어갔고, 마지막에는 당시 진보적인 입장을 대변하고 있던 월간《대화》지의 송건호 선생에게 넘어갔다.

송 선생은 내 원고를 검토한 후 1976년 10월호에 실어주었다. 그러나 출간된 지 일주일만에《대화》지는 당국의 압력으로 폐간조치를 당하고 말았다. 지학순 주교가 쓴〈노동자의 인권을 보장하라〉는 글이 당국의 심기를 건드린 것이다. 나는 같은 호에 진보적인 글을 실었다는 이유로 남산 중앙정보부에 끌려가 수 차례 조사를 받아야 했다. 이후 나는 별다른 혐의가 없었음에도 불구하고 시위가 벌어질 때마다 사전에 구금되어 경찰의 취조를 받아야 했다. 영등포에 있던 집 앞 골목에는 형사들이 자주 대기하고 있었다. 그들은 느닷없이 나를 끌고 수원과 영등포 유치장으로 데려갔다. 이때부터 나의 악몽은 시작되었다. 꿈자리를 밟아오는 군화 소리, 내 뒤를 쫓는 검은 그림자들…. 나는 늘 축축하게 젖은 이부자리 속에서 새벽을 맞아야 했다. 악몽으로 가위눌린 새벽이면 나는 미친 듯이 이부자리에서 일어나 멀거니 허공을 응시하곤 했었다.

내 몸은 점점 여위어가고 있었다. 어느 날 갑자기 늑막염이 도졌고, 몇 개월 후에는 폐결핵으로 재발했다. 독한 약을 견디지 못했던 나는 보름씩이나 단식을 해서 효험을 보았지만 병은 계속 재발되었다. 약에 대한 내성으로 약효가 떨어지자 이번에는 허리디스크가 생겨났고, 거기에 소화장애까지 겹쳤다. 나는 몸을 추스르기 위해 산사를 찾아다니며 법문을 듣고, 용하다는 무당들을 찾아다니기도 했다. 하지만 한번 허물어진 몸은 좀처럼 회복되지 않았다.

    길을 걸을 때면 무거운 십자가를 지고 골고다 언덕을 오르는 것 같았다. 나의 몸은 거센 파도에 난파된 배처럼 갈기갈기 찢겨진 시체처럼 변해 갔다. 창백한 낯빛과 시도 때도 없이 일어나는 기침과 구토 때문에 나는 몸조차 제대로 가눌 수 없는 지경이 되었다. 내가 부르짖던 민중이란 말은 대양을 떠다니는 내 찢겨진 육신을 주워 모아 장례식을 치러줄 작은 섬에 지나지 않았다. 이제 나에게 던져진 화두는 삶과 죽음이었다.

    그 무렵 나는 의과대학에 다니고 있던 한 여자를 만났다. 수원의 어느 딸기밭에서였을 것이다. 그녀는 내게 바슐라르의 《촛불의 미학》과 자신이 그린 그림, 그리고 직접 쓴 몇 편의 글을 선물했다. 그녀의 선물은 너무나도 과분한 것이었다. 그녀의 목적은 내가 경도되어 있던 사회과학의 메마른 사막에서 나를 구원하는 것이었다.

    며칠 동안 나는 그녀가 쓴 글들을 읽어보았다. 글은 어둡고 침침했다. 그녀의 글을 읽는 동안 나는 너무나 우울한 나머지 컴컴한 지옥을 걷고 있는 기분이었다. 그녀의 글은 나의 관심을 끌지는 못했지만 삶의 의욕마저 상실해 버린 내게 그녀가 선물한 《촛불의 미학》은 내 목숨을 지탱시키는 데 결정적인 역할을 했다.

    7년만에 간신히 대학을 졸업한 후 나는 1년간이나 반 평짜리 골방에 틀어박혀 촛불을 명상하면서 지냈다. 심신이 지칠 대로 지쳐 있었으므로 취직은 엄두도 낼 수 없었다. 때문에 나는 폐인처럼 가족들의 눈총을 받으며, 지옥 같은 어둠 속에서 촛불만을 관찰했다. 그녀가 나에게 선물한 것은 바로 '촛불' 자체였다. 그 촛불이 나의 생명을 1년간이나 연장시켜 주었던 것이다. 거리에 나오면 나무들이 푸른 촛불로 보이고, 걸어가는 사람들도 움직이는 촛불로 보였다. 촛불에는 분명 나를 고통 속에서 지탱해줄 철학이 숨어 있었다. 그것은 바슐라르가 말했던 촛불의 '수직성'이었다. 촛불의 수직성이 나의 척추와 일치될 때, 나는 내 자신을 파멸로 몰고 가는 욕망과 좌절과 분노를 말끔히 불태울 수 있었다. 나중에 알았지만 이 명상법은 초기불교에서 카시나(遍處修行)라고 하는 명상법이었다. 우빨라반나(蓮華色)라는 비구니가 이 불에 관한 명상으로 선정에 들어 마침내 아라한의 지위에 올랐다. 이제 내 입에서는 민중이라는 말 대신 촛불이라는 낱말이 자연스럽게 흘러나왔다. 나의 예상치 않은 변화에 동료들은 비웃음으로 대했다.

그로부터 1년쯤 지났을까. 어느 날 핵물리학을 전공하던 태평로의 친구 집에 들른 적이 있었다. 그 친구 집에서 지금은 고인이 된 시인 J를 만났다. 문학 청년답지 않게 그는 우람한 체구를 갖고 있었다. 그는 나를 보자 대뜸 큰절을 올렸다. 젊은 나이에 낯선 사람으로부터 느닷없이 큰절을 받는다는 것은 무척 당혹스러운 일이었다.

"얼마 전 선생님의 글을 읽은 적이 있습니다."

그때서야 나는 함석헌 옹이 펴내던 《씨알의 소리》에 〈한용운의 저항정신〉이라는 글을 발표한 기억을 떠올렸다. 얼마 전에 고인이 된 계훈제 선생의 부탁으로 썼던 글이었다. J는 그 글을 읽고 자신의 삶을 크게 깨우쳤다면서 큰절을 올린 이유를 설명했다. 그리고는 두툼한 책 한 권을 꺼내 내게 건네주는 것이었다. 그 책은 영문으로 된 빠라마항사 요가난다의 책이었다. 더구나 그는 전화번호와 집의 약도를 가르쳐 주고는 나를 초대하고 싶다고 했다.

홍익대 근처에 있던 그의 집을 방문한 것은 한참 뒤의 일이었다. 그의 집은 꽤 큰 전통 한옥이었는데, 현관문을 들어설 때부터 분위기가 이상했다. 덩치 큰 장정들이 두 패로 나뉘어 싸움질을 하고 있었던 것이다. 인기척을 들은 J가 뛰쳐나오며 나를 맞았다. 그는 마당을 가득 메우고 있는 어깨들을 향해 말했다.

"인사 드려. 내 스승이시다."

그러자 예닐곱 명의 어깨들이 나에게 꾸벅 허리를 조아렸다. 나중에 안 일이지만 그들은 명동을 장악하고 있던 깡패들이었다. 나는 잠시 넋을 놓고 있다가 안으로 들어섰다. J는 내게 차를 대접하면서 자신이 살아왔던 이야기를 풀어놓았다. 그의 어머니는 이상(李箱)의 〈날개〉에 등장하는 여자 금홍을 연상시켰다. 그는 명문대학에 진학할 수 있었음에도 진학을 포기한 후 함석헌 옹을 따라 다니며 시민운동을 하기도 하고, 시를 쓰기도 했다. 그후 그는 요가에 매력을 느껴 수행도 하고, 때로는 섹스와 마약에 빠져들기도 했다. 그는 한때의 방황을 통절하게 반성하고 있었지만, 이미 때는 늦어 있었다. 그로부터 10여 년이 지난 후, 나는 그가 암으로 사망했다는 소식을 들었다.

빛의 체험

J가 건네 준 한 권의 책은 나에게 중요한 계기를 마련해 주었다. 어느 날 나는 조계사 근처에서 요가를 지도한다는 노인을 만났다. 얼굴이 신선처럼 깨끗해 보이는 분이었는데, 일요일마다 다방에 모여 일본어로 된 요가난다의 자서전을 읽고 공부한다는 것이었다. 나는 요가난다의 자서전을 읽고 있던 중이었기 때문에 기꺼이 모임에 참석하기로 했다.

그 모임에는 항상 대여섯 명이 모였는데, 노인은 유창한 일본어 실력으로 자서전을 읽고 우리에게 해설해 주었다. 공부가 끝나면 우리는 우이동의 한 식당에서 식사를 하고 북한산에 올라가 명상에 잠겼다. 노인의 명상 방법은 아주 독특했다. 다같이 서서 한 시간 정도 흘러가는 물을 바라보면서 물 속에 있는 바위의 한 점에 의식을 집중하는 것이 수행의 전부였다. 그런 다음에는 바위 위에 걸터앉아 가부좌를 틀고 30분 정도 명상했다. 노인은 이렇게 말했다.

"한 점에 집중하면 한 점만이 실재이고, 다른 모든 것은 모두 허상으로 보이게 될 게야."

간단한 수행 방법이었지만 쓸데없는 번뇌를 없애는 데는 탁월한 방법이었다. 이후 나는 집에서도 검은 점을 벽에 그려 놓고 명상을 했는데, 그 블랙 홀을 바라보며 장시간 명상하는 것은 쉬운 일이 아니었다. 그래서 나는 촛불을 켜놓고 타오르는 심지의 검은 점에 정신을 집중했다. 검은 점을 바라보는 것보다는 지루하지도 않고 정신을 한 곳에 모으는 데도 효과가 있었다.

그렇게 서너 달쯤 지났을 때 노인은 자신의 명상법이 금강경에 나오는 '약견제상(若見諸相)이 비상(非相)이면 즉견여래(則見如來)'라는 깨달음을 실천하기 위한 것이라고 설명했다. 한 점이 실재로 보이면 다른 모든 형상은 부서진다. 그렇게 될 때 상(相)을 상이 아닌 것(非相)으로 보게 되므로 여래를 보는 깨달음을 얻을 수 있다는 내용이었다. 그로부터 몇 달 후 노인은 내게 이렇게 말했다.

"곧 미간에 있는 제3의 눈이 터지게 될 게야."

나는 노인의 말을 대수롭지 않게 들었다. 그러나 노인의 예언은 적중했다.

스물 일곱 살이 되던 어느 가을날, 나는 시커먼 하수가 흐르는 안양천과 한강이 만나는 뚝 위를 걷고 있었다. 그때만 해도 뚝 아래에는 엉성하게 엮어놓은 판잣집들이 덕지덕지 붙어 있었고, 가난에 찌든 사람들이 더러운 하수와 함께 살고 있었다. 오랫동안 명상을 해왔지만 나는 아직도 삶과 죽음의 그림자에서 벗어나지 못하고 있었다. 앞으로 어떻게 살아야 하는지, 이 괴로움을 어떻게 벗어나야 하는지 전혀 갈피를 잡지 못하고 있었던 것이다. 오히려 나는 죽음과 친숙해져 있었다. 벌써 10여 년간이나 나는 자살을 생각해 왔던 것이다. 그러나 어떤 도구를 수단으로 사용하는 비겁한 죽음을 택하기는 싫었다.

나는 뚝 위에 앉아 이대로 편안한 죽음을 맞을 수만 있다면 좋겠다고 생각했다. 절망 속에서 나는 신을 향해 간절히 희구했다. 라히리 마하사야는 신을 불신하던 요가난다의 아버지 앞에 나타나지 않았던가? 절대자가 있다면 피와 살을 가진 존재로 내 앞에 나타나야 하지 않겠는가?

잠깐이긴 했지만 나의 기도는 너무나 간절한 것이었다. 내 몸에서 어떤 기운이 느껴지기 시작한 것은 그때였다. 호흡이 점차 가늘어지면서 온몸에 맑은 기운이 흐르기 시작했다. 일순 모든 고통이 사라지기 시작했고, 호흡은 완전히 멈추어버렸다. 칠흑 같은 암흑 속에서 엄청나게 밝은 빛이 다가와 나의 모든 것을 마비시키는 것 같았다. 순간, 이 세계와 저 세계를 구분하던 모든 것은 내 앞에서 지워져 버렸다. 양 눈썹 사이에서 다이아몬드가 박힌 것 같았고 강렬한 태양 빛이 쏟아져 나오는 느낌이 들었다. 순간적이지만 나는 황홀하고도 아름다운 지복(至福)의 격랑에 휩싸여 있었다.

얼마나 시간이 지났을까. 호흡이 다시 느껴지면서 현실로 돌아왔을 때, 나는 완전히 다른 사람이 되어 있었다. 나의 머리는 명료해졌고, 마음은 이슬에 씻긴 듯 가뿐해졌다. 안양천에서의 신비한 체험 이후 3년 동안 나는 육체적으로 무리하지 않는 한 약을 복용하지 않은 채 건강을 유지할 수 있었다.

이후 명상에 들 때마다 나의 육신은 조금씩 치유가 되는 듯했다. 그러나 명상이 끝난 후에는 별로 나아진 것이 없어 보였다. 그것은 여러 가지 나쁜 습관을 쉽게 버릴 수가 없었기 때문이었다. 그럼에도 불구하고 내가 간절한 마음으로 명상에 들 때마다 그 놀라운 체험은 반복적으로 다가왔다. 나의 의식은 점점 명료해졌고, 이제 나의 갈 길을 가야한다는 절규가 내 몸 안에서 꿈틀대는 것을 느꼈다. 하지만 내가 가진 것은 아무 것도 없었다. 결국 내가 생각해낸 것은 공부를 계속해야겠다는 것뿐이었다.

나는 인도철학을 공부하기 위해 D대 대학원에 입학 원서를 제출했지만 학비가 있을 리 없었다. 나는 교무과에 가서 솔직하게 등록금이 없다고 말하고는 살아온 과정을 고백했다. 그로부터 일주일 뒤, 교무과장으로부터 연락이 왔다. 그는 며칠 전에 만난 자신의 처남 이야기를 들려주었다. 놀랍게도 그 처남은 수원경찰서 유치장에서 만난 적이 있던 나의 동료였다.

"처남의 간곡한 요청도 있고 해서… 산학협동 장학금을 주기로 했네."

당시 산학협동 장학금은 최고 액수였고, 2년 동안 받을 수 있었다. 나는 떨 듯이 기뻤다. 그러나 내 마음은 여전히 무거웠다. 광주 민주화 항쟁이 발발하면서 많은 후배들이 감옥에 들어가 고생을 하고 있었기 때문에 나 혼자 공부에만 몰두한다는 것이 께름칙했기 때문이었다. 그러나 죽음과 절망의 어둠 속에서 다가온 기회를 저버릴 수는 없었다.

　나는 대학원에 등록한 후 생활비를 벌기 위해 몇 권의 책을 번역했다. 그리고 불과 몇 달만에 〈고대 인도문헌에 나타난 불에 관한 연구〉라는 석사 논문을 끝냈다. 그런 와중에서도 유치장 속에 갇히는 경험은 계속되었다. 후배들의 시위가 있을 때마다 나는 중부경찰서에 끌려가 곤욕을 치러야 했다. 그 때문에 거의 나아가던 나의 육신은 또다시 허물어져 갔다.

헤어질 때와 **떠**날 때

그 무렵 나와 함께 공부하던 여자 친구 H가 독일 유학 수속을 밟고 있었다. 그녀는 내 처지가 안타까웠는지 함께 유학을 떠나자고 제의했다. 부산에서 한 통의 편지가 날아든 것도 그때였다. 내게 《촛불의 미학》을 선물했던 여자로부터의 편지였다. 나는 몇 년 전에 있었던 그녀와의 아쉬운 이별을 떠올렸다. 그녀는 나를 만나기 위해 서울로 올라와 하루종일 기다리다 밤이 늦어서야 나를 만날 수 있었다. 그러나 시간은 너무 늦어 있었고, 우리는 제대로 말도 나누지 못한 채 헤어져야 했다. 이제 의사가 된 그녀로부터 날아온 편지는 너무나도 뜻밖이었다. 그녀는 내게 결혼하자고 말했다.

하지만 나는 그녀의 청혼을 받아들일 준비가 전혀 되어 있지 않은 상태였다. 더구나 그녀와 나 사이에는 쉽게 허물 수 없는 벽이 가로놓여 있었다. 그녀는 그녀대로 남모를 집안 사정이 있었던 것 같았고, 나는 어린 시절에 입은 몸의 화상 때문에 이성에 대한 두려움을 갖고 있었다. 우리는 서로 치유하지 못한 마음의 병을 안고 있었던 것이다. 나는 두 사람 사이에 놓인 벽을 무너뜨릴 자신이 없었고, 한 여자를 사랑으로 보듬어줄 수 있는 너그러움 같은 것이 내게 남아 있지 않다는 것을 알고 있었다. 설상가상으로 나는 학위 논문을 빨리 끝내느라 무리해서 폐결핵이 재발된 상태였다.

나는 그녀의 청혼을 정중히 거절했다. 이후에도 간곡한 편지들이 수 차례 날아들었지만 나는 건강을 이유로 결혼할 수 없다고 답장을 보냈다. 그러던 어느 날, 그녀의 마지막 편지가 도착했다.

'사귀는 여자가 있는지 몰랐어요. 미안해요….'

그것으로 그녀와의 모든 관계는 끝이었다. 아마 그녀는 나와 함께 독일 유학을 떠나기로 한 H에 대해 소문을 들었던 모양이었다. 하지만 나는 H와도 일정한 거리를 유지하고 있었다. 몸과 마음의 병을 동시에 안고 있던 나에게 사랑이란 그저 감정의 사치쯤으로 여겨졌기 때문이었다.

나는 한 여자와의 이별을 슬퍼할 겨를도 없이 서둘러 유학 수속을 밟았다. 그러나 아무리 기다려도 여권은 나오지 않았고, 병무청의 출국 허가도 떨어지지 않았다. 더구나 병원에서 진단한 결과 내 폐에는 다시 커다란 동공이 나타났다. 하지만 이대로 포기할 수는 없었다. 나는 다시 요가난다의 책을 붙들고 명상에 잠기곤 했다.

병무청을 찾아갔을 때에야 나는 왜 출국 허가가 나오지 않았는지 깨달았다. 병무 행정의 실수로 내가 예비군 훈련 기피자로 등록되어 있었던 것이다. 나는 서류를 다시 작성한 후에야 가까스로 출국 허가를 받아냈다. 그러나 문제는 여권이었다. 당시만 하더라도 운동권 출신의 보안사범의 경우에는 여권이 쉽게 발급되지 않았다. 결국 나는 선배의 도움으로 군 관계자를 만나 사정을 이야기한 후에야 여권을 발급 받을 수 있었다.

먼저 독일로 떠난 여자 친구 H로부터 쾰른 대학 입학허가서가 날아들었다. 그런데 출국을 며칠 앞둔 날 밤. 나는 다시 중부서 경찰서에 연행되었다. 후배들의 시위 때문이었다. 유치장에서 보낸 몇 날 밤의 고통은 이루 말할 수 없는 것이었다. 독일로 갈 수 없을지 모른다는 불안감과 영원히 감시의 눈초리에서 벗어날 수 없다는 절망감으로 나는 치를 떨었다. 다행히 나는 며칠만에 구금상태에서 풀려났다. 이제 나의 결심은 더욱 확고해졌다. 한시라도 빨리 이 땅을 벗어나야 한다.

경찰서에서 나오자마자 나는 곧장 독일로 향했다. 김포공항을 이륙할 때, 저절로 눈물이 스며 나왔다. 나는 김 속에 넣은 폐결핵 약을 어루만지며 머나먼 이역의 하늘을 떠올리고 있었다.

그대, 왜 아름다운 날을 약속하는가

그대, 왜 아름다운 날을 약속하는가

한동안 나는 페터 선생을 만나지 못했다. 페터 선생이 기숙사를 다녀간 지 며칠 후, 뜻밖의 사건이 터졌다. 그날 저녁, 터어키 친구인 나이프가 내 방문을 노크했다.

"들어와."

거칠게 문이 열리는가 싶더니 잔뜩 일그러진 나이프의 얼굴이 내 앞을 막아섰다. 나를 놀라게 한 것은 나이프의 손에 들려 있던 권총이었다. 나는 화들짝 놀라 자리에서 일어섰다. 혹시 나에게 총을 겨누고 있는 것이 아닌가 하는 생각이 들었던 것이다.

"왜 그래! 나이프!"

그의 표정은 당장 누구를 죽일 기세였다. 그는 거친 숨을 몰아쉬며 혼잣말처럼 중얼거렸다.

"그 여자를 죽여버리고 말 거야."

"왜 권총을 들이대고 이래!"

"암시장에서 산 거야. 그 년을 죽이려고."

순간 나는 나이프가 가까이 지내던 백인 여자의 얼굴을 떠올렸다. 나이프는 1년 전부터 네델란드 출신의 회사 여직원을 사귀고 있었다. 나는 그녀가 주말마다 나이프의 방을 들락거리는 것을 알았고, 보통 사이가 아니라는 것을 직감하고 있었다. 그런데 최근 한 달 가량 그녀의 모습이 보이지 않고 있었다. 둘 사이에 어떤 문제가 있을 거라는 생각을 했었지만, 그녀가 변심하리라고는 미처 예상치 못했던 일이었다.

나이프가 연상의 그녀를 만난 것은 맥주 홀에서였다. 그녀는 처음 만난 나이프를 꼬드겨 호텔로 데리고 갔고, 이후 두 사람은 결혼까지 약속하고 2년간이나 사귀었다. 나이프는 그녀와 결혼하면 장기 체류 허가 문제가 모두 해결될 것이라고 생각하고 있었다. 그런데 이제 그녀가 나이프에게 이별을 선언한 것이다. 나이프는 그 여자가 총각인 자신에게 모든 쾌락의 단물을 빼먹고 다른 남자와 결혼하려 한다는 사실에 분개하고 있었다. 그녀와 결혼해서 독일인이 되려고 했던 나이프의 꿈도 하루아침에 물거품이 되어 버린 것이다.

나는 분노에 떨고 있는 나이프를 가까스로 진정시킨 다음, 그의 손에서 권총을 빼앗았다. 다행히 권총에는 총알이 장전되어 있지 않았다. 나는 비어 있는 탄창을 확인하고는 그에게 권총을 돌려주었다. 나이프는 한동안 분을 삭이고는 주머니에서 총알을 꺼내 한 발 한 발 장전하기 시작했다. 나는 부들부들 손을 떨며 그의 행동을 지켜볼 수밖에 없었다. 여차하면 방아쇠를 당길 것만 같은 기분이 들었다. 총알을 장전한 나이프는 천천히 자신의 머리에 총구를 갖다 댔다.

"나이프, 안돼!"

나는 재빨리 달려들어 권총을 빼앗은 다음 장전되어 있던 총알을 쏟아냈다. 그때 누군가 창문을 두드리지 않았다면 무슨 일이 벌어질지 알 수 없는 상황이었다. 노크 소리가 들리자 나는 얼른 창문 앞으로 달려갔다. 아아, 창문 앞에는 마침 페터 선생이 서 있었다. 그는 이마에서 흘러내린 땀을 닦아내며 창문으로 우리를 쳐다보고 있었다. 페터 선생은 뭔가 심상치 않은 일이 벌어지고 있음을 직감했는지 서둘러 현관문으로 뛰어들었다. 그의 손에는 여전히 장바구니가 달린 낡은 손수레가 들려 있었다.

"무슨 일이지?"

페터 선생이 나타나자 나이프도 잃어버렸던 평정을 되찾은 모양이었다. 나이프는 권총을 만지작거리며 자초지종을 다시 한번 설명했다. 그의 이야기를 듣고 난 페터 선생은 끌끌 혀를 차며 안타까운 표정으로 인도의 성자 카비르의 시구를 들려주었다.
"홀로 있는 내 상처는 너무 커 온몸이 부서졌다. 오직 그것을 참아내는 전사만이 그 고통을 안다."

그는 다시 셰익스피어의 시를 암송하며 나이프의 마음을 안정시켜 주었다. 나는 나지막히 읊조리는 선생의 음성을 들으며 잠시 황홀경에 빠져들었다. 선생은 시를 다 암송하고 난 후 독일어로 번역까지 해주었다.

그대, 왜 아름다운 날을 약속하는가?
왜 나를 헐벗고 방황하게 만드는가?
탁한 운무 속에 그대의 야성을 숨기고
구름을 놓아서 나를 뒤쫓게 만드는가?
그대 구름 사이로 나타나
폭풍우가 할퀴고 지나간 내 얼굴의 빗방울을
씻으려 하지 말라.

언제 그랬냐는 듯 나이프의 분노는 슬그머니 꼬리를 감추고 말았다. 이미 밖에는 노을이 붉게 물들어 가고 있었다. 페터 선생은 실연당한 청년을 위로하기 위해 요절한 자신의 연인 이야기를 꺼내면서까지 세상의 무상함을 일깨워 주려고 노력했다. 선생은 다시 카비르의 시구를 암송했다.
"여자는 남자의 모든 것을 파괴시킨다. 헌신, 구원, 영적인 지식은 더 이상 그의 영혼에 들어가지 못한다…. 여자와 황금은 같은 것이다. 그것은 독이 묻은 과일과 같다. 그대가 그것을 쳐다보면 독은 퍼지고, 그것을 먹으면 그대는 죽고 말리라!"

나이프의 마음이 어느 정도 진정되자 선생은 손수레에서 과일과 바나나를 꺼냈다. 나는 서둘러 녹차를 끓였다. 썩은 사과를 깎고 차를 끓이기 시작하자 비좁은 방은 어느새 시끌벅적한 시골 장터처럼 되었다. 나이프는 이내 분노를 가라앉히고 일상으로 되돌아온 것처럼 보였다. 그는 평소 쓰레기라고 먹지 않던 썩은 당근도 맛있게 먹었고, 내가 끓인 녹차도 얻어 마셨다.

내 머리 위에 쓰레기를 버려다오

에페른에는 '슈튜덴덴 도르프(학생들의 마을)'가 있었다. 이를테면 대학가의 하숙촌 같은 곳이었다. 내가 그곳에 머물고 있었으므로 페터 선생은 자주 학생들의 마을을 방문했다. 내 숙소가 있는 하넨 가는 2층으로 된 집이 4개 동이 모여 있는 가장 규모가 작은 마을이었다.

그 무렵 페터 선생은 쾰른 중심가에 있는 시립 중앙도서관에서 쾰른 대학 도서관으로 거처를 옮겼다. 쾰른 대학 도서관은 앞에는 넓은 잔디와 인공호수가 있어서 책을 보다가 산책하기가 좋았다. 도서관에서 대학로를 건너면 대학 건물과 드넓은 잔디밭이 곳곳에 펼쳐져 있고 악헨너 바이어 쪽으로는 숲과 호수가 있었다. 그리고 반대편으로 15분 정도 걸으면 린덴탈의 베토벤 파크가 자리잡고 있었다. 베토벤 파크를 지나면 너비가 2킬로미터에 달하는 숲과 잔디로 덮인 슈타트발트가 나타나고, 이 초원을 가로지르면 내 숙소가 있는 에페른이 있었다.

여자 친구 H는 이미 페터 선생에게 한국의 어두운 정치상황과 내가 겪고 있는 모든 절망에 대해 상세히 말한 것 같았다. 선생은 일주일에 서너 번씩 내 숙소를 다녀갔다. 그는 내가 잠든 새벽에 찾아와 창문 위에 썩은 과일과 흑빵 한 덩이를 놓고는 이내 사라지곤 했다.

어느덧 내 일과는 어학 코스에서 돌아와 페터 선생의 흔적을 찾는 것으로 시작되었다. 대개 페터 선생은 화사한 햇볕이 내리쬐는 잔디밭에 앉아 낡고 해진 옷을 깁고 있었다. 내가 나타나면 선생은 하던 일을 젖혀두고 나와 함께 산책을 하곤 했다. 가끔씩 우리는 버려진 정원에 들어가 사과를 따오기도 하고, 나무 열매를 따서 즙을 만들어 먹기도 했다.

독일 학생들은 페터 선생을 대학가를 어슬렁거리는 부랑자로 취급하고 있었지만, 나처럼 조국을 떠난 사람들에게는 아주 귀중한 존재였다. 외로움에 지쳐 있던 이방인들은 낡은 옷을 깁고 있는 선생을 호기심 어린 눈으로 쳐다보다가 대개는 짧은 대화를 나누게 되고, 나중에는 아주 친한 친구가 되었다.

그런 친구들 가운데 알리라는 이름을 가진 이란 학생이 있었다. 그는 내가 묵고 있는 숙소 맞은편 기숙사 2층에 살고 있었다. 그는 호메이니의 독재를 피해 망명을 택했던 수많은 이란인 중의 하나였다. 키가 크고 건장한 몽고형의 골격을 지닌 그는 무척 마음씨 좋은 친구였지만 슈바르쯔 아르바이트(불법 취업)를 하고 있었다. 그는 이란에서 당한 고문 때문에 어깨와 척추에 손상을 입었다고 했다. 그래서 그는 가끔씩 좌우로 목을 흔들며 사람들에게 고통을 호소하곤 했다.

어느 날, 알리는 눈부신 햇살 속에서 푸른 잔디밭에 앉아 옷을 꿰매고 있는 남루한 거지를 발견했다. 호기심이 발동한 알리는 잔디밭으로 내려와 페터 선생에게 말을 걸었다.

"왜, 누더기 옷을 다시 깁는 겁니까? 쓰레기통을 뒤지면 버리는 옷이 얼마든지 있는데요."

독일에서는 가구를 버리는 날이나 옷을 버리는 날, 그리고 종이 버리는 날이 따로 지정되어 있었다. 따라서 물건이 필요한 날 거리에 나가면 얼마든지 필요한 물건을 구할 수가 있었다. 이 호기심 많은 젊은이에게 페터 선생은 이렇게 반문했다.

"당신은 왜 옷을 기워 입지 않는가?"

선생은 농담을 해놓고는 껄껄 웃었다. 선생은 깨끗이 빤 누더기 천을 잔디 위에 펼치더니 알리에게 앉기를 권했다. 덩치가 큰 알리는 큼지막한 눈알을 굴리며 천 위에 털썩 주저앉았다. 두 사람의 대화는 빠르게 진전되어 어느새 이름을 주고받는 사이로 발전했다. 페터 선생은 나에게 말했던 것처럼 자신의 신조를 짤막하게 설명했다.

"집 없이, 돈 없이, 여자 없이 사는 몸이니 기워 입을 수밖에 없지 않는가?"

"그럼, 구석기 시대로 돌아가자는 말입니까?"

알리는 동정 어린 시선으로 선생의 얼굴을 빤히 올려다보았다.

"구석기시대로 돌아갈 수 있다면 그렇게 하는 것이 좋겠지. 그러나 도구의 발전과는 관계없이 인간의 세계는 탐욕과 분노와 어리석음으로 불타고 있네. 원시시대라고 해서 지금보다 더 나았다고는 할 수 없겠지. 그러나 인류의 탐욕과 어리석음은 원시시대보다 오늘날에 더 증폭되어 있네. 내가 이렇게 살아가고 있는 것은 그 탐욕의 불을 끄기 위해서이네. 나는 내가 살아가는 삶을 남에게 강요하지 않네. 단지 나는 시간이 흐를수록 내 삶에 만족을 느끼고 있을 뿐이네. 중요한 것은 인간이 탐욕과 분노와 어리석음을 버리고 이웃에 대한 사랑을 실천하는 것이지."

알리가 이란에서 왔다는 사실이 밝혀지자 두 사람의 대화는 자연히 이란의 호메이니 독재와 반정부 인사에 대한 탄압으로 이어졌다. 알리는 호메이니를 지지하는 다수의 시아파와 소수의 수니야파 사이에 종교적 갈등이 있다고 설명했다. 페터 선생은 무력으로 회교 국가를 건설하려는 호메이니의 발상이 이슬람의 근본 교리에 위배된다며 호되게 비판했다.

"모든 종교는 근본적으로 비폭력을 바탕으로 삼고 있네. 마호메트가 평화와 사랑의 메신저라는 것은 자네도 잘 알고 있지 않은가?"

그러면서 페터 선생은 마호메트의 일화를 들려주었다.

마호메트는 새벽 일찍 일어나 산책하는 습관이 있었다. 그런데 마을에서 오아시스가 있는 곳까지 산책을 하려면 반드시 유대인들이 사는 거리를 지나야 했다. 새벽마다 유대인 거리를 지나는 마호메트를 곱게 보는 사람은 없었다. 그때 한 유대인이 마호메트가 지나가는 것을 보고 자신의 이층 창문을 열고 쓰레기를 쏟아 부었다. 하지만 마호메트는 머리 위에 쏟아진 오물들을 툴툴 털어 버리고 깊은 명상에 잠긴 채 산책을 계속했다.

그 유대인은 마호메트가 화를 내지 않자 더욱 약이 올랐다. 다음날 새벽, 마호메트가 나타나자 그 유대인은 다시 오물을 퍼부었다. 이번에도 마호메트는 태연하게 오물을 털어 내고 산책을 계속했다. 화가 치민 유대인은 날마다 마호메트를 향해 오물을 던졌고, 이 일은 한 달 동안이나 계속되었다.

그러던 어느 날, 마호메트는 유대인의 집 앞에서 걸음을 멈추었다. 마땅히 쏟아져야 할 오물이 내려오지 않았기 때문이었다. 이상하게 여긴 마호메트는 산책을 멈추고 유대인의 집으로 들어갔다. 유대인의 방 앞에 이르자 낮은 신음소리가 들려오기 시작했다. 심상치 않게 느낀 마호메트는 주인의 허락을 받아 방안으로 들어갔다. 마침 오물을 버리던 유대인은 병이 든 채 침대에 누워 있었다. 마호메트는 침대 곁으로 다가가 유대인에게 물었다.

"왜 오늘은 쓰레기를 버리지 않습니까?"

병든 몸으로 누워 있던 유대인은 마호메트의 한 마디에 그만 눈물을 쏟고 말았다. 훗날 이 유대인은 마호메트의 오른 팔이 되어 이슬람교를 전파하는 데 불멸의 공헌을 했다고 한다.

나는 페터 선생의 얘기를 듣다가 대화에 끼어들었다.

"마호메트는 비폭력이 무엇인가를 확실히 보여주었군요."

사실 그때까지도 나는 이슬람교에 대해 그릇된 편견을 갖고 있었다. 그들이 코란과 칼이라는 양날의 무기를 든 정복자라고 생각했던 것이다. 페터 선생이 들려준 마호메트의 일화는 화를 다스리지 못하는 진심(瞋心)으로부터의 자유가 어떤 것인지 여실히 보여주는 것이었다. 내 생각을 눈치채기라도 한 듯 페터 선생은 몇 마디 설명을 덧붙였다.

"대개 사람들은 '한 손에는 코란을, 한 손에는 칼을' 이라는 말에 너무 집착하고 있지. 하지만 마호메트를 따르던 초기 이슬람교도들은 이교도들의 박해 속에서도 저항하지 않고 오히려 이집트로까지 피난을 떠났네. 하지만 대항하지 않으면 모두 전멸할 수밖에 없는 궁지의 상황에서 마호메트는 제자들의 간청을 받아들여 성전(聖戰)을 치르도록 명했지. 하지만 마호메트는 전쟁을 할 때에도 반드시 약자를 보호하도록 했고, 무기를 들지 않은 장정이나 군인들을 결코 해쳐서는 안 된다고 못박았네."

나는 페터 선생의 말 속에 이슬람교가 세계 속으로 전파될 수 있었던 비밀이 놓여 있다는 확신이 들었다. 선생은 다시 말을 이어갔다.

"인류사에서 그러한 비폭력적인 전쟁을 찾아보기 힘들 걸세. 근래에 일어난 대부분의 전쟁은 무차별적인 학살전쟁이었네. 거기에는 최소한의 인륜이나 도덕도 없지 않은가?"

베트남 전쟁이 화제에 오르자 우리의 대화는 자연스럽게 독성 물질인 다이옥신으로 옮아갔다. 다이옥신은 모든 식물을 말려 죽이는 고엽제에 포함된 무서운 화학 물질이었다. 그렇지 않아도 얼마 전 독일 방송에서는 베트남 전쟁의 후유증에 대한 다큐멘터리를 방영한 적이 있었다. 미군들이 베트남 전역에 뿌린 다이옥신 때문에 수많은 불구자와 기형아가 생겨났다는 보도였다. 베트남의 전쟁박물관을 촬영한 화면에는 포르말린에 담긴 기형아들의 끔찍한 모습이 방영되었다. 머리가 두 개 이상 달린 기형아와 손발이 붙어버린 기형아, 뇌가 없는 무뇌아의 모습은 인간의 무절제한 살상행위를 고발하는 증거물들이었다. 결국 아무리 숭고한 이념일지라도 그 수단이 아름답지 못하면 훼손되게 마련이었다. 하지만 대부분의 사람들은 목적 앞에서 수단을 정당화시키고 미화시킨다.

페터 선생은 다시 붓다의 가르침을 예로 들었다.

"그 물그릇에는 아름다운 색과 향기를 가진 물이 담겨 있으나 유감스럽게도 약간의 독이 섞여 있다. 그대가 마시면 아름다운 빛깔과 향기와 맛 때문에 입에 맞을 것이다. 그러나 그대는 결국 죽음에 이르는 병에 걸릴 것이다."

선생은 다시 노자의 가르침을 상기시켰다.

"찬란한 빛은 사람을 소경으로 만들고, 아름다운 소리는 사람의 귀를 멀게 하고, 좋은 맛은 사람의 입을 버려놓는다."

나는 독일의 정원 한가운데서 붓다와 노자의 가르침을 들을 수 있었다는 사실에 감격했다. 선생은 좀더 현실적인 이야기를 들려주었다.

"제2차 세계대전이 끝난 후 북유럽의 농민들은 아주 즐거워했지. 질소비료를 주지 않아도 작물이 잘 자라고, 호수에서는 예전에 볼 수 없었던 큰 물고기들이 잡혔지. 그러나 1950년대에 들어서면서 작물의 수확량이 감소하고, 호수나 하천에서는 물고기가 자취를 감추기 시작했네. 그리고 고대 바이킹의 유적이나 중세의 웅장한 건축물들이 손상되기 시작했지. 이제 북유럽의 아름다운 호수 속에는 아무런 생물도 살지 못하게 되었네. 산성비 때문이지. 지금 독일에 있는 숲의 절반 정도가 죽어가고 있네. 현대문명은 편리하긴 하지만 사람들은 그것이 인간에 대한 학살이라는 것을 알지 못하고 있네."

선생은 잠시 숨을 고른 후 카비르의 시구를 읊조렸다.

"인간은 자신들이 누리는 모든 쾌락에 대하여 그 고통의 대가를 지불해야 한다."

진지한 태도로 선생의 말을 듣고 있던 알리가 모든 사물에는 밝은 측면과 어두운 측면이 있듯이 현대문명에도 밝고 어두운 측면이 있다고 주장했다. 그는 처음에 했던 질문을 다시 던졌다.

"그렇다면 원시시대로 돌아가야 한다는 말입니까?"

그러나 그것은 너무나 빗나간 물음이었다. 선생은 모든 해답을 준비해 두고 있는 사람처럼 천천히 그의 질문에 대답했다.

"그것은 마치 모든 사람이 출가해서 승려가 되면 지상에 아름다운 이상사회가 건설되지 않겠냐고 묻는 것과 같은 것이네. 알리, 인간 속에 뿌리박은 생존 의지와 애욕, 그리고 무지(無知)의 뿌리는 너무나 깊네. 그 마력의 그물에서 벗어날 수 있는 사람은 극소수에 불과하지. 마찬가지로 현대문명을 원시시대로 돌린다는 것은 전 인류가 출가하는 것만큼이나 불가능한 것일세. 그러한 사유는 현실이 아닌 환상적인 논리 속에서나 가능한 일이네. 다시 말하네만 이제 인간은 일상의 편리함과 쾌락의 추구로부터 자신의 마음속에 있는 탐욕과 무지에로 눈을 돌리지 않으면 안되네."

어느덧 길다란 나무 그림자가 우리를 덮고 있었다. 석양빛을 바라보던 페터 선생은 바느질을 멈추고 옷가지를 챙기기 시작했다. 알리와 나도 자리에서 일어섰다. 선생은 황혼의 햇빛을 받으며 낡은 망토를 걸쳤다. 세계를 끌어 안고도 남을 만큼 넓은 이마에 쓸쓸한 바람이 스치고 지나갔다. 선생은 우리에게 다정하게 작별을 하고 작은 손수레를 끌고 숲 속으로 사라졌다.

아름답지 않으므로 아름답다

한여름이 시작되었다. 독일은 해양성 기후에 속해 있었기 때문에 한여름이라 해도 자주 비가 내려 한국처럼 무덥지는 않았다. 하지만 나는 폐결핵 때문에 숨이 차서 더위를 견디기 힘들었다. 나는 독일에 온 후 한 달간만 약을 먹고 명상에 몰입함으로써 상당한 효과를 보았지만 폐에 남아 있는 동공이 문제였다.

독일 체류허가를 받기 위해서는 3개월 안에 신체 검사를 해야 했기 때문에 걱정이 태산 같았다. 신체 검사를 며칠 앞두고 나의 여자친구 H는 지금은 내 처남이 된 C형을 불렀다. 그는 쾰른에서 수백 킬로미터나 떨어져 있는 자르브뤼켄에 머물고 있었다. C형은 아주 예의바르고, 유창한 독일어를 구사할 줄 아는 청년이었다. 우리는 쾰른 중심가에 있는 노이마르크의 보건소로 향했다. 나와 여자친구가 전철역에서 기다리고 있는 동안 C형은 내 여권을 들고 내 대신 보건소로 들어갔다. 편법이었지만 체류 허가를 받기 위해서는 어쩔 수 없는 일이었다. 그는 내 병든 몸을 대신하여 신체검사를 받았고, 엑스레이 촬영까지 마쳤다. 전철역에서 기다리고 있는 동안 시간은 더욱 느리게 흘러가는 것만 같았다. 숨가쁜 시간이 지나고, C형은 해맑은 미소를 머금은 채 우리 앞에 나타났다. 성공이었다. 그로부터 얼마 후, 나는 1년간의 체류 허가와 쾰른 대학의 학생증을 받을 수 있었다.

그러나 독일에 온 후로 줄곧 내 곁을 지켜주었던 여자 친구는 하이델베르크로 대학을 옮겼고, 그것으로 그녀는 영원히 내 곁을 떠났다. 두 번째 여자 친구를 잃었을 때 페터 선생은 나를 위로하기 위해 일부러 먼길을 걸어 왔다. 우리는 호숫가 습지로 산책을 나갔다. 한여름의 호숫가는 너무나 아름다웠다. 흐드러지게 피어오른 꽃황새냉이와 창포 꽃이 바람에 흔들리고, 습지는 진녹색의 미나리아재비로 덮여 있었다. 우리는 종 모양으로 꽃을 피운 풍령초를 바라보며 호수 주위를 걸었다. 나는 페터 선생에게 사랑의 아름다운 여정과 그 결말의 고통스러움에 대해 물었다.

"아름다운 여인과 추한 여인이 있었네. 그러나 아름다운 여인은 스스로 아름답다고 생각했기 때문에 사람들로부터 경멸당했고, 추한 여인은 스스로 아름답지 않다고 생각했기 때문에 사람들로부터 미움을 받지 않았지. 들에 핀 꽃들을 보게. 그들은 스스로 아름답다고 생각하지 않기 때문에 그만큼 아름다운 것일세. 그래서 예수는 말했지. 이 이름 모를 꽃들과 바빌론의 영화를 바꾸지 않겠다고…."

선생의 말을 듣는 순간 나는 들판에 아무렇게나 피어 있는 꽃들을 새로운 눈으로 바라보게 되었다. 서로 어우러져 들을 수놓은 난초와 여뀌, 메마른 땅 위를 낮게 기어 가시 돋친 자신만의 방어 벽을 만드는 브렌에셀, 접시 모양의 흰 꽃 관을 머리에 인 밀레니엄, 그 모든 것들이 자신의 존재를 버림으로써 아름다운 숲과 들을 만들어 놓은 것이다.

"아름다움을 자랑하는 것은 몸을 파는 창녀와 다를 바 없네."

눈앞에 보이는 허상의 아름다움과 그 교만함이 욕망의 근원이 되고, 이 욕망이 고통의 원인이라는 말이었다. 선생은 계속 말을 이어갔다.

"보석을 돼지에게 던지지 말라고 한 것은 보석을 아는 자만이 그 가치를 알기 때문이네. 셰익스피어는 '아름다움은 가장 위험한 바닷가에 있는 황금으로 물든 해안'이라고 말했지."

"선생님, 셰익스피어가 말한 아름다움은 세속적으로 가치 있는 것들을 의미하는 것이 아닙니까?"

"그렇지. 여자, 돈, 명예 따위 같은 것들이지. 그것들은 모두 위험한 허상일 뿐이야. 그래서 카비르는 '진정한 화가는 그림을 버린다'고 말했네. 화가는 참된 자아의 본질을 의미하고, 그림은 무상하고 실체 없는 이 세계를 뜻하지. 세상을 버리면, 세상은 전혀 다른 의미로 우리에게 다가오는 법이네. 일찍이 붓다가 말했던 이 세계는 카비르에게 있어서 화가가 그린 그림이지."

"카비르의 언어야말로 굉장하군요."

선생의 설명에 의하면, 카비르는 중세 시대 인도의 가장 위대한 성자였다. 그는 가장 낮은 신분 중의 하나였던 직공으로 태어나 평생 물레를 돌리는 것으로 생업을 삼았다. 그는 평생 회교와 힌두교도들에게 쫓겨다니면서 살았지만, 발길이 닿는 곳이면 어디든지 자신이 깨달은 진리를 설했다고 한다. 나나크가 창설한 시크교의 성전 《아디그란타》는 대부분 카비르의 가르침으로 되어 있고, 시인 타고르의 《키탄잘리》 역시 카비르의 위대한 시를 원형으로 하고 있다는 것이다.

"카비르는 이렇게 노래했지. 왜 물을 찾아 방황하는가? 네 집안에 샘솟는 바다가 있지 않은가?"

그러면서 선생은 다시 셰익스피어의 시구 한 구절을 읊조렸다.

"아무도 모른다. 우리를 지옥으로 이끄는 천국을 어떻게 쫓아버려야 하는지를."

천국을 찾아 헤맨다는 것은 현세가 지옥과 다름없다는 것을 역설적으로 보여주는 것이다. 오랫동안 인류가 갈구해마지 않았던 천년왕국의 이상은 대부분 실패로 끝났다. 가장 고귀한 아름다움조차도 언제든지 가장 추악한 것으로 바뀔 수 있다. 남녀간의 사랑이 그렇고, 세상의 모든 권력과 명예가 그렇다. 페터 선생처럼 생존하려는 욕구를 뿌리째 잘라버린다면 인류가 꿈꿔왔던 천년왕국은 당장 이 자리에 건설될지도 모른다. 아마 그때쯤이면 이 지상에는 천국조차 필요 없게 될 것이다.

하넨 가를 자주 드나들면서 많은 친구들을 사귀었기 때문에 페터 선생은 아예 거처를 에페른의 호숫가로 옮겼다. 선생은 가장 듬직해 보이는 나무를 골라 그 밑에 자리를 깔았다. 그러던 어느 날 밤, 나는 선생과 함께 나무 밑에서 잠을 자기로 했다.

선생은 덤불들을 헤치며 나지막한 언덕바지 밑으로 나를 데리고 갔다. 그곳에는 가지가 무성한 나무 한 그루가 서 있었고, 페터 선생은 나무 밑에 가지런히 깔려 있는 잔디 위에 누더기 천을 펼쳤다. 바람이 몰아칠 때마다 나뭇잎들이 몸을 부스럭거리며 소리를 냈다. 어느덧 여름이 지나고 제법 선선한 바람이 불고 있었기 때문에 나무 밑은 바짝 마른 낙엽들로 덮여 있었다. 하룻밤을 지내기에는 안성맞춤의 장소였던 것이다. 우리는 천 아래에 낙엽을 넣어 푹신한 자리를 만들었다.

"아늑한 곳이군요. 사람들의 눈에도 띄지 않겠어요."

"내가 이곳으로 들어오는 것을 이상한 눈으로 바라보는 사람들이 있지. 그래서 늘 사람들의 눈을 피해 숲으로 들어오네."

아닌게 아니라 얼마 전에 페터 선생은 누군가의 신고로 경찰에 끌려간 적이 있었다. 그때 나는 왜 사람들이 다른 방식으로 살아가는 사람에 대해 적대감을 보이는지 이해할 수 없었다. 사람들은 다른 사람들도 자신과 같이 생각하고 같은 옷을 입기를 바란다. 그렇지 않으면 자신들의 적으로 간주해 버리는 것이다.

황혼에 물든 숲은 이내 깊은 침묵 속에 가라앉고 있었다. 허공을 날던 새들도 이내 보금자리를 찾아 숲으로 찾아들고, 호수 위를 맴돌던 잠자리 떼도 자취를 감춘 지 오래였다. 나는 어둠에 젖어드는 숲을 바라보며, 침묵으로 다가오는 자연의 울림을 몸으로 느끼고 있었다. 숲은 항상 경이로움으로 가득 차 있다. 그곳은 자연과 생명이 자유롭게 교차하는 곳이며, 인간과 함께 호흡하는 가장 가까운 연인이다.

페터 선생은 정갈한 모습으로 앉아 심호흡을 하며 말했다.

"붓다는 숲에서 태어나, 숲에서 수행하고, 숲에서 깨달음을 얻고, 숲에서 법을 설하다가 숲에서 열반에 들었네. 숲이야말로 인간의 영원한 벗이지."

곰곰이 생각해 보니 페터 선생의 말이 사실이었다. 붓다가 태어난 곳은 룸비니 동산의 사라나무 숲이었으며, 열두 살 때 농경제에 참석한 후 깊은 명상에 들었던 곳도 장부타비예 나무 아래였다. 또 생로병사의 네 가지 괴로움을 관찰한 곳이 망갈라 공원이었고, 출가한 후 처음 수행을 했던 곳은 우루벨라 숲이었다. 붓다가 마침내 위없는 깨달음을 얻은 곳은 네란자라 강변의 보리수 아래였으며, 처음 가르침을 전한 곳은 미가다비 숲이었다. 이후 붓다는 제자들과 함께 벨루바나 비하라, 제타바나 비하라, 니그로다 비하라 같은 곳에서 지냈다. 모두 숲이나 공원 안이었던 것이다. 붓다가 머물던 숲이나 공원에는 대나무나 벵갈 보리수가 무성하게 자라고 있었다. 붓다는 이 세상에 모든 가르침을 전한 후 쿠시나가라의 깊은 숲 속에서 열반에 들었다.

페터 선생은 적막한 밤하늘에 하나 둘 떠오르는 별빛을 바라보며 내게 말했다.

"공자는 말했지. 겨울이 와서야 비로소 육계수가 언제나 푸르다는 것을 알았다고…."

여름에는 모든 나무가 푸르기 때문에 상록수의 진가를 알지 못한다. 사철나무가 늘 푸르다는 것을 알 수 있는 것은 겨울이 있기 때문인 것이다. 결국 인간은 어려움에 직면해서야 그 됨됨이를 알 수 있는 것이다. 겨울 밤하늘에 별빛은 더욱 밝다. 따라서 우리가 걸어가야 할 삶의 지표는 차갑고 시린 밤이 되어서야 그 모습을 드러내는 것이다. 감각적 쾌락이 소멸되면 이성의 별이 떠오른다.

　페터 선생은 다시 카비르의 경구를 들려주었다.
　"무지한 자는 왕처럼 살지만, 헌신하는 자의 삶은 끝없는 죽음이다. 무지한 자는 시비를 분간하지 못하고 주린 창자를 채우려는 유일한 목표를 갖고 있다."
　헌신하는 자의 삶이 끝없는 죽음이란 말은 무엇을 의미하는 것일까. 나는 오랜 생각 끝에 페터 선생의 말을 이해할 수 있었다. 끝없는 죽음이란 창자만을 채우려는 자아의 욕망을 해체하고 온몸을 던져 대자연과 호흡하는 것을 의미하는 것이었다.
　페터 선생은 누더기 천을 고르게 편 다음 잠자리를 준비했다. 그의 손놀림을 보면서 나는 선생이 숨쉬고 있는 한 순간 한 순간이 신비롭게만 느껴졌다. 그가 에페른의 호숫가로 거처를 옮긴 것은 적어도 6개월 동안의 세심한 관찰 끝에 내려진 결정이었다. 나는 선생처럼 주의 깊은 사람을 보지 못했다. 술이나 담배는 전혀 입에 대지 않았으며, 손놀림 하나에도 늘 깊은 사려가 배어 있었다. 잔디밭에 앉아 있을 때도 선생은 늘 바른 자세를 취하려고 애썼으며, 잠을 잘 때가 아니면 나무 밑에서도 항상 허리를 펴고 앉았다.

나는 페터 선생이 잠자리를 마련하는 모습을 호기심 어린 눈으로 지켜보았다. 먼저 그는 낙엽을 긁어모아 평평한 침대를 만들고, 그 위에 손수레에 실려 있던 여분의 천을 깔았다. 그리고는 낡은 망토로 몸을 두르고, 머리는 이슬에 젖지 않도록 코만 노출시킨 모자를 뒤집어썼다. 그런 다음엔 오른 쪽 옆구리를 땅에 대고 팔베개를 하고 누웠다.

"비가 오면 어떻게 하지요?"

"나는 앉아 있을 때나 누워 있을 때나 의식을 집중하여 순수한 관찰을 계속하네."

비록 몸은 누웠지만 의식만은 명료하게 살아 있다는 얘기였다.

"그렇기 때문에 비가 내리면 바로 건물이나 다리 밑으로 피할 수 있지."

밤하늘의 별을 이불로 삼고, 너른 대지를 베개 삼아 살아가는 페터 선생의 모습을 보면서 나는 한없는 부러움을 느꼈다. 결심만 한다면 그처럼 살아가지 말란 법도 없었다. 하지만 나 같은 필부는 현세의 욕망을 쉽게 접을 수 없었다. 따뜻한 침대와 안락한 집, 가족과 친구들, 외로움을 삭여줄 연인, 지식에의 욕구 같은 것들을 한순간에 떨쳐버리기는 너무나 어려운 것이기 때문이었다.

내가 어정쩡한 자세로 곁에 누웠을 때 페터 선생이 가만히 입을 열었다.

"붓다는 이렇게 말했지. 만약 이 자연의 세계가 순전한 괴로움이라면, 사람들은 결코 자연의 세계에 탐착하지 않을 것이다. 자연의 세계가 즐거움을 가져오고, 즐거움을 드러내기 때문에 사람들은 자연에 탐착한다…."

선생에게 있어서 자연의 세계는 고통의 응집에 지나지 않는 것처럼 보였다. 선생이 품고 있는 자연은 바라보는 대상도 아니고, 즐거움의 대상도 아니며, 아름다움과 추함을 드러내는 분별의 대상도 아니었다. 그리하여 그는 자연까지도 탐착하지 않는 자유로운 영혼의 주인으로 이곳에 서 있을 수 있었던 것이다.

아무 것도 가진 것 없는 자의 행복

그해 겨울, 나는 선생의 소개로 노이마르크에 있는 어느 청소회사에 일자리를 얻을 수 있었다. 일주일에 하루만 일하고 월 300마르크 정도의 보수를 받았는데, 당시 기숙사비가 120마르크 정도였으니까 상당히 큰돈이었다. 내가 그런 일자리를 얻자 주위에 있던 모든 유학생들이 나를 부러워했다.

내가 맡은 일은 프리드리히 거리 근처에 있는 소형 아파트 단지의 정원을 청소하는 것이었다. 나는 토요일마다 자전거로 40분 가량 달려서 아파트에 도착했다. 하루 동안의 일이었지만 청소 일은 무척 고되었다. 20세대가 입주해 있는 아파트 정원에 도착하면 나는 먼저 잡초를 뽑고 잔디를 깎았다. 그런 다음엔 지하차고를 청소했다. 하지만 눈이 많이 내리는 겨울에는 새벽 7시까지 아파트 앞 도로를 청소해야 했기 때문에 여간 힘든 것이 아니었다.

그러나 곧 문제가 생겼다. 나는 정원수 밑에 잡초들이 자라는 것을 보고 그 밑에 잔디를 가져다 심어 놓았다. 맨 땅 위에 잡초가 솟아 있는 것보다는 한결 보기가 좋았다. 잔디는 기계로 깎았기 때문에 30분 정도면 일을 마칠 수가 있었고, 지하차고는 청소회사에서 제공한 먼지가 나지 않도록 하는 플라스틱 가루를 뿌린 후 청소하면 1시간 정도밖에 걸리지 않았다. 따라서 나는 불과 2시간 정도 일을 하고 기숙사비에 생활비까지 조달할 수 있었다. 그런데 2주일 정도가 지나자 청소회사에서 통보서 한 장이 날아들었다. 계약대로 이행하지 못했으니 나를 해고한다는 내용이었다.

이유를 알아보니 정원수 밑에는 아무런 식물도 없어야 하는데 오히려 예전보다 잡초가 늘어났다는 것이었다. 나는 정원수 밑에 일부러 잔디를 심어 놓았다고 설명하고, 당장 뽑아 버리겠으니 일을 계속하게 해달라고 간청했다. 다행히 내 간청이 받아들여져 일을 계속할 수 있게 되었다.

다음날부터 나는 학교에도 가지 못하고 매일 잡초를 뽑기 위해 아파트로 향했다. 그러나 잡초는 아무리 뽑아내도 끝없이 솟아났다. 마치 그것은 끝없이 자라나는 번뇌와도 같았다. 잡초 뽑는 일은 일주일 동안이나 계속되었다. 너무 힘들어 포기할까 생각해 보았지만 이만한 일자리를 구하기가 쉽지 않을 것 같았다. 결국 나는 호미에 문제가 있지 않나 싶어 농기구 상회에 들렀다. 거기에서 나는 쪼그리지 않고 잡초를 제거할 수 있는 삼발이가 달린 갈퀴를 구입했다.

새로 구입한 갈퀴는 훨씬 사용하기가 편리했기 때문에 일주일 간 매일 해야 할 일을 단 2시간만에 해치울 수 있었다. 그러나 새해가 시작되자 하루가 멀다 하고 눈이 내렸다. 때문에 나는 보름 동안을 거의 매일같이 새벽 5시에 기상해서 40분 동안 어둠 속을 달려 아파트 앞에 도착해야 했다. 몸도 성치 않았던 처지에 자전거를 타고 추운 새벽길을 달리는 것은 내게 너무나 무리한 운동이었다. 결국 내 목은 누런 가래로 뒤덮였고, 온몸에서 고열이 나기 시작했다.

이불을 뒤집어쓰고 전전긍긍하고 있을 때 기숙사 창문을 두드리는 소리가 들려 왔다. 고개를 들어보니 페터 선생이 창문 앞을 가리고 있던 관목 넝쿨을 헤치고 창문을 두드리고 있었다. 그러잖아도 혹한의 겨울밤을 어떻게 지내고 있을까 궁금했던 터였다. 나는 자리에 누운 채 들어오라는 손짓을 보냈다. 페터 선생은 방에 들어서면서 걱정스런 눈길로 나를 바라보았다.

"무슨 일인가? 어디가 아픈가?"

시계를 보니 어느새 밤 열 한 시가 넘어 있었다. 페터 선생 역시 온몸에 눈송이를 뒤집어쓰고 있었다. 그는 망토에 얹힌 함박눈을 쓸어 내리며 침대 곁으로 다가왔다.
"독감이 걸린 것 같습니다. 약을 먹으면 곧 나을 겁니다."
나는 누운 채로 선생을 맞을 수가 없어 가만히 몸을 일으켜 세웠다.
"그냥 누워 있게."
"감기약을 먹으면 일주일, 약을 먹지 않으면 7일 만에 낫는다는 독일속담이 있네"
선생의 만류에도 불구하고 나는 주방으로 가서 차를 끓였다. 선생의 얼굴을 보자 갑자기 기운이 솟는 기분이었다. 내가 끓여준 따스한 차를 마시자 선생의 얼굴에는 이내 화색이 돌았다. 그는 보따리에서 과일과 귤을 내어놓으며 물었다.
"한국에 있는 가족들은 편안하신가?"
"남동생이 결혼했습니다."
"좋은 소식이군."
그러더니 선생은 손수레를 덮고 있던 보자기 안에서 무엇인가를 한아름 꺼내는 것이었다. 그 모습을 지켜보던 나는 어린아이처럼 입을 쩍 벌리고 말았다. 선생의 손에는 난데없는 버들강아지가 한 움큼 들려 있었던 것이다. 아, 이 혹한 속에서도 생명이 움트고 있구나. 선생은 버들강아지를 들어 내 손에 쥐어 주었다. 싱그러운 봄 내음이 물씬 배어 나왔다. 나는 선생이 건네준 버들강아지를 물병에 꽂아 창가에 두었다. 부드러운 털실로 싸여 있는 꽃봉오리가 방안의 분위기를 한층 아늑하게 만들었다.
"어디서 꺾었습니까?"
"나는 나무를 꺾지 않네. 길에 버려져 있더군."
그때 페터 선생의 시선이 무심코 내 침대 밑을 향했다. 선생은 한참동안 침대 밑을 바라보더니 비닐 주머니 하나를 발견하고는 그것을 끄집어냈다. 그것을 보는 순간 나는 아차 하는 생각이 들었다. 그 비닐 주머니는 선생이 내게 갖다준 흑빵이 담겨 있었던 것이다. 비닐 주머니를 열자 푸른 먼지가 가득히 피어올랐다.

"오! 이런! 빵이 곰팡이로 변해 버렸군."

선생은 머리를 절레절레 흔들었다. 나는 그의 얼굴을 바라보다가 이내 고개를 떨구고 말았다. 선생이 무공해 식품점인 비오라덴에서 가져다 준 귀중한 빵을 먹지 않고 몇 달간이나 썩혀 두었던 것이다.

"죄송합니다. 깜박 잊고 있었습니다."

미안하다는 말을 여러 번 반복했으나 나의 어리석음을 탓하는 선생의 표정은 금세 풀리지 않았다. 이윽고 선생은 끌끌 혀를 차더니 과거불인 까쿠산두 붓다가 출가할 때의 이야기를 들려주었다.

한 나라의 왕이었던 까쿠산두는 왕위를 아들에게 물려주고 출가하기로 결심했다. 마침 길을 나섰을 때 그는 길가에서 땅바닥에 떨어진 돼지고기 한 점을 발견했다. 그는 그 돼지고기 한 점을 주워 깨끗이 씻은 다음 입안에 집어넣었다. 그리고는 출가의 길을 걸어갔다.

나는 선생이 들려준 이야기가 무엇을 의미하는지 잘 알고 있었다. 이 세상에 존재하는 어떤 생명체든 그것이 남겨놓은 것은 모두 소중하게 여기라는 가르침이었다. 나는 너무나 부끄러운 나머지 얼굴을 들지 못했다. 선생은 유통기한이 지난 빵이나 채소들을 얻어다가 나에게 건네주었고, 비닐 주머니까지도 완전히 닳을 때까지 사용하고 있었던 것이다. 나는 선생이야말로 노자가 말한 세 가지 보물을 모두 갖춘 사람이라는 생각이 들었다. 그 첫 번째 보석은 자애로움이요, 둘째는 검약함이요, 셋째는 천하보다 앞서지 않는 겸손함이었다.

이튿날부터는 다행히 눈이 내리지 않아 기숙사에서 편히 쉴 수 있었다. 나의 무례에도 불구하고 페터 선생의 새벽 방문은 계속되었다. 선생은 새벽마다 썩은 야채와 유통기한이 지난 버터나 치즈 같은 것들을 창문 앞에 놓고는 이내 모습을 감추었다. 그러한 보살핌이 없었다면 나의 병은 쉽게 치유되지 않았을 것이다. 선생의 따스한 마음씨 때문이었을까. 나는 일주일쯤 지나서 완전히 건강을 회복할 수 있었다.

그해 겨울은 영하 30도까지 내려갈 만큼 몹시 추웠다. 살을 에는 듯한 추위가 몰아닥치던 날 밤, 페터 선생이 내 기숙사를 방문했다. 그의 차림새에 익숙한 내가 보기에도 선생은 너무나 추워 보였다. 선생의 낡은 망토는 이미 해져 있었고, 어깨 위에는 서릿발처럼 굳은 눈송이가 몇 겹으로 쌓여 있었다.

나는 얼른 결명자 차를 끓여 선생에게 대접했다. 선생은 가끔씩 식품점에서 하게보텐이나 자스민 차를 얻어오기도 했는데, 특히 붉은 색 장미 열매로 만든 하게보텐은 맛이 독특했다. 그날 밤 우리는 차를 마시면서 많은 이야기를 나누었다. 나는 선생에게 티베트에 대한 관심을 이야기했고, 그때 선생은 내게 미라래빠에 관해 말해주었다. 당시 우리 나라에는 미라래빠가 전혀 소개되지 않은 상황이었기 때문에 나는 이 신기한 이름을 가진 성자를 페터 선생에게 처음 들을 수 있었다.

미라래빠는 어린 나이에 아버지를 잃었다. 그러자 그의 백부는 아버지가 모아 놓은 모든 재산을 가로채 버렸다. 그리하여 미라래빠의 어린 시절은 가난할 수밖에 없었다. 분을 삭이지 못했던 그의 어머니는 어린 아들에게 흑주술을 배우도록 했다. 어머니의 요청으로 미라래빠는 마침내 흑주술에 통달하게 되었고, 결국에는 벼락을 내려 백부 일가를 몰살시켰다. 그러나 그는 곧 자신의 잘못을 깨닫고 출가의 길을 선택했다. 그는 스승 마르빠에게 출가하여 참회의 길을 걸었고, 득도를 한 뒤에는 동굴에 기거하며 신선처럼 살았다. 티베트의 한 동굴 속에서 수행하고 있을 때, 그는 브렌에셀이라는 풀만을 먹었다. 그리하여 사냥꾼들이 동굴 속에 있는 그를 발견했을 때는 온몸이 푸르렀다고 한다.

브렌에셀은 이곳 호숫가나 숲 속의 기름진 풀 섶에서도 쉽게 발견할 수 있었다. 잎은 깻잎과 비슷하게 생겼는데, 훗날 나는 선생과 함께 이 풀을 뜯어다가 김치를 만들어 먹은 적이 있었다. 브렌에셀은 철분과 비타민이 풍부해서 맛이 괜찮았고, 살짝 데쳐서 고추장에 비벼먹으면 맛이 기가 막혔다. 선생은 다시 미라래빠에 대해 말했다.

어느 날, 미라래빠가 망율이라는 한 부유한 지방에 머물고 있을 때였다. 그는 음식을 탁발하기 위해 한 마을에 들렀는데, 마침 자녀가 한 명도 없는 부부가 살고 있는 집 앞에 이르렀다. 이들 부부는 금세 미라래빠를 알아보았다.

"예전에 락마에 머물던 수행자가 아니십니까?"

미라래빠가 그렇다고 하자 부부는 이 위대한 수행자를 반갑게 맞이했다. 그러나 부부는 홀로 탁발을 다니는 모습을 보고 그에게 물었다.

"가족과 친지들은 어디에 있습니까?"

이때 미라래빠는 이렇게 대답한다.

"나는 그저 가난뱅이일 뿐이오. 그들도 나를 포기한 지가 오래되었소."

페터 선생은 바닥에 앉아 양털로 만든 빨간 양말을 벗어 해진 곳을 꿰매기 시작했다. 나는 너무나 우스워서 이렇게 물었다.

"선생님, 왜 하필이면 빨간 양말을 신고 다닙니까?"

하지만 그것은 너무나 바보 같은 질문이었다. 선생은 내 얼굴을 빤히 올려다보며 대답했다.

"이 양말밖에 없기 때문이지."

선생은 바느질을 하며 미라래빠에 대한 이야기를 계속했다.

그들 부부는 미라래빠가 가난뱅이라고 말하자 비옥한 땅을 주겠다고 제의했다. 그러자 그는 부부에게 이렇게 말했다.

"집이나 땅은 즐거운 듯 보여도 몸과 마음을 갉아먹는 줄톱과 같네."

미라래빠가 호의를 거절하자 부부는 좋은 가문에서 성장한 훌륭한 신부를 소개해 주겠다고 제의하면서 자신들의 청을 거절하지 말아달라고 부탁했다. 하지만 미라래빠는 이 호의마저 거절하며 말했다.

"여자는 천사와 같아서 보면 볼수록 눈을 뗄 수가 없구나. 그러나 늙으면 흐리멍덩한 눈동자가 마치 악마와 같네."

그러자 남편이 미라래빠에게 말했다.

"수행자여, 나이 들어 죽을 때가 가까워지니 인생을 즐길 수 없습니다. 더구나 아들이 없으니 이런 낭패가 어디 있습니까? 선생님께서는 아들이 전혀 필요가 없습니까?"

"어릴 때의 아들은 하늘의 왕자처럼 사랑스럽고 귀여워 애정을 간수하기조차 어렵네. 하지만 장성하면 주제넘은 채권자처럼 모든 재산 물려줘도 적다고 불평하고, 예쁜 아내 맞이하여 부모를 쫓아내는 법이지."

"그럼 딸을 가지면 어떨까요?"

"어릴 때의 딸아이는 미소를 머금은 천사와 같아 눈에 넣어도 아프지 않네. 하지만 시집만 가면 아버지 앞에서 가구를 훔쳐가고 어머니 등뒤에서 좀도둑처럼 무엇이든 훔쳐가지. 잘 되어야 남에게 좋은 일을 시키는 꼴이요, 잘못되면 재앙과 불행을 몰고 오는 장본인이지."

"그럼 친척은 어떻습니까?"

"만나면 즐거워하고 술과 고기를 대접하지만 끝내는 이만큼 주었으니 저만큼 달라고 화를 내니 불행과 원망의 씨앗이 되네."

"그럼 세상에는 아무 것도 필요한 것이 없군요. 그러면 우리 부부가 가진 재산을 모두 드리겠습니다."

"재산이란 가진 자를 기쁘게 하고 못 가진 자의 부러움을 사지만, 아무리 가져도 만족하지 못하니 가진 자는 구두쇠가 되네. 선한 일에 재산을 털어 주기 어렵고, 원수를 자극하고, 열심히 벌어도 쓰는 사람은 따로 있으니 목숨 걸고 다투게 되네."

"수행자여, 그럼 당신에게 필요한 것은 무엇입니까?"

"나는 아무 것도 가지지 않았고, 아무 것도 필요로 하지 않네."

결국 미라래빠는 부부가 주겠다고 한 모든 것을 거절한 것이다.

이야기를 끝낸 선생의 모습은 피로한 기색이 역력했다. 이 혹독한 추위 속에서 지냈으니 그럴 만도 했다. 나는 영하 30도가 되리라는 일기예보를 얘기해 주면서 오늘밤은 내 기숙사에게 묵어갈 것을 청했다. 선생은 아무 말 없이 시멘트 바닥에 망토를 깔았다. 내 침대를 비워주고 싶었지만 선생은 그것마저도 극구 사양했다.

아나가리카의 삶

1984년 봄은 화사하게 찾아왔다. 독일에 온 지 햇수로 3년째에 접어들었으므로 나는 그런 대로 유학생활에 잘 적응하고 있었고, 건강도 많이 회복되어 있었다. 기나긴 겨울이 지나고 봄이 되자 청명한 햇살이 들을 적셨다. 나는 묵은 때를 씻어내듯 상큼한 바람을 맞으며 산책을 나섰다.

농부들이 갈아놓은 땅에서는 퇴비가 썩으면서 모락모락 김이 피어오르고, 겨우내 쌓여 있던 낙엽더미 속에서는 거름 냄새가 풍겼다. 멀리 지평선에는 뿌연 김과 아지랑이가 어우러져 황홀한 연무로 피어오르고 있었다. 지금쯤 서울에도 봄이 오고 있을까.

산책을 끝내고 기숙사로 돌아오자 아프가니스탄에서 유학을 온 유숩이 잔디밭 코트에서 독일 학생들과 농구를 즐기고 있었다. 품성이 너그럽고 마음이 넓은 그는 학생들 사이에서도 꽤 인기가 좋았다. 그가 막 농구를 끝냈을 때 페터 선생이 손수레를 끌고 나타났다. 유숩이 선생을 발견하고는 반갑게 인사를 했다.

"선생님, 차 한 잔 드시겠어요?"

여유로운 걸음걸이로 거리를 거닐며 햇살을 즐기던 페터 선생이 고개를 끄덕이며 기숙사로 들어섰다. 나도 페터 선생을 따라 유숩의 방으로 향했다. 그의 방은 공동 라운지를 가로지르는 복도 맞은 편에 있었다. 페터 선생은 유숩과도 꽤 오랫동안 교분을 맺어온 모양이었다. 페터 선생이 나를 유숩에게 소개했다.

"전 선생은 인도학을 공부하고 있다네."

유숩 역시 자신의 신상을 짤막하게 소개했다. 그는 아버지가 인도 주재 아프가니스탄 대사를 지낼 만큼 명문가 출신이었는데, 독일에서는 의학을 공부하고 있었다. 유숩이 자스민 차를 끓이고 있는 동안 나는 그의 방안을 기웃거렸다. 그의 방은 아주 넓어 보였다. 침대를 없애버리고 바닥에 페르시아 양탄자와 짚으로 만든 돗자리를 깔아놓아서 그런지 분위기가 무척 우아하게 느껴졌다. 벽면에는 아랍어로 된 글과 그림들로 가득 메워져 있었다. 내가 벽에 걸린 그림들로 시선을 옮기자 페터 선생이 거들고 나섰다.

"유명한 이슬람의 수피들의 가르침을 표현한 것들이지. 아랍문자는 문자 자체로도 아름다움을 갖고 있네. 자유자재로 변형이 가능하기 때문에 글자만으로도 멋진 회화 작품을 만들 수 있지."

나는 페터 선생의 말에 다시 한번 감탄했다. 도대체 그가 모르고 있는 게 무엇인지 궁금할 정도였다. 유숩이 인도산 자스민 차를 끓여 오자 그윽한 향기가 방안에 가득 퍼졌다. 유숩은 내게 찻잔을 건네며 부모님이 무엇을 하냐고 물었다. 화제는 자연스럽게 각자의 집안 이야기로 옮아갔다. 나는 그에게 우리 집안의 내력을 간략히 설명했다.

나의 할아버지는 함경도에서 사셨는데, 그 근방에서는 꽤 알아주는 한학자였다. 할아버지는 일제의 침략으로 나라가 망하자 동학의 접주(接主)가 되어 모든 재산을 독립운동을 지원하는 데 바쳤다. 그때부터 집안은 점점 기울어 갔다. 막내아들이었던 아버지는 집안이 기울자 소학교 3학년 때 집을 뛰쳐나와 무작정 서울로 향했다. 변변한 일자리가 없었던 그때, 아버지는 일본인이 경영하고 있던 철공소에서 일을 했다. 손재주가 좋았던 아버지는 갖은 고생 속에서도 선반 기술을 배워 일본까지 건너가게 되었다. 해방이 되자 아버지는 시베리아에서의 노무자 생활을 거쳐 귀국했다. 한국전쟁이 터지자 아버지는 한동안 부산에서 머물다 서울로 올라와 다시 철공소 일을 시작했다.

유솝에 비한다면 내 가문은 그닥 내세울 만한 것이 없었다. 그의 아버지는 아프가니스탄의 외교관으로 일본과 인도 등지를 돌아다니며 남부럽지 않은 생활을 하고 있었다. 세계 전역을 돌아다녀서인지 유솝은 영어나 불어도 유창한 편이었다. 그는 고등학교를 졸업한 뒤 아버지한테 도움을 받지 않고 이란, 터어키, 프랑스 등지를 떠돌며 고학하다가 이곳 독일에까지 오게 되었다. 유솝은 페터 선생에게도 부모님의 안부를 물었다. 그러자 페터 선생은 말간 웃음을 떠올리며 이렇게 대답했다.

"내게 아버지는 하늘이고 어머니는 땅일세."

페터 선생의 말에 우리는 한바탕 웃음을 터뜨렸다. 페터 선생은 유솝이 진심으로 안부를 묻고 있다는 것을 알아채고는 진지하게 입을 열기 시작했다.

"아버지는 벌써 오래 전에 돌아가셨네. 아버지는 직업군인으로 있다가 2차 세계대전이 끝난 후에는 조그마한 잡화상을 운영했었는데, 축구를 무척 좋아하셨지. 약간은 바람기도 있었고…. 하지만 만년에 이르러 갑자기 암에 걸리셨지. 아주 심한 고통 속에서 생을 마감하셨네. 어머니는 이미 고희를 넘기셨는데, 지금은 본에서 혼자 살고 계시네."

벌써 우리 앞에 놓인 자스민 차가 동이 났다. 우리는 부엌으로 자리를 옮겨 유솝이 마련한 간단한 식사를 하기로 했다. 여러 사람이 함께 사용하는 공동부엌에 있는 장식품들은 비록 거리에서 주워온 낡은 탁자들과 소파들이 전부였지만 아주 깨끗하게 정리되어 있었다. 유솝은 페르시아 식으로 쌀에 물을 부은 다음 그것을 삶아 체로 건져낸 밥을 가져왔다. 그리고는 튀긴 닭다리를 밥 위에 얹고 케첩과 함께 접시 위에 올려놓았다.

선생은 대개 채식만을 하고 오후에는 아무 것도 먹지 않지만 누군가의 초대를 받게 되면 굳이 자신의 방식을 고집하지 않았다. 초대한 사람의 성의에 답하기 위해서였다. 식사가 거의 끝날 무렵, 유숍은 선생을 초대한 진짜 이유를 말하기 시작했다.

"사실 저는 독일인 여학생과 사랑에 빠졌습니다. 그런데 여자의 부모님들이 교제를 허락하지 않습니다. 요즘 그 문제 때문에 잠도 오지 않아요."

식사를 마친 페터 선생은 하피스의 멋진 시를 들려주며 그를 위로했다.

"그 누가 천상의 수레를 타고 평안과 행복을 맛보았던가? 사랑의 길은 평안 속에 있지 않고 고통 속에 있네."

선생이 들려준 하피스의 시 한 구절에 유숍은 금세 환한 미소를 지었다. 페터 선생은 다시 하피스의 시를 읊조렸다.

"모든 고통 속에서도 숨겨진 은총의 기대를 저버리지 말라. 골수는 연약하고 힘이 없지만 강한 뼈 속에 자리잡고 있네."

"정말 훌륭한 시입니다."

유숍이 혀를 내두르며 찬사를 보내자 페터 선생은 마치 음유시인이라도 된 양 계속해서 하피스의 시를 암송했다.

"마음이여, 그릇된 길로 고삐를 당기지 말라. 나그네는 산을 오르고 내리는 것을 생각지 않는다."

괴테가 읽고 깊이 감동 받았다던 시편들이었다. 나그네가 산을 오르내리는 것을 생각지 않는다는 것은 곧 성공과 실패, 혹은 나아감과 머무름에 연연치 않고 늘 평상심을 유지한다는 뜻이었다.

저녁 식사를 마치자 선생은 하피스와 관련된 재미있는 우화 한 토막을 들려주었다. 몽고의 티무르가 페르시아를 정복했을 때 하피스는 세금을 내지 않은 죄로 체포되었다. 티무르는 화를 내며 하피스에게 물었다.

"그대는 왜 세금을 내지 않는가?"

"저는 사랑하는 님의 얼굴에 찍힌 검은 점 때문에 사마르칸트와

부하라를 버렸습니다."

사마르칸트와 부하라는 가장 번성했던 중앙아시아 지역을 가리키는 것이었다. 놀란 티무르가 다시 물었다.

"그 땅을 모두 버렸다면 엄청나게 부자였겠군."

"하지만 저는 그것을 버렸기 때문에 아무 것도 가진 게 없습니다."

선생은 유숩에게 식사를 대접해준 데 대해 감사를 표하고는 자리에서 일어섰다. 오늘따라 선생의 검은 망토가 흑진주처럼 유난히 빛을 발하고 있었다. 밖으로 나오자 어느새 밤하늘에는 초롱초롱한 별들이 촘촘히 박혀 있었다.

그해 여름, 몇몇 한국 유학생들이 '학생들의 마을'에 합류했다. 나는 새로 유학 온 친구들에게 기회 있을 때마다 페터 선생에 관한 이야기를 들려주었다. 때문에 한국인 친구들은 늘 페터 선생을 만나보고 싶어했다. 그래서 나는 한국인 친구들에게 페터 선생이 머물고 있는 숲 속에서 점심식사를 할 것을 제안했다. 내 제안에 모두들 찬성을 했고, 그들은 각자 김치와 밑반찬, 고기를 들고 숲으로 모여들었다.

각자 마련한 음식을 들고 호숫가를 걸어 숲 속으로 향하는 장면은 정말 장관이 아닐 수 없었다. 그날도 페터 선생은 커다란 너도밤나무 그늘 아래 앉아 해진 망토를 깁고 있었다. 젊은 패거리들이 웅성거리며 나타나자 페터 선생도 깜짝 놀란 모양이었다. 선생은 낯선 동양인들을 차례로 훑어보다가 내게 시선을 돌렸다.

"선생님, 친구들을 데리고 왔습니다. 오늘은 이곳에서 식사를 하기로 했지요."

"아주 맛있는 냄새가 나는군!"

우리는 신문지를 깔고 가지고 온 음식을 한데 모아 훌륭한 점심식탁을 마련했다. 커다란 나무들 사이로 끝없이 펼쳐진 푸른 초원이 보이고, 초원에 반사되는 눈부신 햇살이 그늘진 나무 사이를 비추고 있었다.

나는 친구들을 소개하며 각자의 전공을 선생에게 소개했다. 새로 온 친구들 대부분은 아직 독일어를 알아듣지 못했기 때문에 나는 우쭐거리며 페터 선생과 학생들 간의 통역을 맡았다. 우리는 선생이 머물고 있는 작은 웅덩이 주변에 서 있는 나무 그루터기에 둘러앉아 밥과 반찬이 담긴 종이접시를 하나씩 비워 갔다. 소풍을 나온 기분이었기 때문에 점심식사는 무척 즐거웠다.

식사를 마친 뒤 페터 선생과 학생들 사이에 자연스런 대화가 오갔다. 친구들은 집 없이 생활하는 페터 선생의 삶을 이해하지 못했다. 늘 그렇듯이 페터 선생은 무명 천으로 기워 만든 바늘 쌈지를 꺼내 누더기를 꿰매며 학생들의 질문에 대답했다. 한참 동안 이야기를 나누던 학생 하나가 선생에게 질문했다.

"결국은 선생님의 생활 방식은 원시 시대의 인간으로 돌아가자는 것 아닙니까?"

"사람들은 내가 루소처럼 자연으로 돌아가자는 것으로 오해하고 원시생활을 동경하는 이상주의자로 여기지. 그러나 나는 소유를 버린 수행자이지, 자연으로 돌아가자고 주장하는 것은 아니네. 인간이 원시사회로 돌아가 동물처럼 산다고 해서 행복할 것이라고는 생각지 않네. 카비르는 이렇게 말했지. 얼마나 많은 고행자들이 헛되이 숲 속에서 죽어 갔는가 라고…. 하지만 자연이 우리에게 주는 선물은 너무나 존귀하다는 것만은 틀림없지. 일찍이 노자는 사람들이 우물에서 도르래를 사용하는 것을 보고 도(道)가 땅에 떨어질 것임을 예견했네. 현대문명은 인간의 욕망을 충족시켜주었지만 인간 소외라는 독을 만들었지. 욕망을 단절하지 않는 한 자연은 언젠가 인간을 외면할 것이 분명하네. 이제 지구는 푸르고 아름다운 별이 아니라 검붉은 암세포처럼 변해 가고 있네. 인간의 욕망이 만들어 낸 결과일세."

환경문제는 독일인들에게도 가장 중요한 테마였다. 1983년 독일에서는 녹색당원 27명이 국회에 진출하는 이변이 일어났다. 녹색 돌풍을 일으킨 주역은 연방의회 의원이었던 페트라 켈리 여사였다. 그녀는 어린 나이에 부모가 이혼하는 바람에 할머니의 손에서 자랐고, 6년 동안 수녀원에서 생활하기도 했다. 그후 켈리 여사는 마르틴 루터 킹 목사의 비폭력 저항운동에 감명을 받아 이를 실천했으며, 1970년대에는 반전운동에 적극 나서기도 했다. 특히 그녀는 불교적 가르침을 강조했다. 좌파적인 녹색 이론가였던 루돌프 바로도 선현들의 가르침을 눈여겨보아야 한다고 주장했다. 그는 어느 글에서 이렇게 주장했다.

'나는 붓다와 예수, 노자가 보여준 문화혁명의 힘에 흥미를 갖고 있다. 그러한 힘들이 역사를 만들어 왔다. …신비주의란 내세와 아무런 관련도 없는, 그러나 인간 영혼에 존재하는 해방의 힘들을 철저히 동원하는 것을 의미하며, 그것은 명상의 힘을 통해 여러 사람들에게 전해질 수 있어야 한다.'

페터 선생의 이야기를 듣고 있던 학생 하나가 다시 물었다.

"결국 요점은 건강한 자연으로 돌아가자는 말이 아닙니까?"

"사람들은 18세기의 퀘이커 교도였던 윌리엄 펜처럼 자연으로 돌아가면 원시의 인디언처럼 행복할 것이라고 생각했네. 인디언들은 증권 투자 때문에 걱정하는 일도 없을 것이고, 소송이나 세금 때문에 고통을 당하는 일도 없을 거라고 생각했지. 그러나 그들은 중요한 것을 간과했네. 원시생활에도 그들 나름대로의 구속과 인습, 인간 조직의 거대한 사슬에 묶여 있는 것을 알지 못한 것이지. 자연 역시 본능의 지배를 받고 있네. 인간과 마찬가지로 자연도 탐욕과 성냄과 어리석음의 사슬에 묶여 있는 셈이지."

"자연도 인간 사회와 마찬가지라면 왜 집 없이 떠돌아다닙니까?"

선생은 대답 대신 카비르의 시구를 들려주었다.

"나는 내 손으로 횃불을 들고 나의 집을 불살랐다. 이제 나는 내 길을 따르는 자의 집을 불사를 것이다."

그러면서 선생은 미소 띤 얼굴로 대답했다.

"내가 카비르처럼 모든 욕망의 집을 불살랐으니, 이제 자네들이 가진 욕망의 집을 불사르기 위해서지."

선생은 너털웃음을 터뜨리고 나서 다시 말을 이었다.

"내가 거지의 삶을 사는 것은 붓다가 모든 탐욕과 분노와 어리석음을 끊어버리고 '아나가리카'의 삶을 걸어간 것에 감동을 받았기 때문이네."

"아나가리카라니요?"

"집 없는 출가 수행자의 삶을 말하네."

이윽고 페터 선생은 자신이 살았던 삶을 회고했다. 선생은 청년이 되면서 학교 생활에 만족할 수가 없었고, 자신이 몸담고 있는 이 사회가 정직하지 못하다는 것을 깨닫기 시작했다. 그후 선생은 해군에도 복무하고 제지공장 등에서 힘든 노동자 생활을 하면서 사회와의 타협을 시도했지만 여전히 사회의 부조리한 측면을 받아들이기 힘들었다. 그후 선생은 동서양의 경전들을 섭렵하면서 궁극적으로는 붓다의 삶과 가르침에 큰 영향을 받았다. 붓다의 가르침은 결국 페터 선생을 집 없는 수행자로 살도록 만들었다.

나는 페터 선생의 말을 열심히 통역했지만 친구들은 쉽게 이해하지 못하는 것 같았다. 결국 페터 선생과의 대화는 한계에 부딪히고 말았다. 더구나 대부분의 학생들이 기독교 신자여서 서양의 문명이나 철학에 익숙해져 있었기 때문에 선생이 말하는 무소유를 이해하지 못했다. 또 그들은 힌두교나 이슬람교에 대해서는 거의 아는 것이 없었고, 받아들이려고 하지도 않았다. 그러나 나에게는 아주 소중한 기회였다. 나는 그때서야 비로소 선생이 무엇 때문에 집 없는 삶을 살아가고 있는지를 조금이나마 깨달을 수 있었던 것이다.

쓰디쓴 쾌락의 허물

수평의 길 위를 걸을 때

건강이 조금씩 나아지면서 나는 한동안 중단했던 서예를 하기 시작했다. 한국을 떠나올 때 나는 붓과 벼루, 그리고 단소를 가지고 왔다. 붓을 들고 있을 때면 나는 명상을 하고 있는 것과 같은 느낌을 받았다. 안양천에서 어둠을 밝히는 신비한 빛을 체험한 이후 나는 홀로 북한산에 올라 산야를 바라보는 즐거움에 빠져들곤 했었다. 깊이 명상에 들면 눈앞의 모든 사물은 한 점 빛이 되었다가, 그것을 놓아버리면 빛은 다시 웅장한 산과 바위로 바뀌곤 했다. 그 순간에 이미 나는 산이고, 들이었다.

한국을 떠날 때 붓과 벼루를 가져온 것도 내 안에 녹아 있는 산과 들과 강물을 그리기 위해서였다. 그 놀라운 체험이 있기 전까지 산과 들은 나와 무관한 단순한 사물에 불과했다. 그러나 이제는 내 앞에 펼쳐진 대자연이 나 자신이 되어 있었던 것이다.

단소는 내가 절망에 빠져 있을 때 외로움을 달래주던 유일한 친구였다. 명상에 들 때면, 이 우주 속에는 나 자신만이 홀로 존재하며 지복(至福)의 절정을 맛볼 수 있었다. 그러나 명상에서 깨어나면 나는 너무도 외로웠다. 그때 나는 단소의 처량하고 애처로운 음율로 그 외로움을 이겨냈다.

특별히 서예나 단소를 배운 적은 없었다. 그저 틈나는 대로 교본과 악보를 훑어보며 혼자 배운 것이었다. 붓글씨는 한일(一) 자를 쓰는 데만도 1년 정도 공을 들여야 한다. 사군자(四君子)는 따로 배운 적이 없기 때문에 입문서를 몇 권 산 후 그대로 따라했다. 독일에 온 이후에도 나는 가끔씩 붓과 벼루를 꺼내놓고 신문지 위에 글씨도 쓰고, 난초나 대나무를 그렸다. 그리고 적적한 날이면 단소를 꺼내 은은한 음색에 흠뻑 빠져들곤 했다.

어느 날 나는 신문지를 깔아 놓고 먹을 갈고 있었다. 창문 오른편에는 커다란 버드나무가 한 그루 서 있었는데, 잔디밭에 서 있는 가로등에 불이 켜지면 제법 환상적인 분위기가 연출되었다. 휘영청 늘어진 버드나무 가지 사이로 보이는 가로등이 흡사 커다란 달덩이처럼 느껴져 한국의 깊은 산골에 와 있는 듯한 기분에 사로잡혔던 것이다.

가로등을 바라보며 먹을 갈고 있을 때 페터 선생이 찾아왔다. 선생은 잔뜩 호기심이 묻어 있는 눈으로 내가 먹을 가는 것을 바라보았다. 그리고는 무엇으로 먹을 만들고, 붓은 어떤 짐승의 털로 만드는지 꼬치꼬치 캐물었다. 내가 한자를 써 보이자 선생은 가벼운 탄성을 내질렀다.

"아랍 문자도 예술적이지만 한문도 그에 못지 않군."

"선생님도 한번 써보시지요."

나는 붓 잡는 방법을 설명하고는 한일 자를 멋있게 써서 시범을 보였다. 페터 선생은 처음 글씨를 배우는 어린아이처럼 어색한 자세로 붓을 쥐었다.

"붓으로 그림을 그리려면 1년 정도는 이 한일 자만 연습해야 합니다."

선생은 붓을 들어 몇 차례 연습을 했지만 아무래도 붓놀림이 서툴 수밖에 없었다. 선생은 내게 붓을 돌려주며 중세의 이슬람 수피인 즐라레딘 루미에 대해 말하기 시작했다.

즐라레딘 루미가 학교 교사로 있을 때 샴이라는 이름을 가진 늙은 거지가 글을 배우겠다고 찾아왔다. 루미는 늙은 거지를 받아들이고 어린 학생들과 함께 글씨를 배우도록 했다. 페르시아의 첫 문자는 '알립'이라 부르는 수직 모양의 글자인데 1자와 비슷했다. 아무리

어린 학생일지라도 1자를 쓰는 것은 누워서 식은 죽 먹기였다. 그래서 대부분의 학생들은 첫 글자를 떼고 다음 글자를 연습했다. 그러나 늙은 거지는 전혀 진도를 나가지 못하고 1자만 계속 쓰고 있었다. 루미는 다음 글자를 쓰라고 요구했다. 그러자 늙은 거지는 이렇게 대답했다.

"더 이상 나아갈 수 없습니다. 이 첫 글자가 너무 감격스럽습니다. 두 번째 글자를 쓸 수가 없습니다."

'알립'은 곧 알라를 상징하는 글자였던 것이다.

나는 페터 선생의 이야기를 들으면서 도(道)를 상징하는 수평의 일자와 신을 상징하는 수직의 일자가 어떤 공통점을 갖고 있다는 사실을 깨달았다. 내가 그 깨달음을 설명하자 페터 선생도 무릎을 치며 환한 미소를 지었다. 결국 우리는 동서양을 관통하고 있는 대단한 진리를 발견한 셈이다. 같은 진리가 서양에서는 기독교의 유일신같은 수직으로 이해되고, 동양에서는 노장사상이나 불교처럼 수평으로 나타났던 것이다. 그것은 인도의 사원을 보면 쉽게 이해될 수 있었다. 아리안 족이 살고 있는 서북인도의 사원 양식은 수직성의 시카라, 즉 불꽃양식이고 드라비다족이 주로 사는 서남쪽의 사원은 수평을 강조한 마나바 양식인 것이다. 그러나 대부분의 사원에서는 수직과 수평이 어우러진 복합 양식을 띠고 있다. 결국 수평과 수직은 절대적 본질을 드러낸다는 점에서 동일한 것이 된다. 페터 선생은 이내 책상 위에 놓인 단소에 관심을 보였다. 그는 단소를 들고 이리저리 살펴보더니 대나무로 만든 것이냐고 물었다.

"몇 번 신비한 피리 소리를 들었는데, 자네가 분 것이었군. 그런데 이 피리는 구멍이 다섯 개뿐이군. 한번 불어보게."

나는 유명한 단소 연주곡인 〈요천순일지곡〉만 간신히 악보를 보고 부는 정도였다. 하지만 나는 페터 선생을 위해 정성껏 단소를 불기 시작했다. 단소의 소리는 비록 작지만 거기에는 영혼을 깨우는 울림과 폐부를 찌르는 애절함이 묻어 있다. 내가 단소를 불자 가로등 밑을 지나가던 몇몇 학생들이 발길을 멈추고 귀를 기울이는 모습이 보였다. 선생도 내 단소 소리를 듣고는 매우 흡족해 했다.

"중국 고대의 요순시대에 연주되었던 곡입니다."

"오! 공자가 그 소리를 듣고는 석 달 동안이나 입맛을 잃었다는 음악이 아닌가?"

"…? 글쎄요, 저는 잘 모르겠습니다…."

동서양을 아우르는 페터 선생의 식견 앞에서 나는 다시 얼굴이 뜨거워졌다.

언젠가는 붓글씨를 쓰다가 무심코 페터 선생의 얼굴을 그린 적이 있었다. 선생의 얼굴을 그려놓고 보니 달마대사처럼 보였다. 그날 예술사를 공부하러 한국에서 온 N이 내 기숙사에 들렀다. 친절이 몸에 밴 그의 말씨는 늘 정중했다. 얼마 전 그는 나를 자신의 방으로 초대해서 바나나를 대접한 적이 있었다. 그 일이 있은 후부터 우리는 버려진 물건을 수거하는 날이나 벼룩시장에 갈 때 늘 자전거를 함께 타고 다녔다. 그는 내가 그린 페터 선생의 얼굴을 보더니 반색을 했다.

"훌륭한 그림인데요. 피카소 그림보다 낫군요."

물론 나는 그의 표현이 과장되어 있다는 것을 알았다. 하지만 그는 내게 그림을 달라고 졸라댔다. 나는 신문지에 그린 그림을 선물할 수 없어 나중에 정식으로 그려주겠다고 둘러댔다. 얼마 후 그 친구는 카톨릭 한인 카리타스의 T선생에게 나를 소개했다. 노처녀인 T선생은 뜻밖에도 내게 서예 교사가 되어 달라고 부탁했다. 이윽고 나는 일주일에 한번씩 한인들을 대상으로 붓글씨를 가르치기 시작했다. 더구나 나는 그것을 계기로 오스트아시아 박물관에 발탁되어 토요일마다 동양화까지 가르치게 되었다.

독일에서는 일반 시민을 위한 교양강좌나 국민대학이 많이 개설

되어 있었다. 이곳에서는 누구나 강사가 될 수 있고, 학생이 될 수도 있었다. 어학 프로그램이나 꽃꽂이, 도자기 굽기 등과 같은 강좌에 수강생이 12명 이상만 등록하면 강사로서의 입지를 보장받을 수 있었다. 국가에서 보조금을 지급하기 때문에 강사에게는 충분한 강의료가 나오고, 학생들은 저렴한 비용으로 각종 교양강좌를 선택해서 배울 수 있었다. 따라서 전공 분야를 갖고 있는 사람이라면 누구나 강사가 될 수 있었다. 예를 들어 인도를 여행한 사진 작가가 인도의 풍물을 가르치고 싶으면 12명의 수강생을 모아 등록하면 강사가 되는 것이다.

오스트아시아 박물관에서 강의를 시작한 첫날부터 많은 수강생들이 몰려들었다. 학생들 가운데는 교수와 미술가, 건축가, 중국학 학자도 끼여 있었다. 가르치는 기술은 서툴렀지만 그 동안의 정신적인 체험과 명상이 강의하는 데 큰 도움이 되었다. 나는 우선 그림을 가르치기 전에 음양(陰陽)의 원리인 태극에 관해서 가르쳤다. 하지만 이국인들에게 태극의 원리를 알기 쉽게 설명할 수 있는 아이디어가 떠오르지 않았다. 처음에는 명상에서 힌트를 얻어 검은 점에 집중하다 보면 언젠가 그 블랙홀을 갑자기 빠져 나와 밝은 빛으로 전환될 것이라고 설명했지만 아무래도 논리적으로 확연하지 않아 늘 불만이었다.

그런데 그날 저녁, 페터 선생이 2층에 묵고 있는 하미둘라는 경제학도의 초대를 받아 내 기숙사에 들렀다. 나는 바람도 쐬고 선생도 배웅할 겸 늦은 산책을 나섰다. 우리는 기숙사 뒤쪽의 숲 속에 있는 작은 나무 밑에 이르렀다. 그곳이 바로 선생의 거처였다. 나는 페터 선생과 나무 밑에 앉아 한참 동안 대화를 나누었다. 어느새 자정이 가까워오고 있었다. 밤하늘의 별을 바라보던 페터 선생이 문득 입을 열었다.

"가장 어두운 밤의 한가운데서 낮이 시작되고, 가장 밝은 낮의 한

가운데서 밤이 시작되지 않는가?"

나는 어둠 속에서 눈빛을 반짝이며 선생을 바라보았다. 그가 던진 말이야말로 내가 오랫동안 품고 있던 화두였던 것이다.

"선생님. 바로 그것입니다!"

"뭐가 말인가?"

"음양 말입니다. 음양이야말로 그러한 변화를 상징하는 말입니다."

나는 뛸 듯이 기뻐하며 기숙사로 돌아왔다. 선생은 밤의 한가운데에 시작되는 정오 속으로 잠을 자러 들어간 것이다. 결국 나는 태극의 원리를 논리적으로 설명할 수단을 찾은 셈이다. 나의 강의가 사람들에게는 꽤 설득력이 있었던 모양이었다. 나는 수강생들에게 한달 동안 한일 자를 쓰게 했고, 한 학기 내내 대나무만 그리도록 했다. 그런데도 강의실은 갈수록 만원이어서, 60명을 세 개 반으로 나누어 가르쳐야 했다.

술잔에 떠 있는 님의 얼굴

1985년에 이르러 나는 쾰른 대학에서 본 대학으로 배움의 터전을 옮겼다. 쾰른 대학에서 철학과 라틴어를 공부했으나 본격적으로 인도 철학을 공부하기 위해서는 본 대학이 나을 거라는 생각 때문이었다. 때문에 나는 전철을 타고 장거리 통학을 해야 했다. 그해 가을, 나는 고대 인도어와 티베트어 등 몇 개의 기초적인 어학시험을 통과하여 세미나에 참석할 수 있게 되었다. 유학생활의 성과가 조금씩 나타났기 때문에 나는 마음의 여유가 생겼다.

날씨가 화창하게 개인 어느 날, 나는 라인 강변에 있는 페터 선생의 어머니 댁까지 함께 동행하기로 했다. 에페른에서 선생의 어머니가 있는 본까지는 30킬로미터가 넘는 거리였지만 우리는 걸어서 가기로 했다. 페터 선생은 평소에 자동차를 타지 않았을 뿐 아니라 한 푼도 몸에 지니지 않았다. 나는 선생의 삶을 보다 확실하게 이해하고 싶었기 때문에 그 여행에 기꺼이 동참하기로 했다. 나는 어린아이처럼 기뻐하며 여덟 시간 이상 걸어야 할 장거리 여행을 준비했다. 하지만 내가 준비한 것은 고작 돌덩이처럼 딱딱한 독일 흑빵 한 덩이와 미네랄 워터 한 병이었다. 도보 여행을 위한 길이 없었기 때문에 우리는 지방도로를 따라 걸어갈 수밖에 없었다.

우리는 처음 출가의 길을 떠나는 수행자처럼 에페른을 출발했다. 도로를 달리는 자동차의 소음이 우리의 산책을 방해했지만, 나는 전혀 개의치 않았다. 도로 옆으로 펼쳐진 넓은 평원과 그림 같은 유럽의 가옥들이 내 발걸음을 가볍게 만들었다. 하늘은 여린 새털구름이 그려놓은 무늬로 얼룩져 있고, 눈이 부시도록 푸른 쪽빛 하늘이 독일의 울창한 숲을 덮고 있었다.

　많은 사람들이 '페터 선생이 깨달은 사람인가'라는 질문을 내게 던지곤 했다. 나는 그러한 질문에 대하여 다음과 같은 체험을 이야기하곤 했다.

　쾰른 대학에서 철학과 라틴어 수업을 한 학기 듣고 인도학을 공부하기 위해 본 대학으로 옮길 때였다. 미카엘 한이라는 교수를 만나서 나는 인도학을 공부하려는 동기를 설명했다. 그 때까지만 해도 나는 명상에 들어 항상 어떤 초월적인 충만에 들어갈 수 있었기 때문에 대화의 과정 중에 "나는 신이다."라고 무심결에 말해버렸다.

　그러나 미카엘 한은 무표정했다. 꾀죄죄한 동양인이 미친 소리를 지껄인다고 생각했음에 틀림없었다. 아마도 그가 "자네는 무슨 체험을 했기에 그런 소리를 지껄이는가?"라고 물었다면, 우리 사이에 서먹서먹한 장벽은 없었을 것이다. 그러나 그는 나의 미친 소리에 아무런 반응이 없었다. 그러나 자기 밑에서 공부하는 것에는 환영한다고 말했다.

　그러나 "나는 신이다."라는 말은 내게 날이 갈수록 커다란 장애로 다가왔다. 아마도 "나는 어린아이에 불과하다."라고 말했어야 옳았다. 도대체 '나는 신이다.'라는 말은 무엇인가. 그 말을 듣는 상대방이 절대적으로 나에게 복종해주길 요구하는 것인가. 만약에 그렇게 탐욕에 가득찼다면 신이 아니라 악마일 것이다. 나는 일생일대의 커다란 실수를 저지른 것이다. 나는 그 때문에 한동안 심한 두통에 시달려야 했다.

　내가 나중에 이 부끄럽고 수치스러운 나의 경험을 페터 선생에게 이야기했을 때에 선생은 다음과 같이 말했다.

　"전, 카비르는 말했네."

　"'신은 모든 것에서 완전하다. 그 속에는 오점이 없다. 그러나 내가 내 자신의 마음을 살피면 나 자신 안에는 모든 결점만을 발견할 뿐이다.' 라고 노래했지. 우리는 다만 잘못을 고쳐나갈 수 있을 뿐이 네."

"선생님, 맞습니다. 그것이 저의 고민입니다."

"마이스터 에카르트는 이렇게 말했지."

"'빛의 아버지로부터 영접을 받으려는 자는 필연적으로 올바른 겸손을 실천하며 가장 아래에 있어야 한다. 완전히 아래에 있지 않는 자는 영접받지 못한다. 그대 자신이나 어떤 물건이나 다른 사람에게 눈길을 돌린다면, 그대는 아직 아래에 있는 것이 아니며, 따라서 영접받지 못한다. 그대가 완전히 아래에 있을 때에만 지속적으로 완전해진다. 신의 본성은 존재한다는 사실이기 때문이다.' 라고 말이네."

마이스터 에카르트는 1260년 경에 독일 튀링겐 호흐하임의 기사 가문에서 태어났다. 어린 나이에 도미니크 수도원에 들어가 수도생활을 하다가 프랑스에서 석사 학위를 받고 파리대학에서 강의했다. 1303년에 작센 교구의 관구장으로 발탁된 후 수도원의 보좌신부가 되기도 했으나 1326년에 그가 주장했던 신비주의적 요소들이 문제가 되어 아비뇽에서 재판을 받았다. 그는 이교도로 배척당했으나 남은 생애를 숨어 지내며 가르침을 설파했다. 그는 태초를 '영원한 지금'으로 해석하고, 그 속에 영원한 신이 있다고 주장했다. 따라서 모든 피조물은 영원하고, 신의 섬광과 인간의 섬광이 만날 때 신과 합일이 이루어진다고 설파했다.

선생은 다시 하피스의 시구를 들려주었다.

"내가 하는 말을 믿지 말라. 나는 앵무새에 지나지 않네. 영원한 존재가 말하는 것을 바보처럼 지껄일 뿐이네."

선생은 하피스조차 자신을 앵무새에 불과하다고 말했다면서 나의 교만함에 대해 일침을 가했다.

"신과 나 사이에는 도발적인 욕망의 틈새가 있는 법이지. 하지만 그 욕망은 해충에 불과할 뿐이야. 그래서 하피스는 자의식과 무의식을 멀리하고 늘 깨어 있어야 한다고 노래했지. 하지만 인간은 그걸 알면서도 늘 같은 돌부리에 걸려 넘어지는 법이네. 그것이 곧 업(業)이지."

룩셈부르크 가를 따라 휘르트에 있는 브라이프트로이 호수로 향하면서 우리는 줄곧 대화를 나누었다. 시시각각 모습을 달리하는 구름을 보면서 내가 말을 꺼냈다.

"선생님, 동양화가들은 흰색을 200가지 정도 구별할 수 있어야 한다고 합니다."

"괴테는 항상 현재를 떠나지 말라고 얘기했지. 그는 어떠한 상태, 어느 순간에 있든 항상 현재는 무한한 가치를 지니고 있으며, 그것이야말로 모든 영원성의 표상이라고 했네. 우리가 현재의 순간을 마음에 새기고 있다면 200가지 이상으로 변화하는 색을 볼 수 있을 것일세."

동양의 신비한 심미안(審美眼)을 자랑하려 했던 나의 시도는 선생의 설명 앞에서 무색해지고 말았다. 사실 나는 화가 강용대 선생으로부터 200가지의 흰색에 관한 이야기를 들었다. 얼마 전 나는 사진을 공부하러 온 유학생의 소개로 강 선생을 만났다. 그는 늘 꾀죄죄한 베레모를 눌러쓰고 다녔는데, 주로 별을 그리는 화가였다. 대단히 가치 있는 그림이었음에도 불구하고 그의 그림은 사람들의 관심을 끌지 못했다. 무일푼이면서도 술을 무척 좋아했던 그는 유학생이나 교민들에게 민폐를 끼치며 크나이페라는 선술집에서 눌러 살았다. 그러나 나는 그의 행각이 전혀 밉지 않았다. 술이 거나하게 취한 뒤 그가 읊어대는 이태백의 시들은 폐를 끼친 것에 대한 보답치고는 너무나 멋진 예술이었기 때문이었다.

어느 날, 나는 그가 묵고 있는 린쩨 가의 남루한 화실을 찾아갔다. 그는 아침식사도 거른 채 먹을 갈아 화선지 위에 입히고는 그 위에 그려진 별에 단청을 입히고 있었다. 문을 닫고 안으로 들어서는 순간, 나는 출입문에 붙어 있는 그림을 보고 숨을 멈추고 말았다. 그가 그린 밤하늘에는 너무나 신비스럽고 그윽한 천연의 향기가 배어 있었다. 오른 쪽 위에 배치된 하얀 점에는 노란 반점들로 짜여진 여인의 자태가 그려져 있었고, 그 아래 쪽에는 희미하게 채색된 붉은 단청이 자리잡고 있었다. 화선지 가운데로 천연색의 별똥별들이 쏟아져 내리고, 그 아래쪽에는 옆으로 누워 손을 내미는 인간의 모습이 흰 단청으로 그려져 있었다. 검은 색과 희고 노란 단청이 어우러져 끝없는 신비를 자아내는 그림이었다. 그 그림을 본 순간 내 입에서는 '관세음 보살' 하고 저절로 감탄사가 튀어나왔다.

"자네가 어떻게 저 어둠 속의 관세음보살을 보았는가?"

그 그림은 난해한 추상화였기 때문에 관세음보살의 형상은 그려져 있지 않았다. 그럼에도 불구하고 나는 자비라는 검푸른 우주 속에 고아한 모습으로 서 있는 관세음보살을 보았던 것이다. 나중에 알고 보니 그 그림은 한국에서 전시회를 가졌을 때 카달로그에 새겨져 있던 그의 대표작이었다. 나는 어떻게 하면 그토록 고아한 검은 색을 낼 수 있는지 물었다. 그 때 그는 이렇게 대답했다.

"나는 200여 가지의 검은 색을 구분할 수 있어. 생명으로 이끄는 고뇌의 색깔을 내려면 그만큼 신중하지 않으면 안돼."

그는 먹을 갈아 화선지에 입힌 다음 다시 그것을 말려 먹을 칠하는데, 족히 20~30번은 반복한다고 했다. 어쩌면 그는 자신의 목숨과 그림을 바꿀 수 있는 진정한 화가였는지도 몰랐다. 하지만 그에게는 술이 문제였다. 그후로 나는 종종 그의 화실을 찾았는데, 그가 자리를 비웠을 때는 영락없이 근처의 크나이페에서 주인과 함께 농담을 주고받으며 넉살좋게 맥주를 마시고 있었다.

페터 선생은 강 선생에 대한 이야기를 듣더니 술에 관한 재미있는 이야기를 들려주었다.

"위대한 시인에게 술은 알코올을 의미하는 것이 아니라 깊은 명상을 의미하네. 내적인 사랑 또는 진정한 자아의 발견을 상징하는 것이지."

"그렇다면 술은 술에 의해서 도달되어질 수가 없는 것이군요."

"맞네. 진정한 술은 감각적인 욕망을 제어하는 금욕 가운데 있는 것이네."

그러면서 선생은 다시 하피스의 시구를 암송했다.

"신이여, 술을 내리소서. 고통과 더불어 머리끝까지 취하게 하지 않는 술을 내리소서! …술은 가난한 자의 연금술, 얼마나 풍요한지! 헤아릴 수 없는 보물을 지닌 이집트 왕 카렌처럼!"

이집트의 왕 카렌은 절대왕권을 누리며 엄청난 재물을 모았던 인물이었다. 하피스는 비록 가난한 거지였지만, 그에게 술은 내적인 명상 체험에서 오는 진정한 자아의 발견이었다. 하피스에게 술은 명상이고, 술잔은 사랑이며, 술잔에 비친 님의 얼굴은 신이었다. 술잔을 만들려면 계율을 지켜야 하고, 술을 만들려면 마음을 닦아야 한다. 또 술잔에 술을 담아 님의 얼굴을 비치게 하려면 진정한 자아를 발견해야 한다. 마침내 술에 취하는 것은 진정한 자아 속으로 들어가 열반에 드는 것을 의미한다.

우리는 두 시간 정도 걸은 다음에야 브라이프트로이 호수에 도착했다. 여름이면 남녀가 실오라기 하나 걸치지 않고 일광욕을 즐기는 곳이지만, 지금은 초가을이라 인적조차 찾기 힘들었다. 페터 선생과 나는 호숫가에 선 채 한참 동안 수면을 바라보았다. 호수는 숲의 색깔과 한낮의 태양 빛을 담은 채 일렁이고 있었다. 수면에 비친 나무들은 마치 호수를 에워싸고 있는 푸른 성벽처럼 고요를 간직한 채 서 있었다. 그 고요함 앞에서 나는 정적을 깨뜨린 침입자처럼 무안해지기까지 했다.

이윽고 우리는 호숫가의 벤치를 발견하고 나란히 앉았다. 나는 흑빵과 물을 꺼냈고, 페터 선생은 누더기를 기워 만든 보자기에서

썩은 당근과 약간의 사과를 꺼내 놓았다. 나는 신문지를 펴서 작은 식탁을 마련했다. 때늦은 아침식탁을 호숫가의 벤치에 마련한 것이다. 페터 선생은 딱딱한 흑빵을 썰어서 가지런히 포개놓았다. 우리는 천천히 빵을 씹으면서 과일과 채소를 번갈아 먹었다. 내가 빵을 먹는 모습을 본 페터 선생이 가만히 미소를 지으며 음식 먹는 법을 설명했다.

"붓다는 음식을 완전히 씹어서 물이 된 다음에, 다시 입안에서 세

바퀴를 돌린 뒤에야 삼켰네. 〈아유르 베다〉에 따르면, 위장병을 치료할 때는 망고 과일 한 개를 여덟 시간 정도 꼭꼭 씹어서 먹으면 된다고 하네."

늘 위장이 더부룩했던 나에게는 구세주 같은 가르침이었지만, 그것을 실천하기는 쉽지 않은 일이었다. 대개 사람들은 음식에 욕심이 나서, 또는 시간이 모자라서 아무렇게나 삼키는 것이다. 페터 선생은 내가 관심을 나타내자 설명을 계속했다.

"음식을 씹을 때 먼저 이빨이 부딪치는 것을 알 수가 있네. 좀더 자세히 관찰하면 위턱은 움직이지 않고 아래 쪽 턱이 위턱에 가서 부딪치는 것을 알 수 있지. 음식을 부수는 것은 아래턱에 달린 이빨들인데 마치 망치 같은 역할을 하지. 그때 침샘에서 침이 솟아 나오고, 혓바닥이 춤을 추면서 이빨이 있는 곳으로 음식을 몰아주지. 그러면 음식은 더욱 잘게 부서져 침과 섞이고, 혀는 침과 섞여진 음식을 다시 이빨로 보내네. 음식이 충분히 침에 녹아들면 음식을 삼키는 연하 작용이 일어나고, 마치 뱀이 먹이를 삼키듯 식도의 연동작용이 일어나 위장으로 음식이 내려가지. 이 모든 것이 무의식적으로 일어나네. 인간은 생존하려는 욕망을 갖고 있기 때문에 성급하게 음식을 삼키는 습성을 갖고 있지. 모든 질병은 이로부터 비롯되는 것이야. 우리는 음식을 씹는 과정만 살펴도 항상 변화하고 실체 없이 부서져버리는 마야를 깨달을 수 있네. 하찮은 음식에서도 나와 나의 것이 없음을 배울 수 있네."

나는 비로소 나무 밑에서 혹한의 추위를 견디면서도 페터 선생이 건강한 몸을 유지할 수 있는 이유를 알 수 있었다.

식사를 마친 다음 우리는 호숫가를 에워 돌고 있는 산책로를 따라 걸었다. 인적이 없는 호수에는 오리들만이 유유히 헤엄쳐 다니고 있었다. 물이 유리처럼 맑아 호수의 바닥까지 한눈에 내려다 보였다.

산책을 마치고 우리는 들판을 가로지른 아스팔트길을 따라 계속 걸었다. 오래 전 이곳은 그저 먼지가 풀썩이는 시골길에 지나지 않았을 것이다. 짐을 실은 수레가 깊은 바퀴자국을 남기며 달려갈 때, 말을 재촉하는 농부의 채찍소리가 그치지 않았을 것이다. 하지만 시커먼 아스팔트로 포장된 지금 내가 기대했던 유럽의 시골 풍경은 어디에서도 찾아볼 수 없었다. 이제 농부들의 거친 숨소리와 이삭을 베는 낫 소리는 잊혀진 지 오래였다. 아스팔트는 자연의 정관적인 세계와 단단한 벽을 쌓아 완전히 동떨어진 세계를 만들어 놓고 말았다. 아스팔트는 들을 가르고, 한여름에는 모든 살아 있는 것들을 양분하는 사막으로 변한다. 야생의 동물들에게 아스팔트는 도살장과 같다. 갇혀 있는 세계로부터 벗어나 새로운 세계로 이동하려는 동물들은 대개 아스팔트 위에서 참혹한 죽음을 맞이한다.

아니나 다를까 우리는 길을 걷다가 자동차에 치여 죽은 토끼의 시체를 발견했다. 아스팔트 위에 묻어 있는 피로 보아 이 토끼는 지난밤에 치어 죽었을 것이다. 토끼의 내장은 처참하게 파열되어 있었고, 머리와 팔다리는 갈기갈기 찢긴 채 피범벅이 되어 있었다. 페터 선생이 토끼를 바라보며 소리쳤다.

"오! 브뢰데 아우토!(얼빠진 자동차!)"

페터 선생은 한참 동안이나 토끼의 시체를 바라보다가 붓다가 한 말을 들려주었다.

"수행승들이여, 너희들이 그렇게 오랜 세월을 윤회하면서 흘린 피는 사대양의 물에 비할 바가 아니다."

나는 선생의 말을 단박에 이해할 수 있었다. 인간은 윤회하면서 수많은 짐승들로 다시 태어나고, 그 짐승들은 다시 인간에 의해 수없이 살육되는 것이다.

"자동차에 찢겨 죽은 토끼는 결국 우리 자신이군요?"

"수피였던 아타드란은 이렇게 말했네. '이 세계는 모두 시체이다. 그것을 차지하려면 개들이 몰려드는 것을 각오해야 한다'고 말이야."

　일찍이 붓다는 이 세계를 다섯 가지 존재의 다발(五蘊)로 보았으며, 이 모든 것을 죽음의 신 마라가 지배하는 것으로 보았다. 붓다는 오온을 설명하면서 물질(色)은 거품과 같고, 느낌(受)은 물방울 같고, 지각(想)은 아지랑이와 같고, 마음이 일어나는 것(行)은 속이 텅 빈 파초와 같고, 의식(識)은 환상과 같다고 했다. 결국 이 세계가 허상으로 가득 차 있다는 것을 깨달을 때, 죽음의 세계는 무력해지는 것이다.

포템킨의 마을

우리는 아스팔트를 벗어나 숲 속으로 나 있는 작은 오솔길을 택했다. 샛노랗게 물든 나뭇잎들이 오솔길을 덮고 있었다. 바람이 숲을 쓸어갈 때마다 나뭇잎들은 자신의 몸을 지탱해 주던 나뭇가지를 미련 없이 내던지고 땅으로 추락하곤 했다.

우리는 헤르셀을 지나 라인강가로 접어들었다. 석탄을 실은 화물선들이 유유히 흐르는 강물을 따라 내려가고 있었고, 가끔씩 뒤셀도르프와 본 사이를 오가는 대형 여객선들이 곁을 스쳐 지나갔다. 벌써 다섯 시간이나 걸었지만 피로는 느껴지지 않았다. 강물이 흐르듯 여유롭게 걸음을 옮기던 페터 선생이 가만히 입을 열었다.

"저 강물을 보게. 공자는 강물을 바라보며 이렇게 말했지. '흘러가는 것은 바로 이와 같으니 밤낮으로 흘러 쉬는 일이 없다'고 말이야. 붓다 역시 인간의 삶이란 주위에 흩어져 있는 모든 것을 품에 안으며 빠르게 흘러가는 강물과 같다고 말한 바 있지."

인생이란 결국 흐르는 물과 같다. 헤라클레이토스의 말처럼 우리는 같은 강물에 두 번 다시 발을 담글 수 없는 것이다. 페터 선생의 말을 들으며 문득 나는 노자의 가르침을 떠올렸다. 노자는 도의 본질을 물에 비유한 적이 있었다.

'물은 만물에게 모든 것을 베풀어 이롭게 해주지만 자신을 위해 다투지 않고, 모든 사람들이 싫어하는 비천한 곳에 머물러 있다. 그러므로 물은 도에 가깝다. …강과 바다가 모든 계곡의 주인이 될 수 있는 것은 스스로 낮은 곳에 처하며 모든 골짜기의 물을 받아들이기 때문이다.'

물은 스스로 그 모습을 변하게 하면서도 근본을 버리지 않는다. 어떤 곳이든 머물 곳이 있으면 그곳에 맞추어 편안히 머물고, 차고 넘치면 그곳을 벗어나 낮은 곳으로 향한다. 때로는 더러운 웅덩이에 몸을 낮추고, 때로는 거대한 흐름에 몸을 내맡기면서도 궁극에는 가장 넓고 평온한 바다에 이르는 것이다. 그것은 평정을 얻은 수행자의 마음가짐과 같다. 그리하여 노자는 이렇게 말했다.

'구부러지면 오히려 온전할 수 있고, 굽으면 도리어 뻗을 수 있고… 적으면 도리어 많이 얻을 수 있고, 많으면 오히려 망설이게 된다… 가장 큰 방형(方形)은 구석이 없고, 가장 큰 그릇은 만들 수 없고, 가장 큰 소리는 들리지 않고, 가장 큰 형상은 형태가 없다.'

물이야말로 이런 심성을 지닌 것이 아닐까. 강물은 길을 막아선 둑을 탓하지 않고 차고 넘칠 때까지 기다린다. 웅덩이가 깊든 얕든, 네모이든 둥글든, 빠르든 느리든, 물은 흘러가는 삶을 산다. 그 기다림의 끝에 이르러 물은 마침내 주체할 수 없는 평정을 누리고, 윤회의 길을 걷듯 다시 수직으로 상승하는 것이다.

내가 이런저런 생각을 하고 있는 동안 페터 선생이 다시 말을 이었다.

"생겨나는 모든 것은 강물처럼 무상할 수밖에 없지. 강은 자신이 어디로 가는지 묻지 않네. 하지만 사람들은 무언가를 구하기 위해 길을 떠나지. 그 끝에 있는 것이 한낱 환상에 지나지 않는다는 것을 알지 못한 채 말일세."

그러면서 페터 선생은 유럽에서 존재하지 않는 환상을 비유할 때 많이 쓰이는 '포템킨 마을'에 대해 들려주었다. 200여년 전 러시아 황제 짜르는 독일 헤쎈의 공주인 카타리나를 왕비로 맞이했다. 얼마 후 짜르 황제는 정신병에 걸려 권좌에서 물러나고, 카타리나가 대신 황제의 자리에 올랐다. 황제의 자리에 오른 카타리나는 마침내 본성을 드러냈다. 그녀는 매일 밤 대신들을 침실로 불러들여 잠자리를 함께 하며 불타오르는 욕정을 달랬다.

그녀가 총애하던 대신 중에 포템킨이라는 사람이 있었다. 어느 날 여황제는 마차를 타고 한적한 농촌을 지나게 되었다. 당시 러시아의 농촌은 아주 비참한 모습이었다. 농부들은 소나 말처럼 팔려나갔고, 농촌 생활은 비루하기 짝이 없었다. 여황제는 농부들의 더럽고 비참한 모습을 차마 눈뜨고 볼 수가 없었다. 잔뜩 눈을 찌푸린 채 농부들의 모습을 바라보던 여황제가 포템킨에게 말했다.

"다음에 나들이할 때까지 이 마을을 아름답고 깨끗하게 만들 수 있는가?"

포템킨은 황제의 명을 거절할 수 없었다. 그는 황제를 만족시키기 위해 자신 있는 말투로 대답했다.

"물론입니다."

그러나 집에 돌아온 포템킨은 고민에 빠지지 않을 수 없었다. 황제가 언제 그 마을을 방문할지 몰랐기 때문이었다. 한시가 급했다. 마침내 포템킨은 화가를 불러 아름다운 마을의 모습과 깨끗하고 단정한 농부들을 큰 화폭에 그리도록 하고 그것을 길가에 세워 놓았다.

얼마 후 카타리나는 포템킨과 함께 다시 농촌으로 향했다. 마차의 커튼을 연 황제는 확연히 달라진 농촌의 모습에 그만 감탄하고 말았다.

"오, 정말 아름답군."

그 덕분에 포템킨은 더욱더 황제의 총애를 받았다고 한다. 이러한 일화 때문에 유럽 사람들은 실제로 존재하지 않는 이상향을 '포템킨 마을'이라고 부른다.

나는 얼마 동안 페터 선생이 왜 그 이야기를 들려주었는지를 생각했다. 카타리나가 본 것은 화폭 너머에 있는 실체가 아니라 시야를 가로막고 있는 그림이었다. 포템킨은 권위와 전능함을 자랑하고 싶어하는 황제의 욕망을 알고 있었고, 그녀는 그림을 보면서 그것이 달라진 실체라고 착각했다. 어쩌면 카타리나는 눈에 보이는 것이 허상이라는 것을 알고 있었는지도 몰랐다. 하지만 그녀는 눈앞의 화폭 뒤에 감추어져 있는 본질을 보지 않았고, 보려 하지도 않았다. 그들이 본 것은 욕망과 허영의 그늘, 그 자체였던 것이다. 세상을 쫓는다는 것은 결국 존재하지 않는 포템킨 마을을 그리는 것과 다를 바 없었다.

"선생님, 정말 살아 있는 물고기라면 환상을 쫓지 말고 그 흐름을 역류해야겠지요."

"맞네. 옳은 말이야."

어느덧 우리는 베토벤 음악당 뒤의 라인강변을 걷고 있었다. 라인강을 가로지르는 커다란 케네디 다리가 눈에 보이기 시작했고, 그 오른 쪽으로 웅장한 본 대학의 건물들이 보였다. 갑자기 페터 선생이 셰익스피어의 시구를 읊기 시작했다.

내가 인어의 눈물을 마셨던가?
지옥의 한가운데서 썩은 듯 쓴맛의 코르크에서 증류된 것!
두려움을 희망에 붓고 희망을 두려움에 부으면서
얻었다고 생각하면 언제나 잃어버리고 마는
축복 받지 못한 옛 기억을 떠올릴 때
나의 영혼은 얼마나 참혹한 잘못을 저질렀던가!
미칠 듯한 열병의 고뇌 속에서
내 눈은 얼마나 놀랐던가?
오! 증오의 축복이여, 이제야 나는 깨달았네.
증오로 걸러진 사랑은 더욱 깊어지리니
타락한 사랑도 새로워지면 예전보다 아름답고
더욱 강해지고 위대하게 변하리니
힐난 속에서도 나는 행복하네.

증오를 통해 잃은 것보다 세 배나 더 얻으리니.

페터 선생은 중세의 영어로 셰익스피어의 시를 읊었다.
"〈소네트(검은 연인)〉라는 시집 속에 들어 있는 시지."
나는 전혀 알아들을 수 없었기 때문에 선생이 독일어로 한 구절 한 구절 해설할 때마다 귀를 기울였다. 인어의 눈물은 선장을 유혹하여 배를 침몰시켰던 미끼이고, 지옥의 한가운데에서 썩은 맛을 내는 코르크에서 증류된 것은 독주(毒酒)이다. 모두 눈앞에 보이는 세상의 아름다움을 상징하는 것이라 할 수 있다. 그러나 이런 아름다움은 얻었다고 생각할 때 이미 잃어버린 것이 되고 만다. 결국 축복과 불행은 떼어낼 수 없는 동반자적 관계인 것이다.

하지만 나는 증오의 축복이란 말을 선뜻 이해할 수 없었다. 그래서 나는 붓다의 가르침에 비유해서 이렇게 물었다.
"붓다의 가르침에는 '니빗다'라는 것이 매우 중요하지요. 싫어함을 뜻하는데 욕망을 버리고 열반에 들기 위해 반드시 필요한 조건이지요."
"좋은 비유네. 그래서 셰익스피어는 증오를 통해 깨달은 사랑이 진수(眞髓)라고 한 것이지."

우리는 본 대학의 도서관 아래쪽에 위치한 선착장을 지나 라인강을 가로지르는 나룻배 위에 섰다. 나는 셰익스피어에 대해 별로 아는 것이 없었지만 선생은 그에 대해 깊은 조예를 갖고 있는 듯 했다. 선생은 몇 번씩이나 셰익스피어야말로 인생을 제대로 달관했던 위대한 시인이라고 찬탄해마지 않았다. 그때 나는 괴테가 에커만과의 대화에서 셰익스피어를 평가했던 대목을 떠올렸다.

'셰익스피어에 대해 할 말이 없다. 그에게는 어떤 찬사도 미치지 못한다.… 그는 우리들에게 아름다운 황금사과를 은 접시에 담아 건네준다. 우리는 가까스로 은 접시 하나를 얻을 수 있을지 모르지만,

우리가 은 접시 위에 올려놓는 것은 감자에 불과할 뿐이다.'

페터 선생의 해석에 따르면 '검은 연인'이란 바로 욕망에 물든 이 세상을 의미한다. 선생은 이 욕망을 붓다의 가르침에 비유했다.

"붓다는 오욕락을 깨버리고 떠나는 것을 열반이라고 하지 않았던가?"

"그렇군요."

"카비르는 말했지. 수많은 고행자들이 헛되이 숲 속에서 죽었다고. 숲 속에 산다고 하더라도 감각적인 쾌락을 버리지 않으면 헛된 삶을 사는 것일세."

버려야 할 것과 채워야 할 것

우리는 나룻배를 타고 라인강을 가로질렀다. 강을 건너 라인강변을 따라 상류 쪽으로 조금만 걸으면 선생의 어머니가 사는 집이 있었다. 우리는 나룻배에서 내린 다음, 강변을 따라 이어진 산책로 대신 방파제 밑의 모래사장 위를 걸었다. 둥지로 돌아갈 때가 다 되었는지 버드나무 가지에 앉아 있던 흰 물새 떼들이 서둘러 낙하를 시도하며 물고기를 낚아채고 있었고, 석탄을 실은 화물선들이 지날 때마다 거센 물결이 백사장을 휩쓸어왔다. 마치 나는 끝없이 펼쳐진 해변을 거니는 기분이었다. 그때 나는 페터 선생에게 카비르에 대해 물었다. 선생이 들려준 그의 시편들은 아직도 내 가슴에 남아 있었다. 때문에 나는 시야말로 인간의 영혼과 깨달음의 길을 가장 상징적으로 표현해 줄 수 있는 언어가 아닌가 하는 생각을 갖고 있었다.

페터 선생은 내 물음에 친절하게 대답해 주었다. 카비르는 인도 베나레스의 마호메트 교도 가문에서 태어났다. 그러나 그는 사람들이 태생을 물을 때마다 이렇게 대답했다.

'나는 바탕 없이 태어났네. 환상이 세상을 혼미 속으로 이끌지만, 환상은 나의 비밀을 발견하지 못하네.'

라인강은 산업화의 과정에서 오랫동안 오염되어 왔지만 아직까지는 물고기가 살만큼 맑은 편이었다. 그러나 강물은 이미 푸른빛을 잃고 누렇게 변해가고 있었으며, 가끔 죽은 물고기들이 강안으로 밀려나왔다. 강변의 모래밭을 파보니 조개류는 하나도 발견되지 않았다. 라인 강에 찌를 던지던 낚시꾼 한 사람이 이내 낚싯대를 거두고 돌아서는 모습이 보였다. 어느덧 라인강은 황혼에 물들어가고 있었다. 어둠은 이내 누런 물빛을 가리고, 황금빛으로 물든 수면이 물고기 비늘처럼 반짝이고 있었다. 선생은 수면 위에 반짝이는 눈부신 저녁 햇살을 바라보며 가만히 입을 열었다.

"카비르는 베나레스에서 물레질을 하면서 제자들을 가르쳤는데, 늘 이슬람 교도와 힌두 교도들에게 쫓기며 생활했지. 그의 위대한 가르침은 카비르의 부모들조차 이해하지 못했지."

그러면서 페터 선생은 카비르의 일화 한 토막을 소개했다. 카비르가 어렸을 때였다. 몹시 추운 날, 그는 시장에 옷을 팔러 나갔다. 마침 한 수행자가 추위에 떨면서 그에게 도움을 청했고, 카비르는 수행자에게 가지고 있던 모든 옷을 주었다. 집으로 돌아오자 카비르의 어머니가 옷을 판 돈을 달라고 했다. 그러자 카비르는 그럴 듯하게 둘러댔다.

"옷을 너무 비싸게 팔아서 그 돈을 다 들고 올 수가 없었어요."

카비르는 부모가 눈치를 챌 것을 두려워하여 서둘러 숲 속으로 도망갔다. 그때 이름 모를 상인이 나타나 그의 집에 많은 양식을 갖다주었다. 집에 돌아온 카비르는 깜짝 놀랐다. 그리고는 곧 신이 양식을 선물한 것이라고 믿었다. 그는 부모를 설득하여 남은 곡식을 모두 다른 사람들에게 나누어주도록 했다. 그 모습을 본 이웃 사람이 카비르에게 물었다.

"식량을 모두 나누어주면 무엇을 먹고 살겠나?"

카비르는 웃으며 대답했다.

"흐르는 물이 썩지 않는 것처럼 부(富)는 나누어줌으로써 줄지 않습니다."

청년이 된 어느 날, 카비르는 숲 속의 수행자가 머물고 있는 한 처소에서 한 낮을 보내게 되었다. 그런데 그곳에는 열두 살 먹은 소녀가 있었다. 소녀는 카비르를 보고 물었다.

"누구세요?"

"카비르."
"신분이 뭐죠?"
"카비르."
"무얼 하는 분이에요?"
"카비르."

그리고 나서 카비르는 이렇게 말했다.

"모든 사람이 이름과 신분과 직업을 갖고 있지만, 나에게는 아무 것도 없습니다."

이야기를 나누다 보니 어느 새 선생의 어머니 집 앞에 도착해 있었다. 강 너머로 독일 수상의 관저가 바라보이는 곳이었다. 우리는 잠시 물가에 앉아 숲 속으로 몸을 식히며 사라져 가는 태양을 바라보았다. 여덟 시간 동안의 긴 도보여행이었지만 페터 선생은 조금도 피로한 기색을 나타내지 않았다. 선생은 마지막 이야기를 끝내려는 듯이 조용하고 무거운 어조로 입을 열었다.

"이슬람의 수행자 앗타르가 말했지. '신이여, 저 아름다운 창공이 감옥의 지붕이라면, 어떻게 별들이 당신의 정원이 될 수 있습니까'라고…."

감옥이란 결국 내가 몸담고 있는 이 세상이며, 감옥의 지붕이란 별들이 반짝이는 창공이다. 누구나 밤하늘에 반짝이는 별을 보고 아름다움을 느낀다. 하지만 그 별들은 감옥을 둘러싸고 있는 지붕이다. 그러나 별이 신의 정원에 놓여 있다면, 신은 감옥을 자신의 집안에 들여놓은 것이 된다. 이것은 모순이다. 그러나 이 모순 속에 진리가 있다. 이 껍질을 벗어나면 우리는 절대적인 신과 대면할 수 있는 것이다. 감각적인 쾌락의 그물에서 벗어나면 우리는 지극히 아름다운 절대적 가치와 만나게 되는 것이다.

우리는 강가에서 일어나 페터 선생의 어머니 댁에 도착했다. 어머니가 머무는 집은 새로 난 도로변에 서 있는 2층의 아파트 안에 있었다. 벨을 누르자 '페터?' 하는 소리가 들려 왔다. 이내 문이 열리고 페터 선생의 노모가 현관 앞에 서 있었다. 선생의 어머니는 일흔 살이었고 허리가 구부정하고 기동이 불편해 보이긴 했지만 아주 정정해 보였다. 여전히 어머니는 선생의 남루한 옷이 못마땅한 모양이었다. 노모는 잠시 얼굴을 찌푸리고 나서 반갑게 우리를 맞았다.

아파트에는 방이 두 개 딸려 있었는데, 창문에 놓인 화분마다 아름다운 화초들이 가득했다. 바닥에는 값비싼 페르시아의 양탄자가 깔려 있었고, 가구들은 벚꽃나무의 원목으로 만든 훌륭한 것들이었다.

페터 선생은 나를 한국에서 온 불교도라고 어머니에게 소개했다. 어머니는 반갑게 내게 악수를 청하고는 자리에 앉으라고 권했다. 미리 연락을 받았는지 선생의 어머니는 이미 향기로운 자스민 차를 끓여 놓고 우리를 기다리고 있었다. 나는 오스트아시아 박물관에서 사군자를 가르친 제자들 요구로 한국에 주문했던 벼루 한 점을 선물로 가져왔다.

용 문양이 새겨진 벼루를 내놓자 선생은 물론 그의 어머니도 감탄해마지 않았다. 꿈틀대는 듯 새겨진 용의 입에서 금방이라도 거대한 포효가 쏟아질 것만 같았다.

"동양에서 용은 입신출세를 상징하는 영물입니다. 특히 불가에서는 관세음과 관련해서 세 가지 단계의 용에 관해서 이야기하지요."

서양에서 용은 악마나 괴물로 인식되고 있기 때문에 나는 아는 체를 하며 용을 설명했다. 관세음은 본래 관자재(觀自在)를 음사한 것인데 범어로는 '관조하는 절대자'라는 뜻을 가진 '아발로키테슈바라'이다. 우주는 신비로운 진동인 옴으로 이루어져 있고, 관세음이란 곧 이 성스러운 소리를 보는 자이다. 내 설명을 들은 페터 선생은 흥미로운 표정을 지으며 세 가지 단계의 용에 대해 물었다. 나는 신이 나서 대답했다.

첫 번째는 참룡관음의 참룡(斬龍)이다. 관세음보살이 용의 머리를 베는 상이 있는데, 이때 머리가 베어지는 용이 참룡인 것이다. 이것은 인간의 애욕을 잘라 없애고 승화시키는 것을 의미한다.

　두 번째는 기룡관음의 기룡(起龍)이다. 관세음보살이 용을 타고 하늘을 나는 상으로 이때의 용이 바로 기룡이다. 이것은 인간의 애욕을 승화시켜 그 힘으로 자유를 얻는 것을 상징한다.

　세 번째는 감로관음의 감로기룡(甘露起龍)인데, 관세음보살이 용을 타고 감로주가 담긴 병을 들고 하늘을 나는 상에서 나온 것이다. 이것은 자신의 욕망을 극복한 자유로운 인간이 중생에게 가르침을 베풀어 불사(不死)의 경지에 들게 한다는 의미를 내포하고 있다.

　내 설명을 듣고 난 페터 선생이 무릎을 치며 말했다.

　"카비르가 이런 말을 한 적이 있네. 애욕의 준마 위에 완전한 의식으로 나는 오른다. 손에 지혜의 칼을 들고 나는 단번에 말의 머리를 벤다."

　"선생님, 너무도 멋진 표현이군요."

　"자네가 말한 용의 비유를 프로이트가 알았더라면 좋았을 것을…."

　페터 선생이 들려준 하피스의 말을 새김질하면서 나는 깨달음을 얻은 사람들이 갖고 있는 진리가 하나라는 사실을 알았다. 사실 나는 용에 대한 비유를 이미 돌아가신 청양거사에게서 들은 터였다. 처음 그를 만난 것은 학창시절 때였다. 당시 나는 친구들과 함께 그가 머물고 있는 충남 청양을 찾은 적이 있었다. 친구들의 말에 의하면 청양거사는 지리산에서 수도를 하다가 천 년 전에 죽은 최치원을 만났다는 것이었다. 그 말을 전적으로 믿지는 않았지만 그에게서는 분명 도인의 풍모가 느껴졌다. 청양거사는 몸집이 황소만했는데, 그의 도가 너무나 현묘해서 나로서는 도무지 알 수가 없었다. 그는 제자들에게 단전에 검은 점을 그려 놓고 명상하라고 가르쳤는데, 수행 방법은 밀교적이고 주술적이었다. 어쨌든 검은 점에 대한 명상은 내가 촛불에 대한 명상을 하기 이전에 그에게 배웠던 것이다.

페터 선생이 관심을 보이자 나는 더욱 신이 나서 이무기에 얽힌 전설까지 곁들여 설명했다.

"중국의 전설에는 뱀이 호수에서 오랫동안 인고의 세월을 보내면서 여의주라는 보석을 얻은 후 용이 되어 승천하는데 여기에 새겨진 것이 바로 승천하는 용입니다. 하지만 용이 승천할 때 사람의 눈에 띄면 다시 호수로 떨어져 이무기가 된다고 합니다."

우리는 선생의 어머니가 준비한 감자 요리로 저녁식사를 했다. 식사를 하면서 선생의 어머니가 내게 물었다.

"왜 독일까지 왔지? 인도나 티베트를 공부하려면 아시아가 나을 텐데."

"인도의 고대어인 산스크리트어는 인도유럽어입니다. 독일어의 모태가 되기도 하지요. 그래서 독일 학자들의 연구가 잘 되어 있습니다."

저녁 식사를 끝낸 후 선생의 어머니는 창가로 다가가 화분에서 자라는 꽃들을 일일이 설명해 주었다. 하지만 나는 어머니의 말이 너무 빨라 제대로 알아들을 수가 없었다. 그런 다음 그녀는 장롱에서 낡은 사진첩을 꺼내 페터 선생의 어린 시절과 누이동생의 모습, 그리고 나머지 가족들을 설명해 주었다. 사진첩에 꽂힌 사진들은 2차 세계대전 전후에 찍은 것들이라서 흑백이었다. 그녀는 자신의 결혼시절을 회상하면서 참혹한 전쟁의 경험을 이야기했다.

"그 시절엔 마구간에서 살았지. 먹을 것이 없어 감자로 연명할 정도였어."

페터 선생은 사진 가운데서 두 장의 사진을 손가락으로 짚었다. 두 장 모두 아버지의 사진이었는데 하나는 축구선수 시절에 찍은 것이고 다른 하나는 위암으로 임종하기 직전에 찍은 것이었다. 가슴 아픈 사연이 묻어 있는 사진을 보여주면서도 선생은 아주 태연하게 말했다.

"이 사진이야말로 인간의 생로병사를 그대로 보여주는 것이 아닌가?"

선생은 옆집에 혼자 사는 할머니가 있다면서 그녀를 초대하기 위해 집을 나섰다. 그가 자리를 비운 사이 선생의 어머니는 모직으로 된 양복 윗도리 하나를 꺼내 내게 선물로 주었다.

"페터에게 주려고 산 건데 한사코 입지 않겠다는구나."

그녀의 얘기를 들으면서 나는 코끝이 시큰해지는 것을 느꼈다. 아마 그녀는 선생이 집에 올 때마다 이 양복을 입히기 위해 애썼을 것이다. 선생이 그 양복을 입지 않겠다고 버텼을 때 그녀가 감내해야 했던 마음의 고통을 헤아리기란 그리 어렵지 않았다. 그녀는 끌끌 혀를 차면서 고개를 내저었다.

"한국에도 페터처럼 누더기를 입고 다니는 거지들이 있겠지? 미친 짓이야. 이 에미는 도저히 이해할 수가 없구나. 하기야 한국전쟁 때에는 얼마나 헐벗고 굶주린 사람이 많았는지 나도 잘 알지. 나는 아직도 한국의 전쟁고아들을 위해 매달 돈을 보내고 있네."

나는 그녀를 안심시키기 위해 몇 마디 위안의 말을 던졌다.

"지금 한국에는 별로 거지가 없습니다. 하지만 페터 선생처럼 남루한 옷을 입고 수행하는 사람들은 많이 있지요. 부처님은 늘 분소의(糞素衣)를 입었다고 합니다. 똥 기저귀 같은 것을 깨끗이 빨아 그것을 꿰매 입고 다녔지요."

어머니는 다소 안도하는 것 같았지만 눈에는 이미 눈물이 그렁그렁 맺혀 있었다.

"어떻게 먹고 자는지 늘 걱정이란다. 내가 신부님께 말해서 성당에 일자리와 방까지 구해 놓았는데 한사코 싫다고 하지 않겠니."

굽은 허리만큼이나 안타까운 모정에 내 가슴은 찢어지는 것 같았다. 나는 아드님이 얼마나 훌륭한 수행자인지 설명했지만 어머니의 눈물겨운 모정 앞에서는 역부족이었다.

이윽고 페터 선생이 이웃 할머니 댁에 갔다가 돌아왔다. 그러나 이웃 할머니는 당뇨로 고생하고 있는 터여서 식이요법에 관한 충고만 해주고 돌아왔다고 했다. 페터 선생은 어머니가 들으라는 듯이 다시금 식이요법에 대해 말했다. 그는 대부분의 질병이 그릇된 식사에서 유래한다고 말하면서 붓다는 음식에 함부로 불을 지피지 말도록 했다고 덧붙였다.

"옛날에는 모든 사람들이 통밀이나 통귀리로 만든 흑빵을 먹었지. 하지만 오늘날에는 모두 흰 빵과 흰 쌀, 흰 설탕만을 먹지. 생활은 비록 풍요로워졌지만 사람들은 옛날의 부자들처럼 아주 중요한 건강을 잃고 말았네. 신은 항상 가난한 자를 보호해 왔지."

밤이 늦어서야 선생의 어머니에게 작별 인사를 하고 집을 나섰다. 낮동안 내내 걸었기 때문에 우리는 버스와 전철을 갈아타고 에페른으로 돌아왔다.

생겨나는 것도 없고, 사라지는 것도 없다

어느 화창한 여름날, 페터 선생이 기숙사를 방문했다. 여전히 그의 손수레에는 썩은 바나나와 당근, 흑빵이 실려 있었다. 마침 나는 본 대학 근처로 거처를 옮길 예정이었기 때문에 며칠 전부터 선생의 방문을 기다리고 있던 터였다. 한여름이었기 때문에 선생의 누더기 망토는 더욱 갑갑해 보였다. 선생은 묵직한 망토를 팔에 걸친 채 연신 이마에서 흘러내리는 땀을 닦아냈다. 망토를 걸치지 않은 선생의 모습은 훨씬 보기에 좋았다. 선생의 속옷은 해진 내의에 여러 가지 천 조각을 기운 것이었지만 그런 대로 기품이 있어 보였다. 옷도 입는 사람에 따라 달라지는가. 낡고 비루한 모습이었지만, 오히려 그 때문에 선생의 모습이 더욱 고아하게 느껴졌다.

 오랫동안 샤워를 하지 못했는지 선생의 몸에서는 역겨운 땀 냄새가 풍겼다. 일부러 목욕을 하지 않는다는 것을 알고 있었기 때문에 나는 선생의 역겨운 체취조차도 아름답게 여겼다. 집 없이 사는 거지에게 욕실이 있을 수 없었다. 독일 정부는 부랑자를 위한 보호 시설에 욕실을 갖춰 놓고 있었지만, 선생은 보호시설을 이용하는 것을 원치 않았다. 자신은 부랑자가 아니며, 스스로 아나가리카의 삶을 선택했기 때문이었다.

 하지만 페터 선생이 전혀 씻지 않는 것은 아니었다. 붓다가 6년 간의 고행을 멈추고 강물에 몸을 씻었듯이, 선생도 무절제한 고행이 결코 올바른 것이 아님을 알고 있었다. 그래서 선생은 '벤 곳 빌(신이 원한다면)'일 때 목욕을 한다.

 나는 오랜만에 찾아온 선생에게 수건을 내주고 욕실에 들어가 샤워도 하고 빨래도 할 것을 권했다. 선생은 내가 건네주는 수건을 받아들고는 아무 말 없이 욕실로 들어갔다. 선생이 목욕을 끝내고 욕실에서 나왔을 때는 전혀 다른 사람이 되어 있었다. 듬직하고 커다란 체구에 미소년처럼 맑은 눈망울, 짙은 눈썹과 깨끗한 피부, 그리고 넓은 이마에 그어진 몇 개의 주름이 기품 있는 중년 신사의 모습 그대로였다.

선생은 손수레에서 몇 겹으로 싸인 낡은 비닐 봉지를 풀더니 정갈하게 포개진 천을 하나 꺼냈다. 비좁은 기숙사의 한쪽 벽을 완전히 덮을 만한 크기였다.

"내 가사(袈裟)일세. 붓다도 이런 옷을 입고 다니셨지."

페터 선생은 양지 바른 곳에 가사를 곱게 펴서 햇빛을 쪼였다. 나는 햇빛 아래 놓인 가사를 가만히 살펴보았다. 연한 갈색 빛을 띤 낙엽들을 겹겹이 모아놓은 것처럼 보였다. 선생은 청아하고 따스한 색깔의 천을 모아 일일이 가사를 기운 모양이었다.

"어떤가? 경전을 고증해서 만든 것이네만, 붓다가 입었던 분소의가 이런 모습이 아니었을까?"

붓다와 초기 교단의 수행승들은 버려진 헝겊이나 헌옷을 주워 그 조각들로 가사를 만들고, 그 위에 황톳물을 들여 입었다. 그래서 사람들은 붓다의 가사를 분소의라고 불렀고, 버려진 헝겊 조각으로 기웠다고 해서 납의(納依)라고도 했다.

"재단사들에게 황갈색이나 고동색 계통의 조각을 얻어서 만들었지. 이 가사를 만드는 데만 꼬박 2년이 걸렸네."

"아름답군요."

사실이 그랬다. 나는 보잘것없는 천들을 기워 어떻게 이런 단아하고 우아한 모습의 가사를 만들 수 있는지 놀라울 뿐이었다.

"붓다는 논과 마을의 모습을 보고 조각 천을 기웠다고 하네. 물 흐르듯 아름답게 휘어 도는 바느질 선이 꼭 논두렁을 닮지 않았는가."

선생은 가사를 치마처럼 두르면서 가사의 한 곳을 가리켰다.

"여기 촘촘히 이어진 곳은 계곡 밑에 자리잡은 논밭과 집들이고, 이쪽에 듬성듬성 큰 천 조각으로 이어진 곳은 큰 논밭이나 산이라 할 수 있지. 인간과 대자연이 모두 함축되어 있지 않은가. 잘 보게. 한 조각은 다른 조각에 의지해 있고, 다른 조각 역시 또 다른 많은 조각에 의지해 있네. 하지만 세월이 흐르면 옷은 해지게 되어 있지. 그때마다 다시 깁지 않으면 영영 먼지로 사라지게 되지. 이것이 바로 우리의 삶이네."

가사를 걸친 선생의 모습은 분명 수행을 마친 남방 승려의 모습이었다. 한쪽 어깨를 가만히 드러낸 채 온몸을 휘감은 가사는 정말 기막힌 예술품이 아닐 수 없었다. 어김없이 간다라 미술에나 나올 법한 붓다의 모습 그대로였다. 나는 저절로 탄성이 흘러 나왔다.

"판타스티쉬!, 판타스티쉬!(환상적이에요)"

훗날 독일인 디자이너가 선생의 가사를 보고 가장 전위적인 옷이라며 패션쇼를 하자고 제의한 적이 있지만, 선생은 단박에 거절했다. 선생은 그 가사를 두 벌 갖고 있었다. 한 벌은 다람쥐나 들쥐에 상하지 않도록 비닐로 몇 겹을 싸서 숲 속에 있는 땅 속에 깊이 묻어 두었다. 그리고 선생이 입고 있던 나머지 하나는 그날 나에게 보관해 달라고 부탁했다.

하지만 얼마 되지 않아 선생은 다시 그 가사를 찾아갔다. 나는 선생이 선물한 흑빵을 비닐봉투 속에 담아둔 채 6개월 동안이나 깜빡 잊고 있었는데, 그것이 푸른곰팡이로 덮여 있는 것을 발견한 후 페터 선생은 내게 맡겨두었던 가사를 가져간 것이다. 그때 선생은 몹시 안타까운 표정을 지으며 귀한 음식을 곰팡이로 만든 나의 불민함을 탓했다. 나중에 안 일이지만 땅 속에 묻어 두었던 가사는 두더지가 파먹었고, 내가 보관하고 있었던 가사는 압델라 지드라는 이슬람 친구가 지금까지 보관하고 있다고 한다.

그 후 몇 주 동안 선생은 내 기숙사에 들르지 않았다. 선생이 화가 난 것이 아닐까 하는 생각 때문에 나는 몹시 마음이 아팠다. 어느 흐린 날, 나는 저녁 늦게 산책을 나섰다. 사방은 칠흑 같이 어두웠고, 빗방울까지 간간이 뿌리고 있었다. 나는 에페른 호숫가를 지나 슈타트발트로 향했다. 시끄러운 철로 변을 지나 초원으로 들어서면서 나는 문득 페터 선생이 곁에 있었으면 하는 생각을 떠올렸다.

나의 간절한 바람 때문이었을까. 어둠 속을 훑어가던 나의 시야에 작은 그림자 하나가 나타났다. 느낌만으로도 나는 그 그림자가 페터 선생의 것임을 단박에 알아차릴 수 있었다.

"선생님!"

뜻밖의 만남은 항상 기쁨을 배가시킨다. 선생 역시 갑자기 나타난 내 모습에 놀라는 표정이었다. 우리는 어둠에 덮인 숲 속을 함께 걷기 시작했다. 우리는 곧 오솔길을 따라 크레텐베르크로 이어지는 룩셈부르크 가의 철로를 지났고, 다시 밀리테어링 가와 나란히 나있는 산책로를 따라 걸었다. 얼마 전까지만 해도 토요일마다 린덴탈의 아파트 단지에 있는 정원을 손질하러 자전거를 타고 오가던 길이었다. 하지만 정원을 손질하는 일은 오스트아시아 박물관에서 사군자를 가르치면서 이미 몇 개월 전에 그만둔 터였다.

도심 주변에 위치해 있었지만 독일의 숲은 살아 있었다. 이미 국내에서도 멸종 단계에 놓인 반딧불이 어둠 속에 밝은 원을 그리며 날아다니고 있었다. 밤이 늦었는데도 자전거를 탄 한 떼의 젊은이들이 산책로를 따라 달리고 있었다. 밤하늘을 덮고 있던 먹장구름은 어느 새 말끔히 개어 있었다. 싱그럽게 빛을 머금은 별들이 불어오는 바람에 머리칼을 빗질하려는 듯 곱게 늘어서 있고, 나뭇잎을 적시고 있던 빗방울들도 다투듯 고개를 내밀어 별빛을 반사하고 있었다. 마치 나는 신비스러운 동화의 세계 속으로 빠져든 느낌이 들었다. 선생은 별을 바라보며 즐거운 어투로 말했다.

"코란에 써 있지. 신은 덮개로 밤을 만들었다고…."

선생의 말 한 마디에 깊고 칠흑 같은 어둠이 몸을 덮고 있는 솜이 불처럼 우리의 산책에 동참하는 것 같았다. 선생이 계속 말을 이었다.

"이브라힘 아담은 붓다처럼 왕자 출신이었지만 왕위를 동생에게 물려주고 평생 거지처럼 살았네. 전해지는 바에 의하면 그는 사막에서 별을 보며 서서 잠을 잤다고 하네."

사막에서 별을 바라보며 서서 잠을 자다니! 문득 나는 중국 선사들의 좌탈입망을 떠올렸다. 중국의 유명한 선사들은 대개 가부좌를 틀고 앉은 채 열반에 들었다. 그러나 중국 선종의 3조인 승찬(僧璨)은 한 손으로 나뭇가지를 잡은 채 꼿꼿이 서서 열반에 들었고, 등은봉(鄧隱峰) 화상은 물구나무를 선 채로 입적했다.

"앗타르는 이렇게 말했네. '이 세상은 벗어나기 위한 출구이다. 되도록 발을 들여놓지 말아야 한다'라고…."

밀리테어링 가를 따라 린덴탈의 베토벤 파크에 도착했을 때 하늘에는 다시 먹장구름이 밀려오기 시작했다. 선생은 세찬 바람에 몸을 맡긴 채 하늘을 올려다보더니 이내 카비르의 시구를 들려주었다.

"내 집은 바람이 세차게 몰아치는 산꼭대기 벼랑 위에 있네. 하지만 사람들은 황소와 수레를 끌고 내 집에 오네."

카비르에 대해서는 익히 들은 바가 있었지만 선생은 다시 자세히 설명했다. 카비르는 가난한 과부의 사생아로 태어났는데, 탯줄이 끊기자마자 들에 버려졌다. 다행히 베를 짜던 이슬람 부부가 카비르를 주워다 키웠다. 당시 남인도에서는 힌두교의 라마난다가 사랑과 헌신을 강조하는 박티운동을 일으켜 북인도까지 점차 세력을 확장하고 있었다. 그때 카비르는 라마난다를 찾아가 제자로 받아들여줄 것을 간청했다. 라마난다는 카비르가 이슬람 가문 출신에다가 천한 직조공이었음에도 불구하고 기꺼이 제자로 받아들였다.

"그럼 카비르는 회교도이기도 하고 힌두교도이기도 하군요."

"하지만 그의 사유는 불교의 가르침을 닮아 있네. 까비르는 베를 짜고 물을 길으며 거지와도 같은 삶을 살았으나 그의 입에서 불리워진 신에 대한 사랑과 헌신의 노래는 입에서 입으로 전해졌네. 제자들은 스승이 천한 일을 하는 것을 보다못해 편히 모시려고 했으나 카비르는 '신이 나에게 베 짜고 물긷는 일을 맡겼네'라고 말하며 이를 거절했지."

"간디가 물레를 돌리며 대영제국에 맞선 것과 비슷하군요?"

"타고르도 카비르를 가장 위대한 시인이라고 말했지. 아마 간디도 카비르에게서 많은 교훈을 얻었겠지."

선생은 다시 카비르의 시를 암송하기 시작했다

"학자들이여, 그대의 생각은 모두 그릇된 것. 거기에는 우주도 없고 창조주도 없네. 미세한 것도, 거친 것도, 공기도, 불도, 달도, 땅도, 물도 없네. 빛과 시간의 형상도 거기에는 없네. 말도, 몸도, 카르마의 공덕도, 만트라도 사랑도, 헌신도 없네. 의식과 의례는 아무런 가치도 없는 것. 그는 하나이며, 거기에 둘은 없네."

나는 카비르의 시를 들으며 놀라지 않을 수 없었다. 그것은 붓다가 수행자들에게 들려준 가르침과 너무나 닮아 있었던 것이다. 붓다는 이렇게 말했다.

'거기에는 땅도 없고, 물도 없고, 불도 없고, 바람도 없다. 무한한 공간의 세계도 없고, 무한한 의식의 세계도 없으며, 아무 것도 없는 세계도 없고, 생각할 수 없거나 생각할 수 없지도 않은 세계도 없고, 이 세상도 저 세상도 없고, 달도 태양도 없다. 그러므로 수행자들이여, 나는 이것을 온다고도, 간다고도, 머문다고도, 소멸한다고도, 생기(生起)한다고도 말하지 않는다. 의지 할 데가 없고, 일어날 곳이 없고, 대상도 없다. 이것이 곧 괴로움의 종식이다.'

내 생각에 페터 선생도 동의했다.

"맞네. 예수는 '여우에게도 굴이 있고, 공중의 새한테도 처거가 있으되 오직 인자에게는 머리 둘 곳이 없다고 말했네."

우리는 어느덧 베토벤 파크를 빠져 나와 쾰른 대학 교정을 걷고 있었다. 시계를 바라보니 이미 전철이 끊어졌을 시간이었다. 빗방울이 다시 떨어지기 시작했으므로 일단 비를 피할만한 곳을 찾아야 했다. 뛰다시피 쾰른 대학 중앙도서관에 도착했을 때는 이미 옷이 축축하게 젖어 있었다. 나는 페터 선생과 함께 넓은 처마 밑에서 하룻밤을 지내기로 했다. 선생은 커다란 누더기 가사를 펴서 내가 잠잘 수 있는 자리를 마련해 주었다.

점점 빗방울이 굵어지고 있었다. 처마를 때리는 빗소리를 들으며 우리는 한동안 어둠을 응시했다. 선생은 두터운 망토를 내게 씌워주고 자신은 얇은 겉옷을 입은 채 자리에 누웠다. 한여름이긴 했지만 날씨가 우중충한 데다가 바닥이 유난히 찼다.

다음 날 아침, 눈부신 햇살에 시린 눈을 떴을 때 선생은 조용히 뜰을 거닐며 사색에 잠겨 있었다.

쓰디쓴 쾌락의 허물

그해 여름 방학이 되자 나는 생활비와 학비를 벌기 위해 새로운 일자리를 찾아 나섰다. 외국인이 구할 수 있는 일자리란 고작해야 3D 업종이 대부분이었다. 나는 에페른에서 가까운 부륄의 자동차부품 재생공장에 일자리를 구했다. 하지만 이 공장이 쾰른의 무역센터인 메세 근처로 이사하는 바람에 출근 거리가 훨씬 멀어졌다.

독일에서의 출근 시간은 7시였다. 따라서 새벽 5시에 일어나야 출근 시간을 맞출 수 있었다. 내가 해야 할 일은 베어링을 시너로 닦는 일이었다. 일단 출근을 하면 작업조장의 지시를 받고 작업장에 배치되어 9시까지 일해야 했다. 9시가 되면 15분간의 아침 식사시간이 주어졌다. 노동자들은 집에서 가져온 소시지나 치즈, 또는 과일을 넣은 빵과 커피 한 잔으로 아침을 대신했다. 15분 동안의 식사시간이 끝나면 어김없이 제자리로 돌아가 12시까지 일을 한다. 점심시간도 불과 30분밖에 되지 않았다. 점심은 주로 인근 간이음식점에서 고기를 넣은 빵과 커피를 단체로 주문해서 먹었다.

직장 생활을 해본 적이 없던 나로서는 너무나 힘든 일과였다. 하루 45분간의 식사시간밖에 주어지지 않는 독일의 직장 생활은 마치 꼭 맞는 톱니바퀴처럼 빈틈없이 돌아가고 있었다. 노동시간이나 식사시간은 철저히 지켜졌고, 아무도 게으름을 피우거나 잡담을 하지 않았다. 이렇게 강도 높은 감시와 규율 속에서 독일인들은 어떻게 세계 최고 수준의 노동생산성을 창출할 수 있는 것일까. 그 의문은 퇴근 시간이 되자 곧 풀렸다. 점심시간 후 3시간만 지나면 모든 노동자들이 퇴근했던 것이다. 오전 7시부터 오후 3시까지 근무하기 때문에 하루 8시간 노동이 철저히 지켜지고 있는 셈이었다. 오후 3시 퇴근! 정말 꿈 같은 일이었다.

그뿐만이 아니었다. 대부분의 직장에서 토요일을 쉬기 때문에 5일 근무제가 정착되어 있고, 정식 직원에 한하여 1년에 한달 간의 휴가를 준다. 그러니까 독일의 노동자들은 거의 1년 중 절반을 쉬는 셈이다. 철저한 노동과 철저한 휴식, 이것이 바로 독일의 경쟁력이었던 것이다.

대부분의 독일인들은 퇴근 후 오후 7시까지 쇼핑을 하거나 각종 취미생활을 즐겼다. 스포츠 활동이나 교양강좌에 참여하는 것은 기본이었고, 원하기만 한다면 보다 수준 높은 전문교육까지 보장받고 있었다. 모든 공공기관은 오후 5시면 문을 닫았고, 슈퍼마켓이나 백화점도 오후 7시면 셔터를 내렸다. 7시 이후에 문을 여는 곳이란 선술집이나 호텔 같은 유흥업소뿐이었다. 그렇기 때문에 번화가를 제외한 도시의 거리는 해가 질 무렵부터 어둡고 침침했다.

독일에 진출한 한국 기업인들도 처음에는 무척 곤혹스러움을 나타내고 있었다. 그들은 한결같이 생돈으로 월급을 주는 기분이라고 했다. 하지만 독일 사회에 적응하고 나면 이들의 생각도 달라졌다. 한국 노동자들보다 독일 노동자들의 생산성이 월등히 높다는 것을 깨닫게 되는 것이다.

그러나 독일의 높은 임금과 완벽한 사회보장제도 속에서도 인간적인 고뇌와 갈등은 도처에 도사리고 있었다. 같은 공장에서 일하던 50대의 노동자는 수십 년 동안 같은 일을 하면서 가족을 부양해 왔지만, 얼마 전 아내가 도망치는 바람에 알코올 중독자가 되어 있었다. 그는 늘 맥주병을 허리에 찬 채 일을 할 정도였다. 반면 회갑을 넘긴 사장은 첩을 위해 호숫가에 아름다운 집을 장만하고, 호화로운 생활을 누리고 있었다. 나를 포함한 몇몇 직원들은 첩을 위해 마련한 별장으로 이삿짐을 날라주러 간 일이 있었는데, 한 젊은 노동자는 사장이 첩의 이삿짐을 옮기는 데 직원들을 동원한다면서 연신 투덜거렸다.

이삿짐을 나르고 온 날 밤, 나는 페터 선생을 만났다. 내가 취직을 했다고 하자 선생은 자신의 일처럼 몹시 기뻐했다. 우리는 선선한 공기를 맞으며 슈타트발트의 초원을 걸었다. 그때 어디선가 노랫소리가 들려왔다. 자세히 살펴보니 나무 밑에 앉아 있던 한 노인이 큰 소리로 히틀러 찬가를 부르고 있었다. 나는 독일인들이 아직도 히틀러에 대한 향수를 갖고 있다는 사실에 놀랐다. 선생에게 저 노인과 대화를 나누고 싶다고 하자 선생은 슬며시 자리를 피해 주었다. 나는 노인 곁으로 다가가 왜 히틀러를 찬양하느냐고 물었다. 노인은 나를 유심히 바라보더니 텁텁한 목소리로 대답했다.

"히틀러가 유대인들을 학살한 것은 사실이지만, 독일을 발전시킨 인물이기도 하지."

그러면서 노인은 히틀러의 공적에 대해 늘어놓기 시작했다. 노인의 말에 의하면 히틀러는 독일을 위해 세 가지 업적을 이루었다. 첫째는 고속도로를 건설하여 600만에 달하는 실업자를 구제하고, 둘째는 국민들의 체력 증진을 위해 동네마다 각종 스포츠 시설을 마련했으며, 셋째는 값싼 폭스바겐을 공급하여 국민차 시대를 열었다는 것이다.

한참 동안 노인과 대화를 나눈 후 나는 페터 선생에게로 향했다. 노인이 한 얘기를 들려주자 선생은 끌끌 혀를 찼다.

"고속도로를 만들고, 자동차를 보급하고, 국민의 체력을 증진시킨 것은 모두 전쟁을 위한 것이었네."

독일인들 중 일부가 히틀러에 대해 향수를 갖고 있다는 사실에 나는 적지 않은 충격을 받았다. 결국 인간은 먹을 것과 입을 것을 제공하는 자에게 복종하게끔 되어 있는 것이 아닌가하는 생각이 들었다.

독일의 사회보장제도에 의한 폐해는 또 있었다. 언제부터인가 내 기숙사 맞은 편에 있는 큰 공터에 트럭 한 대가 세워져 있었다. 처음에는 누가 새로 이사오는가 싶었지만 그 트럭은 며칠 동안이나 꿈쩍도 하지 않았다. 나는 도난 당한 차량일지도 모른다는 생각에 유심히 트럭 주위를 살폈다. 트럭은 이삿짐을 나르는 차처럼 덮개로 덮여 있었기 때문에 그 안에 무엇이 들어 있는지 알 수가 없었다. 그러던 어느 날 나는 트럭 짐칸에서 나오는 한 청년을 발견했다. 나는 호기심어린 눈으로 청년의 행동을 지켜보았다. 그가 트럭에서 살림을 살고 있다는 것을 안 것은 한참 뒤의 일이었다.

어느 날 아침, 나는 청년이 모닥불을 피워 놓은 채 페터 선생과 이야기를 나누고 있는 것을 보았다. 내가 다가가자 페터 선생은 새로 사귄 그 청년을 소개시켜 주었다.

"이 친구는 마니라고 하네."

청년과 나는 짤막한 인사를 나누고 악수를 했다. 하지만 나는 악수를 나누는 마니의 손에서 전혀 기운 같은 것을 느낄 수 없었고, 얼굴도 술에 취한 듯 불그스레했다. '마니'라는 말은 인도어로 보석이라는 뜻을 가지고 있었다. 나는 이 독일 청년이 어떻게 해서 인도식 이름을 갖고 있는지 의아한 생각이 들었다. 그러나 페터 선생과 대화에 열중하고 있었기 때문에 나는 잠시 의문을 접어두고 두 사람의 대화에 귀를 기울였다. 두 사람이 나누는 대화를 통해 나는 페터 선생이 어떻게 청년과 마주앉게 되었는지 짐작할 수 있었다.

트럭을 집으로 개조해서 이곳저곳 떠돌아다니던 마니는 그날 새벽에 페터 선생을 발견했다. 선생은 남루한 옷을 입고 거지처럼 배회했으나 마니에게는 범상치 않은 인물로 보인 모양이었다. 결국 마니는 선생을 불러 세워 이것저것 물어 보았고, 두 사람은 이내 친숙해졌다. 선생은 한참동안이나 붓다 이야기를 했다.

"마니, 붓다는 왕자로 태어났지만 출가 사문이 되어 아나가리카의 삶을 살았네. 붓다는 젊었을 때에 대궐의 동문으로 나가 허리가 꼬부라진 늙은 노인을 만났고, 남문으로 나가서는 한 병자가 신음하는 것을 보았지. 또 서문에서는 죽은 사람의 장례식을 보았고, 북문에 이르러서는 청정한 출가 사문을 만났네. 마침내 붓다는 사문을 본 후 자신의 진정한 길을 깨닫고 출가를 결심했지."

마니는 선생의 이야기를 귀담아 듣는 것 같지는 않았다. 다만 집시처럼 트럭에 몸을 싣고 떠돌이 인생을 사는 자신에게 관심을 가져주는 것으로 만족하는 것 같았다. 이윽고 마니는 자신의 처지에 관해 말하기 시작했다. 그의 얘기에 의하면 마니는 독일인이었음에도 불구하고 힌두교의 한 종파를 믿었다. 그 때문에 인도에 가서 오랫동안 생활을 했는데, 거기에서 그는 마리화나를 배웠다. 마리화나를 피울 때만큼은 늘 황홀경의 상태에 머물 수 있었지만 약효가 떨어지면 그는 현실과 대면해야 했다. 얼굴이 늘 불그스레한 것은 마리화나 중독 때문이었다. 나는 마니에게 물었다.

"마니, 그 지경이 되어 어떻게 생계를 꾸려 가는가?"

마니는 배시시 웃음을 베어 문 후 느린 어조로 대답했다.

"나는 일하기를 싫어하네. 그래서 간이 나쁜 것처럼 진단서를 꾸몄지. 그것으로 사회복지연금을 타서 생활하네. 전 재산이라고는 트럭 한 대뿐이지."

그는 대개 사나흘에 한 번씩 경치 좋은 곳으로 트럭을 옮겨 다니면서 생활하고, 가끔씩 마리화나를 피운다고 했다. 그의 육체와 정신에서는 아무런 힘도 의지도 찾아볼 수 없었다. 그 역시 집 없이 생활하기는 마찬가지였지만, 페터 선생과의 삶과는 전혀 달랐다.

동정보다는 역겨움이 앞섰지만 인도에서 이런 부류의 청년들을 수없이 목격했던 페터 선생은 그저 끌끌 혀를 찰 뿐이었다. 선생은 마니에게 계율의 중요성을 설득하고, 환각의 세계에서 벗어날 것을 충고했지만 그에게서 환영을 쫓아내는 것은 무척 어려우리라는 느낌이 들었다. 며칠 후 그의 트럭은 종적을 감추었다.

아침에 헤어졌던 페터 선생을 오후에 다시 만났다. 페터 선생은 오랜만에 내 기숙사에서 샤워를 했다. 그날 선생은 많은 추종자들을 거느리고 있는 오쇼 라즈니쉬에 대해 말했다. 당시 독일에서는 붉은 옷을 입은 라즈니쉬 교도들이 경영하는 식당들이 곳곳에 들어찰 정도로 교세가 대단했지만, 한편으로는 기이한 행위로 사회적 물의를 빚고 있었다. 선생은 '오쇼'라는 말은 일본어로 '황소 위에 앉아 있는 자'란 뜻이라고 설명해 주었다.

"라즈니쉬의 말은 달콤하지만 그 속내를 들여다보면 아주 공허한 것이네. 그는 몇 걸음을 걸을 때도 신발에 흙 묻히기를 꺼려하는 사람이지. 그래서 1년이면 365대의 롤스로이스를 필요로 했네. 더구나 그는 심리 치료를 한다는 핑계로 남녀가 함께 나체로 지내게 하고, 서로 치고 받고 하는 바람에 사람들의 뼈까지 상하게 만들었네. 지금도 수많은 심리치료사나 안무가들이 라즈니쉬를 쫓아다니며 구원에 목말라하고 있지만 그의 가르침은 공허할 뿐이네."

나 역시 언론매체를 통해 라즈니쉬 교도들의 기행(奇行)을 접한 터였다. 그들은 심리 치료를 위해 성의 욕망을 발산시키고, 육체적인 활동을 통해 긴장을 이완시키는 방법을 택하고 있었다. 하지만 인간의 본능 속에 도사리고 있는 욕망은 드러냄을 통해 해결될 수 있는 것이 아니었다. 진정 세계의 속박으로부터 벗어나려 한다면 수행과 명상을 통해 우리 안에 있는 욕망을 하나씩 지워나가는 노력이 필요한 것이다.

선생은 이야기가 길어지자 바늘과 실을 꺼내 속옷을 깁기 시작했다. 선생의 대화 방식은 늘 그런 식이었다. 대화에 몰입하면 늘 바늘과 실을 집어들고, 여유롭게 손을 놀리면서 묻고 대답하는 것이다.

"괴테는 이렇게 고백했지. 욕망 속에서 나는 쾌락에 굶주리고, 쾌락 속에서 나는 욕망에 굶주린다고 말일세. 괴테와 같은 인물도 수없이 사랑을 즐겼지만, 그는 일생에서 정말 즐거웠던 시간은 15분이 채 되지 않는다고 고백하지 않았던가?"

그러면서 선생은 셰익스피어의 소네트에 나오는 시 한 구절을 암송했다.

쾌락이란 수치의 사막에로 뻗어나가는 영혼.
쾌락을 탐할 때 그 쾌락은 음모이며 살인,
핏물과 비난으로 가득 찬 야성적이고도 주제 모르는 것
거칠고 잔혹하여 결코 믿을 수 없으니
쾌락은 즐기자마자 떠오르는 경멸, 쫓는 만큼 당하는 멸시.
미끼에 걸려들어 발버둥치는 만큼 증오로 얼룩지네.
쾌락에 빠졌을 때 분수를 모르고
황홀함을 맛본 뒤에는 오직 비참할 뿐,
기대하던 기쁨은 단지 꿈이어라.

늘 그랬던 것처럼 페터 선생은 영어로 시를 외우고 다시 독일어로 번역해 주었다. 나는 셰익스피어의 주옥같은 언어의 연금술에 혀를 내두르고 말았다. 육체적인 음욕은 결국 끝 모를 수치로 덮여 있는 사막 속으로 뻗어가려는 인간의 욕망이었다. 선생은 셰익스피어의 시가 문란했던 영국 황실에 대한 염증을 표현한 것이라는 해설을 덧붙였다. 그리고 나서 선생은 《자타카》에 나오는 고사를 들려주었다. 그 고사는 인도의 한 선인이 하늘을 날다가 개울가에서 빨래하고 있던 여인의 하얀 다리를 보는 순간 하늘에서 추락했다는 이야기였다. 나 역시 그 이야기를 읽은 적이 있었다.

"그래서 예수는 음욕을 품는 순간 간음한 것이나 다름없다고 했지. 또 카비르는 이렇게 노래했네. '쾌락은 까르마라는 뱀의 허물, 그것을 뒤집어쓰면 뱀으로 변하네. 그대의 머리가 부수어져도 그것을 알아차리지 못하니 그대보다 불행한 자가 또 어디 있는가?'라고…. 또 그는 말했지. 관능적인 사람은 감각적인 쾌락을 즐기며 사랑을 망치고, 결국에는 자신의 손에 있는 다이아몬드를 놓쳐 버린 채 생을 허비한다고 말일세. 음욕을 갖는 것은 육신이 한낱 티끌에 지나지 않음을 간과하고 있기 때문이지. 일찍이 붓다는 발바닥부터 머리끝까지 어느 곳 하나 혐오스럽지 않은 것이 없다고 하지 않았나? 결국 음욕이 일어나는 것은 있는 그대로의 세계를 보지 않기 때문이네. 음욕은 아름다움에 대한 환상 때문에 생겨나지. 허상에 둘러싸인 아름다움의 본질을 본다면, 다시는 음욕의 노예가 되지 않을걸세. 음욕은 생존의 본능에 뿌리박고 있어서 쓰면 쓸수록 잘 벼려진 비수처럼 더욱 날카로워지는 법이지. 그러나 쓰지 않으면 점점 무디어져 마침내 사라지는 것일세."

육체적 쾌락과 음욕에 대한 선생의 설명은 너무나도 명료했다. 나는 커다란 과자 상자를 선물로 받은 어린아이처럼 가슴이 뿌듯해졌다.

문명의 어두운 그림자

1985년 가을, 나는 슈타트발트를 지나 최근에 선생이 지었다는 숲 속의 거처를 구경하기로 했다. 그곳은 에페른에서 철로를 따라 가다가 만나게 되는 고속도로변에 위치해 있었다. 선생이 새로 마련한 보금자리는 2차 세계대전 때에 폭탄이 떨어져 생긴 웅덩이였다. 웅덩이는 직경이 3미터 정도 되어 보였는데, 움푹 패진 아래 부분은 굵은 나무 뿌리들이 얽혀 있었기 때문에 나무 등걸로 만든 의자 역할을 할 수 있었다. 선생은 그 웅덩이 위에 나뭇가지로 엮은 지붕을 올려놓았다. 멀리서 보면 흡사 커다란 새집처럼 보였다. 내가 웃음을 보이며 나무 등걸을 바라보고 있을 때 선생이 한 마디 했다.

"노자는 뿌리로 돌아가고 천명으로 돌아가는 것을 고요라고 하지 않았던가?"

선생은 최근 몇 달간 이곳에서 잠을 잤다고 말했다. 주위를 바라보니 경치가 제법 그럴 듯했다. 울창한 너도밤나무의 숲 속에는 디기탈리스가 종처럼 생긴 붉은 꽃을 수직으로 매달고 있었다. 바람이 불면 종 모양의 꽃들은 서로 몸을 비벼대며 부딪쳤다. 그때마다 맑고 청아한 종소리가 들려올 것만 같았다. 아마 선생은 들리지 않는 그 종소리를 들으며 눈을 뜨고, 저 광활한 초원을 걸으며 사색에 잠겼으리라. 나는 선생이 마련한 거처야말로 인류가 수 백만 년 동안 꿈꾸어온 원형의 소산이라는 생각이 들었다.

선생은 낙엽이 깔린 웅덩이 속의 나무등걸에 앉아 내게 그림 가르치는 것이 재미있느냐고 물었다. 나는 선생이 지난번에 말해준 '낮의 한가운데서 밤이 시작되고, 밤의 한가운데서 낮이 시작된다'

는 시구가 음양이론과 태극을 가르치는 데 크게 도움이 되었고 얼마 전에는 본에 있는 알버트 슈바이쩌 박사 기념관에서 강연하는 계기도 되었다고 하자, 페터 선생은 그 말에 아주 흡족해 했다.

하지만 선생은 얼마 후에 자신의 거처를 마리화나나 마약 중독자들에게 내주지 않으면 안되었다. 이 웅덩이가 부랑자들의 소굴이 되어 버리자 경찰이 선생의 보금자리를 부수고 흙으로 메워 버리고 만 것이다.

오스트아시아 박물관에서 사군자를 가르치는 일은 수강생들에게 꽤 인기가 있었다. 강의실이 수강생들로 가득 채워졌기 때문에 나는 늘 즐거운 비명을 내질렀다. 하지만 나는 공부하는 것보다 강의를 하는 것이 본업이 될까봐 은근히 걱정도 했다. 나에게는 그림을 그릴 만한 시간이 전혀 없었다. 그럼에도 불구하고 수강생들은 동양화에서 느낄 수 있는 정취나 막힘 없이 흘러가는 필치, 그리고 화선지 위에 펼쳐진 흰 여백의 미를 좋아하는 것 같았다.

수강생들 가운데 중국학 박사인 쉴레겔 부인과 건축가 디터, 그리고 어느 출판사 사장 부인이 있었다. 그들은 내가 가르치는 음양의 원리와 검은 반점에 대한 명상에 대단히 감명을 받은 것 같았다. 그래서 그들은 내가 가르친 대로 일상생활 속에서 명상을 실천하고 있었다. 하지만 나는 학비를 벌기 위해 서투른 그림을 가르친다는 데 대해 늘 죄책감을 갖고 있었다. 더구나 방송사에서 출연 요청을 한다든지 다른 도시에서 강의를 부탁할 때면 쥐구멍에라도 들어가고 싶을 지경이었다.

나는 페터 선생을 만날 때마다 몇몇 수강생들에 관해 이야기했다. 특히 나는 쉴레겔 부인과 건축가 디터, 그리고 출판사 사장 부인에 대한 이야기를 많이 했다. 쉴레겔 부인은 자주 나를 찾아오고, 집으로 나를 초대하기도 했다. 그녀는 이지적이면서도 아름다운 외모를 가졌지만 가시 돋친 장미처럼 늘 불안해 보였다. 그녀는 항상 자연식만을 고집하고 돈황 문헌을 연구해서 박사 학위를 취득할 정도로 자존심이 강했음에도 불구하고 소녀처럼 청순한 구석이 있었다.

수강생들이 내게 감탄한 것은 불과 2~3분만에 대나무를 그려내는 내 그림 솜씨였지만, 그녀가 나에게 배운 것은 태극의 원리와 바위의 검은 점을 집중해서 바라보는 명상법이었다. 그녀는 명상을 통해 이 방법이 번뇌를 없애는데 얼마나 효과적인 것인지를 체득하고 있었다.

어느 날인가 그녀는 내게 숨겨진 비밀을 털어놓기 시작했다. 그녀는 위암에 걸려 수술을 받았고, 그 때문에 대학 강사 자리도 내놓은 지 오래되었다. 남편은 축구를 즐길 만큼 건강했었지만 지금은 심장병에 걸려 고생하고 있다는 것이었다. 그들 부부는 서로의 공부를 위해 아이를 갖지 않았다. 때문에 40대 중반이 된 지금까지 외롭게 살아가고 있었다. 심장병으로 고생하고 있는 남편 역시 토요일이면 하루도 빠짐없이 그림을 배우러 나왔다. 어느 날 나는 초대를 받아 부부의 집을 방문했다. 그날 저녁 나는 그녀의 남편으로부터 우울한 소식을 들었다.

"처남은 치과의사였는데, 교통사고로 두 다리를 잘라냈죠. 그후 처남은 자신의 처지를 비관한 나머지 숲 속에 오두막을 짓고는 홀로 기거하면서 반미치광이가 되었어요."

쉴레겔 부인의 남동생은 아직도 숲 속에서 혼자 살고 있다고 했다. 그는 세상과 단절한 채 식구들조차 찾아오는 것을 거부하고 있었다. 쉴레겔 부인은 남동생 이야기를 들려주면서 애써 평정을 찾으려 했지만, 나는 그녀의 가슴속에 아프게 남아 있는 응어리를 볼 수 있었다. 그들 부부는 동양의 정신이 어떤 구원의 빛을 가져다 줄 수 있을 것이라고 생각했고, 어쩌면 내가 정신적 질병을 고쳐줄 수 있는 신비의 비법을 갖고 있는지 모른다고 믿는 것 같았다. 하지만 나에게는 그런 능력이 없었다. 나 역시 쫓기는 일상 속에서 학비와 빵을 벌기 위해 그림을 가르치는 사람에 불과했던 것이다.

　나는 그들에게 아무런 도움을 줄 수 없다는 사실이 가슴 아팠다. 나는 페터 선생을 소개시켜 주고 싶었지만, 같은 독일인이라서 그런지 전혀 관심을 보이지 않았다. 그 부부는 4년 동안이나 내게 그림을 배웠다. 그러나 내가 그림 가르치는 것을 그만두자 뮌헨 근처의 알프스 산록에 있는 커다란 호숫가에 아담한 2층집을 지어 이사했다. 그후에도 그녀는 나에게 학비를 보태라면서 편지 봉투에 100마르크씩 넣어 보내기도 했다. 또 언젠가는 집에 초대하고 싶다며 기차표를 동봉한 적이 있었다. 덕분에 나는 알프스 산록의 아름다운 호숫가를 여행할 수 있는 기회를 가졌다. 더구나 그녀는 내가 귀국한 뒤에도 한국으로 편지를 보내 정신적인 도움을 받고 싶어했다.

　쉴레겔 부인의 불행에 대해 잠자코 듣고 있던 페터 선생이 입을 열었다.

　"독일에서만 암으로 죽어 가는 사람의 숫자를 헤아릴 수 없을 정도이네. 대개는 잘못된 식사 습관과 공해 때문에 생겨나는 병이지. 그래서 톨스토이는 이렇게 말했네. 인간은 자신의 잘못된 습관을 고치기보다는 오히려 멸망의 길을 향해 간다고 말일세."

　그리고 페터 선생은 암의 또 다른 주요 원인으로 스트레스를 꼽으며 독일의 유명한 생물학자 콘라트 로렌쯔의 실험 이야기를 들려주었다. 들쥐를 일정한 지역에 방목해서 키우면서 충분한 먹이를 주었더니 들쥐는 한 곳에 살 수 없을 만큼 숫자가 불어나더라도 그 지역을 떠나지 않았다고 한다. 결국 들쥐들은 서로 생존경쟁을 하다가 암에 걸려 자멸해버리고 말았다는 것이다.

　나는 독일에서는 제법 큰 출판사의 사장 부인에 대한 이야기를 페터 선생에게 들려주었다. 그녀는 늘 최고급 옷을 입고 다녔지만, 얼굴에는 늘 어두운 그늘이 드리워져 있었다. 그녀는 손수 요가 학원을 경영할 만큼 동양적인 것에 관심이 깊었다.

어느 날, 나는 그녀의 초대를 받아 요가 학원을 방문했다. 옛날에는 하타요가를 가르쳤으나 지금은 주로 요가와 건강에 대한 심리상담을 하고 있었다. 그녀는 나의 태극요법이 마음에 들었던지 여러 가지로 내게 고마워했다. 나를 맞은 그녀는 담배를 피워 물고는 한참 동안 망설이다가 자신의 불행한 이야기를 털어놓기 시작했다.

그녀는 아들 하나를 두었는데 불행하게도 그 외아들은 '콘티가넨 킨더'였다. 콘티가넨 킨더는 몸통에 아주 작은 팔다리가 붙어 있고, 이 팔다리에 손가락이나 발가락이 없는 아이를 가리키는 것이었다. 한때 독일에서는 기형아 출산이 커다란 사회문제로 대두했었다. 기형아 출산이 사회적 문제가 된 것은 20여 년 전에 독일에서 개발된 진통제 때문이었다. 당시 독일에는 식품의약국 안정청이 없었기 때문에 정확한 임상 실험 없이 새로 개발된 신약이 시중에 유통되었다. 그런데 그 약을 복용한 여인들이 팔과 다리가 없거나 어깨와 골반에 팔다리가 붙어 있는 기형아를 출산하기 시작했다.

처음 자신이 낳은 아이를 보았을 때 그녀는 엄청난 충격과 두려움에 사로잡혔다. 그 고통은 20년간이나 계속되고 있었다. 자식을 볼 때마다 온몸을 파고드는 죄책감과 괴로움 때문에 그들 부부는 항상 고통에 시달려야 했다. 다행히 그녀의 외아들은 휠체어를 타고 대학에 다니고 있었고, 명랑한 성격에 재주도 많아 부모 앞에서는 결코 우울한 모습을 보이지 않는다고 했다.

내 얘기를 들은 페터 선생이 가볍게 한숨을 몰아쉬며 말했다.

"그 약은 일본에까지 수출되었지. 그래서 일본에도 많은 콘티가넨 킨더가 있네. 참으로 어이없는 일이지."

최근에 일본에서 《오체불만족》이라는 책을 펴내 우리 나라에까지 화제가 된 청년도 이 콘티가넨 킨더이다. 그 역시 독일에서 수출한 신약의 피해자이다.

나는 다시 건축가 디터에 대해 말했다. 그는 마흔 살이 넘었는데도, 채식만을 해서 그런지 유연하고 맑은 선비 기질을 갖고 있었다. 디터는 오랫동안 선불교를 연구했고 《벽암록》까지 독파할 정도로 해박한 지식을 갖고 있었다. 그 역시 나에게 그림을 배우는 다른 수강생들처럼 동양 정신에 깊은 관심을 갖고 있었다. 그는 도시에서의 삶을 청산하고 한적한 시골로 내려가 동양화를 그리며 생활하고 싶다고 했다.

나는 몇 차례나 쾰른 시 외곽에 있는 그의 집으로 초대받은 적이 있었다. 소박한 그의 집에는 실을 뽑는 물레가 있었는데, 60~70년대 젊은이들 사이에서 히피 문화가 일어날 때 간디처럼 살기 위해 산 것이라고 설명했다. 부인은 전 남편과의 사이에 3명의 자녀를 두고 있었는데 자녀들은 이미 성년이 되어 집을 떠난 상태였고, 집안에는 디터와 부인만이 살고 있었다. 하지만 그들은 서류 상으로는 부부가 아니었다. 혼인신고를 하게 되면 국가에서 지급하는 홀어머니 수당을 받을 수 없고, 연금도 반으로 줄어들기 때문이었다. 아무튼 디터에게는 친자식이 없었다. 말하자면 노총각이 이혼녀와 동거하는 셈이었다. 그래서 그런지 그의 모습에서는 항상 외로움이 묻어났다.

1985년 여름, 디터는 프랑스와 스페인 국경지역에 있는 피레네 산맥의 별장으로 나를 초대했다. 나는 그와 함께 낡은 봉고차를 타고 2,000 킬로미터가 넘는 유럽 횡단에 나섰다. 우리는 흑빵과 치이즈, 과일 같은 비상식량을 싣고 차 안에서 2박을 한 뒤에야 남프랑스의 옹뒤즈에 도착할 수 있었다. 그곳에는 세계적으로 유명한 대나무 숲 밤부져레가 있었다. 15헥타르에 이르는 대나무 숲은 유럽에서 유명한 관광명소가 된 지 오래였다. 우리는 다시 스페인 접경지역에 있는 생떽쥐베리의 고향 뚤르즈에 도착하여 디터의 친구 집에 들렀다. 그 친구는 별로 이름이 알려지지 않은 소설가였다. 우리는 그의 집에서 목욕을 하고, 포도주에 치즈를 넣어 끓인 소스에 빵을 찍어

먹으며 밤을 새웠다. 그때 디터는 셍텍쥐베리의 소설《인간의 대지》에 관해 이야기하며 열을 올렸다.

"우리는 지구가 녹색으로 덮여 있는 아름다운 별이라고 생각하지만 실은 환상에 불과해요. 지표의 3분의 2는 짠 바닷물에 덮여 있고, 육지의 상당 부분은 인간이 접근하기 어려운 사막과 바위투성이의 산, 그리고 얼음에 덮여 있어요. 쌩떼쥐베리는 비행기를 몰고 절망적인 죽음의 영토를 날다가 녹색의 이끼 위에 살고 있는 인간의 땅을 발견했을 때 정말 울고 싶은 기분이 들었다고 고백하지 않았나요? 이끼처럼 왜소한 인간의 삶이 안타까웠기 때문이었지요. 하지만 생명은 늘 존귀한 것이죠. 어떤 인간이든 인간이 살고 있는 대지를 내려다보면 격렬한 인간애를 느낄 거예요. 그러나 현실은 그렇지 않아요. 이끼처럼 지구에 달라붙어 있는 덧없는 인간들이 왜 서로 증오하는지 이해할 수가 없어요."

다음날 아침 일찍 우리는 소설가 부부와 함께 피레네 산 속으로 향했다. 그곳에는 디터가 별장으로 쓰기 위해 장만한 작은 농가가 있었다. 적어도 몇 백년은 되었을 성싶은 낡은 집이었다. 농가는 흙과 돌, 나무만을 사용해서 지었는데 벽 두께가 무척 두꺼워 보였고 이음새 부분은 모두 나무못으로 박아놓았다. 그러나 창문의 크기가 겨우 머리 하나 들어갈 만큼 작았다.

"옛날에는 유리가 너무 비싸서 창문의 크기에 따라 세금을 매겼대요. 그래서 대부분의 집들이 작은 유리창을 달았죠."

디터의 설명을 듣고 나서야 나는 손바닥만한 창문의 의미를 알 수 있었다. 우리는 자동차를 타고 피레네 산의 간헐천과 제재소를 둘러본 후 밤이 되어서야 디터의 오두막에 도착했다. 디터는 그곳에 세 채의 오두막을 지어놓았기 때문에 우리는 각각 한 채씩 사용할 수 있었다. 나는 그곳에서 일주일 동안 머물며 그림을 그리기도 하고, 명상을 하면서 지냈다.

식사 때가 되면 우리는 오두막 사이에 있는 툇마루에 모였다. 우리는 피레네 산맥의 웅장한 줄기를 바라보며 주로 《벽암록》에 나오는 중국 선사들의 화두를 화제에 올렸다. 피레네 산은 꼭 지리산을 연상케 했다. 밤이면 촘촘히 박힌 별들이 손에 잡힐 듯 떠 있었는데 주먹만큼이나 크게 보였다. 우리는 일주일간의 일정을 마치고 다시 독일로 돌아왔다.

나는 디터에게 페터 선생에 대해 자주 이야기를 해주었지만, 이 가엾은 친구는 오히려 내게 부랑자와 사귀지 말라는 충고까지 했다. 내가 디터에 관하여 이야기하자 페터 선생은 그의 삶에 회의적인 태도를 보였다.

"유럽에서는 사회보장 제도 때문에 결혼하지 않고 동거하는 예가 많네. 자연을 즐기겠다는 이유로 별장을 갖는 것도 허위에 불과하지. 프랑스에서는 독일 사람들이 농가를 사놓고 그대로 방치하는 바람에 사회문제가 되고 있지. 그것은 히피운동의 결과로 생겨난 한 유행에 불과하네. 그때 농촌에 들어가서 성공적으로 정착한 사람은 거의 없네."

훗날 디터는 내가 본으로 이사할 때 이삿짐을 날라주기도 하고, 내 아내가 아이를 가졌을 때에도 많은 도움을 주었다. 언젠가 그가 피레네 산맥으로 들어가 여생을 보내겠다는 말을 듣긴 했지만 지금은 소식이 끊긴 지 오래다.

세상을 놓아 버리게나

 그해 겨울이었다. 거센 눈보라가 휘몰아치던 날 밤, 페터 선생이 기숙사로 찾아왔다. 그렇지 않아도 이 추운 밤을 어떻게 지내고 있을까 걱정하고 있던 터였기 때문에 선생의 방문은 너무나 반가웠다. 선생은 문 앞에 서서 어깨 위에 내려앉은 눈을 털고 내 방으로 들어섰다. 그는 검은 망토를 침대 위에 올려놓고는 내게 갈대를 한아름 안겨주었다. 그리고는 티미안이라는 꽃씨로 만든 향기 있는 조미료도 가지고 왔다. 나는 티미안으로 차를 끓여 선생에게 대접했다.
 사실 나는 기분이 몹시 우울한 상태였다. 얼마 전 하이델베르크에 있는 한 친구로부터 나를 독일까지 이끌었던 여자친구 H가 결혼한다는 소식을 들었기 때문이었다. 사실 나는 오래 전부터 H와의 이별을 예감하고 있었다. 그녀의 집에서는 우리의 교제를 탐탁치 않게 여기고 있었다. 더욱이 우리는 유학생활을 하는 동안 서로에 대해 갖고 있던 환상들을 하나씩 지워가고 있던 중이었다. 낯선 이국에서의 생활은 한국에서 생각했던 것처럼 결코 낭만적인 것이 아니었다. 생활비와 학비를 벌어야 하고, 대학에서 주어진 과제를 해결하기 위해서는 밤낮을 가리지 않고 공부에 매달려야 했다. 자연히 우리의 관계는 멀어질 수밖에 없었다.
 하지만 누구를 탓할 수 있는 문제가 아니었다. 우리는 각자에게 주어진 삶의 환경에 적응해야 했다. 고독한 유학생활에 적응하지 못한다는 것은 곧 도태를 의미하는 것이기 때문이었다. 나와 마찬가지로 그녀도 고된 유학생활을 힘들어했다. 그녀가 쾰른을 떠나 하이델베르크로 향했던 것도 아마 그 때문이었을 것이다. 그녀가 떠난 후 연락이 뜸해지기 시작했고, 점차 서로에 대한 기억도 사라져갔다.

다른 사람으로부터 그녀가 결혼한다는 소식을 들었을 때, 나는 왠지 가슴 한구석이 찌르르 해지는 것을 느꼈다. 그녀의 결혼 소식 때문이었을까. 문득 나는 한국에 있을 때 사귀었던 여의사의 소식이 궁금해졌다. 나는 늘 그녀에게 깊은 마음의 상처를 입혔다는 죄책감 때문에 괴로워하고 있던 터였다. 그래서 나는 서울로 떠나는 사람에게 여의사의 행방을 수소문해 줄 것을 부탁했다. 얼마 후 멀리 부산에서 한 통의 전화가 걸려 왔다. 그녀였다. 그녀는 차분하고 절도 있는 목소리로 자신의 근황을 들려주었다.

"결혼했어요. 아이도 하나 있구요."

페터 선생이 방문하기 전 나는 부산에서 온 편지 한 통을 읽었다. 편지 봉투에는 갓 돌이 지난 아이와 함께 찍은 그녀의 사진이 들어 있었다. 그 사진은 너무나 평화롭고 아름다워 보였다. 그녀에 대한 모든 죄책감이 한순간에 씻겨져 내려가는 기분이었다. 나는 진심으로 그녀의 행복을 빌었다. 그러나 모두들 내 곁을 떠나고 있다는 생각이 들었을 때, 나는 문득 가슴 한구석이 허전해지는 것을 느꼈다. 그 얘기를 들려주자 페터 선생은 나를 진심으로 위로했다.

"한 제자가 공자에게 물었네. 덕을 높이고 미혹에서 벗어나려면 어떻게 하면 되겠습니까? 그때 공자는 이렇게 대답했지. '정성과 믿음을 바탕으로 끝없이 의를 실행하고 힘쓰는 일이 덕을 높이는 길이다. 미혹은 사랑하고 미워하는 데서 비롯된다. 사랑하면 그 사람이 오래 살길 바라고, 미워하면 그 사람이 죽기를 바라니 참으로 두려운 것은 미혹함이다. 사랑하고 미워하는 것을 극복하는 것이 곧 미혹함에서 벗어나는 길이다'라고 말이야."

"사랑하면 오래 살길 바라고 미워하면 죽기를 바란다는 것은 정말 솔직한 표현이군요."

순간 나는 페터 선생과 함께 있다는 사실에 안도감을 느꼈다. 선생을 만나지 않았더라면 지난 몇 년 동안 나는 사랑과 미움의 미혹 속에 불타 버려 이미 검은 숯덩이가 되어 있을지도 모를 일이었다. 오늘 두 여인이 모두 내 곁을 영원히 떠났다. 이제 내 가슴속에 작은 불씨로 남아 있던 불꽃들은 영원히 꺼져버린 것이다.

"하피스는 말했네. 평안을 바란다면 쓰디쓴 충고를 따르라. 사랑하는 자를 발견하려면, 세상을 버리고 세상을 놓아버려라."

세상을 놓아버려라. 나는 몇 번이고 그 구절을 혼잣말처럼 중얼거렸다. 선생은 계속해서 하피스의 시구를 암송했다.

"아침저녁의 기도로 보물을 펼쳐 놓는다. 아름답구나 그대여, 포도의 딸이여, 그대에게 이별은 가치 있는 것이리니."

포도의 딸, 그것은 포도주였다. 우리는 기도와 명상으로 근원을 알 수 없는 맑고 깨끗한 술을 얻는다. 때가 되면 포도나무는 열매를 버리고, 열매는 보석 같은 술로 익어간다. 이들의 이별은 예고된 운명과도 같다. 하지만 이들의 이별은 슬픈 것이 아니다. 포도나무는 그 자리에 새로운 열매를 맺고, 열매는 자줏빛 향기로운 술로 승화되는 것이다.

어느덧 1985년도 저물어가고 있었다. 한겨울이었지만 날씨는 맑았다. 벌써부터 독일인들은 한해 동안 쌓인 회포를 풀기 위해 사방에서 폭죽을 터뜨리고 있었다. 그날 나는 창가에 기대앉아 소란스레 몰려다니는 사람들을 바라보고 있었다. 그때 페터 선생이 손수레를 끌며 기숙사 앞을 지나가는 모습이 눈에 띄었다. 자세히 살펴보니 예전의 낡아빠진 손수레가 아니었다. 아마도 쓰레기장에서 쓸만한 손수레를 구한 모양이었다. 페터 선생이 호숫가 보도블록 위로 요란한 바퀴소리를 내며 지나치는 것을 보고 나는 서둘러 밖으로 뛰쳐나갔다.

"선생님!"

페터 선생이 뒤를 돌아다보며 환한 미소를 지었다. 우리는 다시 잔디밭 위에 나란히 앉았다. 나는 먼저 내 신상 문제에 대해 상의하고 싶었다. 최근 얼마 동안 주위에서는 노총각인 나를 장가 보내야 한다고 아우성이었던 것이다. 그 중 몇몇 사람은 내게 여자를 소개해 주기도 했지만 별반 흥미를 느끼지는 못했다. 더구나 나는 내 몸에 남아 있는 화상 때문에 여자에게 적극적으로 다가갈 수 없었다. 내 양팔과 배에 남아 있는 흉터는 가난이 남긴 화인(火印)이자, 한국 전쟁의 아픈 유적이었다.

　1·4 후퇴 때 함경도에서 피란 나온 부모님은 졸망졸망하게 딸려 있는 네 아이를 부산 아미동의 단칸방에서 키웠다. 방은 부엌을 사이에 두고 작은 장지문으로 연결되어 있었고, 그 장지문 앞에 연탄 아궁이가 딸린 부뚜막이 있었다. 아마 내가 네 살이 되었을 때였을 것이다. 그날 어머니는 연탄 아궁이에 물을 올려놓은 채 무를 썰고 있었다. 나는 어머니의 손이 지나갈 때마다 무가 가느다란 국수 가락처럼 떨어져 나가는 모습을 신기한 듯 바라보고 있었다. 단물이 배어 있는 무를 손에 넣기 위해 손을 내밀었을 때 갑자기 몸을 기대고 있던 장지문이 활짝 열렸다. 내 몸은 이내 끓는 물 속으로 떨어졌고, 놀란 어머니는 비명조차 내지르지 못하고 부들부들 몸을 떨었다. 내 몸의 화상은 그때 생긴 것이었다.

　내 몸에 남겨진 상처는 오랫동안 나를 괴롭혔다. 무시로 나를 짓눌러오던 열등감이 이성에 대한 자신감의 결여로 나타났던 것이다. 얼마 전, 나는 교민의 소개로 한국에서 온 간호원을 만났다. 하지만 우리는 서로에게 쉽게 다가갈 수 없었다. 더구나 나는 경제적으로 넉넉한 편이 아니었고, 여자에게 내 유학생활의 뒷바라지를 맡기기 위해 결혼하려는 것처럼 여기는 주위의 눈초리 때문에 여간 부담스럽지가 않았다. 첫 만남 이후 그녀와 나는 몇 차례 산책을 하며 서로에 대해 이야기했다.

　그녀 역시 아픈 상처를 갖고 있었다. 그녀는 한때 한국에서 온 떠돌이 화가와 결혼을 전제로 몇 년 동안 동거를 했다. 하지만 그 떠돌이 화가는 심한 술주정뱅이였고, 마침내 그녀가 10년간이나 모아온 모든 재산을 탕진하고 말았다. 결국 남자의 술 주정과 폭력을 견디지 못한 그녀는 화가와 헤어져 혼자 살고 있었다. 그후 그녀는 상당한 기간을 정신병원에 입원했고, 요즈음은 마음의 안정을 되찾아 간호원으로 복귀하기 위한 재활교육을 받고 있었다.

나는 그녀에게서 동병상련의 아픔 같은 것을 느꼈다. 언젠가는 그녀와 함께 예전에 입원했던 정신병원에도 같이 가보았다. 독일에서는 과거에 폐결핵 요양소로 사용하던 시설들을 개조하여 정신병 환자들을 수용하고 있었다. 그녀와 수용시설 안을 둘러보다가 환자들이 그린 그림들을 전시한 곳에서 발길을 멈추었다. 문득 태양이 뜨겁게 내리쬐는 황량한 산 위에 고통스런 표정으로 누워 있는 사람의 모습이 눈에 띄었다. 강렬한 햇볕이 누워 있는 사람을 불태우고 있는 듯 보였다. 그 그림을 보면서 나는 끓는 물에 익어버린 내 피부의 화상을 떠올렸다.

정신병원에 다녀온 이후에 나는 그녀에게 연락을 하지 않았다. 그녀 역시 나에게 전화를 걸지 않았으므로, 우리의 만남은 그것으로 끝이었다.

나는 그녀와 만났던 이야기를 페터 선생에게 들려주었다. 사실 나는 그녀와 가진 몇 차례 만남이 서로에 대한 연민이 아니었을까 생각하고 있었다. 아니나 다를까. 페터 선생은 이미 내 마음을 꿰뚫어 본 듯 이렇게 말했다.

"연민으로도 사람을 사랑할 수 있지. 하지만 연민은 오래 가지 못하네. 연민에 의한 사랑은 괴로움을 낳을 뿐이지."

그러면서 페터 선생은 카비르의 시 한 구절을 암송해 주었다.

"이것이 사랑의 사원이니, 너무 빨리 들어서는 자는 밤사이에 목숨을 잃으리라."

위대한 영혼은 머물 곳을 찾지 않는다

버리고 떠나기

1986년 어느 봄날 아침, 나는 페터 선생과 함께 쾰른 시내에 있는 한 집을 찾아갔다. 그곳은 선생의 페르시아 친구인 찌루스의 집이었다. 선생과 나는 전철을 타지 않고 슈타트발트를 가로지르기로 했다. 넓은 초원은 이미 봄빛으로 물들어 있었다. 연녹색의 움을 틔운 나뭇가지 사이로 방울새와 자빠귀의 울음소리가 들려왔다. 촉촉하게 물기를 머금은 초원은 들꽃들이 뱉어낸 향내들로 가득하고, 햇빛에 녹아든 아지랑이가 현기증을 일으킬 만큼 너울거리고 있었다. 겨우내 단단한 지표로 몸을 감쌌던 대지는 비로소 기지개를 켜며 새로운 세계의 탄생을 알리고 있었다.

부드러운 흙을 골라 밟으며 선생과 나는 초원을 걸었다. 나는 한겨울 추위에 박제가 되어버린 마른 꽃을 한아름 꺾어 찌루스에게 줄 선물을 마련했다. 초원지대를 막 걸어나왔을 때 선생이 밝은 목소리로 말을 꺼냈다.

"마호메트가 부잣집 과부와 결혼한 것은 사실일세. 그러나 마호메트는 모든 재산을 가난한 사람들에게 나누어주었지."

이윽고 선생은 마호메트에 대해 말하기 시작했다. 어느 날 밤, 마호메트는 잠을 청하기 위해 잠자리에 들었다. 그 순간 마호메트는 이상한 느낌을 받았다. 마음 속 어딘가에 가시가 박혀 있는 느낌이었다. 그래서 마호메트는 잠든 아내를 깨워 물었다.

"혹시 나 몰래 숨겨 놓은 것이 있소?"

아내는 곰곰이 생각해 보았지만 남편에게 숨기고 있는 비밀 같은 것은 없었다.

"아무 것도 숨긴 것이 없는데요."

마호메트는 안심하고 잠자리에 들었지만 도무지 잠을 이룰 수가 없었다. 가슴 한구석에 더러운 먼지가 끼어 있는 기분이었다. 이번에도 마호메트는 잠든 아내를 깨워 물었다.

"내가 잠을 잘 수가 없으니 당신이 뭔가를 감추고 있는 게 분명하오."

하지만 아내는 아무리 생각해도 무엇을 감추고 있는지 알지 못했다. 마호메트는 아내의 말을 듣고 다시 잠자리에 들었지만 잠을 청할 수가 없었다. 그는 세 번째로 아내를 깨웠다.

"잘 생각해보구려. 숨기고 있는 게 무엇인지…."

그때서야 아내는 한 가지 생각을 떠올렸다.

"혹시 내일 아침 반찬거리를 사려고 넣어둔 돈 때문에 그러시는 겁니까?"

아내의 얘기를 들은 마호메트는 비로소 환한 미소를 머금었다.

"그랬군. 그것 때문이었군. 지금 당장 밖에 나가서 지나가는 나그네에게 그 돈을 주고 오시오."

아내는 마호메트가 시키는 대로 한밤중에 밖으로 나가 지나가는 나그네를 기다렸다가 그 돈마저 주고 돌아왔다. 그런 다음에야 마호메트는 편히 잠을 잘 수가 있었다.

선생이 얘기를 끝냈을 때 나는 그만 탄성을 내지르고 말았다. 아! 이 자유로운 대지 위를 거닐면서 한 점 부끄러움이 없는 이야기를 듣다니! 붓다도 모든 것을 버렸다. 아름다운 궁전과 왕자의 자리, 삼시전(三時殿)의 환락과 사치, 부드러운 침대와 아름다운 옷을 모두 버렸다. 그리고 사랑하는 아내와 유일한 아들 라훌라도 버렸다. 우리가 기억하고 있는 역사상의 인물 중에서 그렇게 많은 것을 버린 사람은 일찍이 없었다. 문득 나는 토스토예프스키의 말을 떠올렸다.

'나는 명예욕으로 뭉친 욕망의 덩어리에 불과하다. 내 잘못을 용서받으리라고는 믿지 않는다. 나를 용서할 사람이 없기 때문이다. 나를 용서해야 할 나조차도 늘 잘못을 반복하고 있다. 그러나 나는 내 잘못을 알고 있다는 것에 만족한다.'

어느덧 우리는 쾰른의 대학가에 자리잡은 찌루스의 집에 도착해 있었다. 우니센터에서 멀지 않은 도서관 근처였다. 찌루스는 공학도였는데 얼마 전에 이란에서 결혼한 뒤에 부인을 맞아 새 보금자리를 꾸미고 있었다. 페터 선생과 내가 나타나자 찌루스는 반갑게 우리를 맞아주었다.

"어서 오세요."

찌루스는 주름 투성이의 얼굴에 창백한 피부를 갖고 있었지만 무척 옹골져 보이는 친구였다.

"이건 자네 부인에게 주는 선물일세."

페터 선생은 우리가 준비한 마른 꽃다발을 선물했다. 찌루스의 부인이 나와 반갑게 받았다. 대부분의 페르시아 인이 그렇듯이 부인은 짙은 눈썹에 커다란 눈동자를 하고 있었다. 찌루스는 부모가 부유층에 속했기 때문에 호메이니 독재를 피해 망명을 나온 사람들과는 달랐다. 그래도 그는 남루한 행색의 페터 선생을 즐겨 초대하는 몇 안 되는 사람 가운데 하나였다. 이슬람 문화권에서 살아 온 사람들은 '가난'이 왜 부(富)와 동일시되고, '거지'가 왜 왕자일 수 있는지 잘 이해하고 있는 것 같았다. 그들은 오랜 종교적 전통 속에서 정신의 풍요로움과 부의 덧없음을 교육받아 왔기 때문인 듯 싶었다.

찌루스는 자스민 차를 따르면서 나에게 물었다.

"한국에도 거지처럼 사는 수행자들이 있나?."

"요즈음은 드물지만 과거에는 더러 있었지."

그러면서 나는 신라시대의 왕자 출신으로 출가하여 당나라에서 이름을 떨친 무상 스님에 대해 설명해 주었다. 무상은 당나라에 들어가 사천성 칠곡산에서 고행을 하며 살았는데, 문헌에 따르면 그는 넝마와 같은 옷을 입고 머리는 헝클어뜨린 채 낮에는 묘지에서 자고, 밤에는 나무 밑에서 수행을 했다고 한다. 그의 가르침 밑에서 마조 도일과 같은 중국의 위대한 선사들이 배출되었다.

찌루스는 내가 하는 말을 부인에게 페르시아어로 통역을 해주었다. 내 얘기를 듣고 있던 페터 선생이 한 마디 거들고 나섰다.

"하피스는 말했지. 비속한 땅의 책상 위에 만족의 꿀은 없다. 영혼이여, 모질고 쓰라린 것이라고는 없는 쾌락의 옷을 벗어라…. 또 그는 말했지. 왕이라 불리기보다 거지라 불리는 것이 행복하네. 명예는 단지 혐오스러운 것일 뿐!…."

간단한 식사를 끝내고 선생은 찌루스의 부인이 독일 체류에 필요한 탄원서를 작성해주었다. 그런 다음에는 거실에 모여 〈마호메트〉라는 영화 한 편을 감상했다. 마호메트는 등장하지 않았지만 이슬람의 건국 역사를 보여주는 장쾌한 드라마였다.

그로부터 얼마 후 나는 에페른 시대를 마감하고 본 역 근처에 있는 기숙사로 방을 옮겼다. 에페른에서 본 대학까지는 전철로도 한 시간 이상이 걸렸기 때문에 오래 전부터 작정하고 있던 이사였다. 하지만 새로 옮긴 기숙사는 에페른의 기숙사보다 시끄러웠다. 시도 때도 없이 기차 소리가 들려오고, 건물이 4층으로 되어 있어 매일 대여섯 번씩 오르내려야 했을 뿐 아니라 계단을 오르내리는 학생들로 집안이 늘 시끄러웠던 것이다. 나를 더욱 아쉽게 만든 것은 푸른 초원과 숲을 볼 기회가 없고, 페터 선생을 만날 기회도 적어졌다는 사실이었다. 그러나 선생은 내가 본으로 이사온 뒤에도 자주 내 기숙사에 들렀다. 본 역에서 케네디 다리만 건너면 선생의 어머니 집이 있었기 때문에 겸사겸사 내 기숙사를 찾은 것이다.

선생이 여덟 시간이나 걸어 나를 찾아올 때면 우리는 슈타트발트의 넓고 푸른 초원 대신 본 대학 중앙도서관 건너편에 있는 라인강변을 산책했다. 라인강을 따라 거슬러 오르면 지류인 지그강이 있었

다. 그곳은 무성하게 자란 수초들로 뒤덮여 있어 그런 대로 경치가 괜찮았다.

그러던 어느 날, 나는 중앙도서관에서 책을 읽다가 머리도 식힐 겸 프랑스 문화관 옆의 가파른 골목을 따라 라인강변으로 향했다. 그때 나는 멀리서 다가오는 낯익은 얼굴 하나를 확인하고 걸음을 멈추었다. 분명 페터 선생이었다. 선생은 커다란 보따리를 하나 들고 있었는데, 뜻밖에도 낡은 누더기 옷이 아닌 평상복 차림이었다. 눈여겨보지 않았다면 선생인지 모르고 그냥 지나칠 만한 차림새였다. 산뜻한 바지 차림에 스웨터를 걸쳐 입은 선생의 모습을 보는 순간 나는 묘한 배신감마저 들었다. 선생이 집 없는 삶을 포기해 버린 것은 아닐까.

나는 선생 앞으로 다가가 인사를 했다.

"페터 선생님 아니세요?"

"오, 할로우 전!"

선생도 무척 놀란 모양이었다. 나는 어색한 표정으로 서 있는 선생에게 물었다.

"그런데 그 옷은….."

선생은 쑥스러운 듯 자신의 차림새를 훑어보더니 이렇게 대답했다.

"어머니가 편찮으셔서 당분간 보살펴 드리기로 했네. 그런데 어머니께서 누더기 옷을 벗어 던지지 않으면 집에 받아들이지 않겠다는 게야. 이웃 사람들 보기가 민망하다면서…. 별수 없지 않나. 당분간 누더기 옷을 벗는 수밖에."

선생은 어머니가 골다공증이 심해 계단을 오르다 골절상을 입어 얼마 전에 병원에 입원했다가 최근에야 퇴원했다고 설명했다. 아직 움직일 수가 없기 때문에 어머니 대신 장을 보고 요리도 하면서 당분간 어머니 집에 있을 예정이라고 했다.

나는 선생이 입은 바지를 보자마자 슬며시 웃음이 새어 나왔다. 논두렁에 들어가는 농부처럼 바지가 반쯤 걷어올려져 있었던 것이다. 아직 날씨가 선선했으므로 나는 좀 야릇한 기분이 들었다.

"왜 바지를 걷고 다니십니까?"

"이거?"하면서 선생은 바짓가랑이를 들어올렸다.

"얼마 전에 잡지를 읽었네. 우리 몸에는 열 교환지대가 있는데 그것이 종아리 부분에 있다는 게야. 다른 뜻은 없네. 한참 걷다보니 과잉에너지가 생겨 그것을 조절하는 중이네."

우리는 페리호 선착장으로 향했다. 선생이 함께 어머니 댁으로 가서 식사하자고 제의하는 바람에 따라 나섰다. 페리호에는 보통 20명 안팎의 손님이 타지만 아직 퇴근 시간이 되지 않아서인지 배 안은 한가했다. 우리는 배를 타고 건너편에 있는 보일로 향했다.

배가 출발하자 우리는 갑판으로 나와 상큼한 바람을 맞았다. 완연한 봄 속에 놓인 라인강은 아름답기 짝이 없었다. 강변을 따라 화사한 벚꽃의 행렬이 이어져 있고, 휘영청 물가에 가지를 드리운 버드나무들이 파란 싹을 틔우고 있었다. 뭉게구름처럼 이어진 강변의 숲은 멀리 지벤게비르게(七峯山脈)까지 이어져 있었고, 케네디 다리 위로는 족히 30킬로미터나 떨어져 있는 쾰른대성당의 첨탑이 아스라이 보였다. 석탄을 실은 철선이 지날 때마다 페리호는 이리저리 흔들리며 요동쳤다. 라인강을 건너는 데는 고작 5분 정도밖에 걸리지 않았다. 우리는 배에서 내려 모래사장을 따라 걸었다. 선생은 흥이 났는지 고운 모래에 발을 디디며 하피스의 시를 암송했다.

"삶이 얼마나 빨리 흐르는지 보고 싶은가? 넓은 강 언덕에 올라 흘러가는 물을 보라. 젊음이란 얼마나 빨리 시드는가? 젊은 날에 지은 희망의 궁전은 모래 위에 세운 것일 뿐."

인생은 무상한 것. 하지만 페터 선생이 무상에 관해 이야기할 때는 전혀 허무가 느껴지지 않았다. 그는 허무의 늪을 건넌 초인처럼 그 너머에 있는 영원을 보고 있었던 것이다.

"하지만 붓다는 흘러가는 것만을 보지는 않았네. 그는 무상하게 흘러가는 것 속에 내재한 본질을 알지 못하는 무명(無明)의 세계를 이야기했네. 괴로움이란 바로 이곳에서 생겨나는 것이지. 붓다는 말했네. 그대들이 가이없는 세월을 윤회하면서 사랑하지 않는 사람과 만나고, 사랑하는 사람과 헤어지면서 흘린 눈물은 사대양의 물에 비할 바가 아니라고…. 괴로움은 포템킨 마을처럼 존재하지 않는 것에 대한 헛된 욕망과 탐착에서 비롯되는 것일세. 진실을 본 자는 거기에서 경이와 기쁨을 누리는 법이지."

그럴지도 몰랐다. 무상한 현실을 있는 그대로 볼 수 있다면, 나는 어쩌면 지금 바로 여기에서 환희를 맛볼 수 있을 것이었다.

선생의 어머니는 침대에 누운 채 우리를 맞았다. 선생은 나를 응접실로 안내하고는 직접 저녁 식사를 준비하기 시작했다. 탁발로 생활하는 선생이 직접 요리하는 모습은 너무나 신기해 보였다. 선생은 샐러드를 만들고 빵을 구워 버터를 발랐다. 다시 그 위에 티미안을 뿌리고 치즈와 함께 접시에 담았다. 이미 날은 저물어 있었고, 나는 선생이 만든 요리를 맛있게 먹었다.

페터 선생은 곧 어머니의 집을 떠났지만 쾰른으로 돌아가지는 않았다. 선생은 어머니를 보살피기 위해 림퍼리히 마을에 있는 작은 숲 속에 거처를 마련했다. 선생이 거처를 마련한 지 얼마 후 우리는 케네디 다리를 건너 림퍼리히 마을 맞은 편에 있는 슈바르쯔라인 마을의 라인강가를 산책했다. 강둑 너머로는 융단을 깔아놓은 듯 광활한 목초지가 펼쳐져 있고, 강변으로는 은빛 모래사장이 누워 있는 한적한 곳이었다. 아직 해 그림자는 남아 있는데 하늘에는 희끄무레한 반달이 슬그머니 얼굴을 내밀고 있었다. 나는 라인강 위를 떠가는 철선을 바라보며 선생에게 엉뚱한 질문을 던졌다.

"선생님, 독일에도 종교의 자유가 있습니까?"

사실 나는 독일의 종교 정책에 의문을 갖고 있었다. 독일 국민들은 모두 종교세를 내고 정부는 신부나 목사에게 세비를 지불하고 있었기 때문이었다. 독일 헌법에는 엄연히 종교의 자유가 보장되어 있지만 불교의 승려들이나 이슬람의 물라들은 독일 정부로부터 세비를 받을 수 없었다. 나는 모든 국민이 종교세를 내고, 국가가 특정 종교의 목사나 신부에게 세비를 지급하는 것은 위헌이라고 생각했다.

"자네가 묻는 것은 종교가 아니라 정치네."

"선생님, 1달러 짜리 지폐에는 제퍼슨의 초상화와 피라밋이 그려져 있습니다. 피라밋의 정점에는 신비스런 눈(眼)이 그려져 있지요. 제가 들은 바로는 피라밋에 그려진 신비의 눈이 미국을 건설한 유럽의 신비주의자들을 상징한다고 하더군요. 그들은 모두 유럽에서 박해받던 사람들이었지요. 미국은 유럽보다 종교적인 자유가 충분히 보장되고 있다는 느낌이 듭니다."

"미국에는 여러 종류의 종파들이 자유롭게 활동하고 있지만 진정한 종교는 아니네. 모두 정치적인 종교들뿐이지. 도대체 누가 종교에 자유를 부여한단 말인가. 그대로가 자유인 것을."

그러면서 페터 선생은 페르시아 출신의 만쥬르 알 할라지라는 수피의 일화를 소개했다. 그는 늘 '아날 학(나는 신 또는 절대적인 진리이다)'이라고 부르짖고 다녔다. 그것 때문에 그는 많은 사람들로부터 미움을 사게 되었다. 마침내 922년, 페르시아의 왕은 스스로 신이라고 떠들고 다닌 그를 바그다드에서 처형하기로 했다. 그러나 만쥬르는 왕 앞에 끌려나와 시퍼런 칼날 앞에 목을 내밀면서도 '아날 학'이라고 외쳤다. 화가 난 왕은 형리에게 만쥬르의 팔과 다리를 자르도록 했다. 그러나 만쥬르는 팔다리가 잘리면서도 여전히 '아날 학'을 부르짖었다. 이윽고 화가 머리끝까지 치민 왕은 그의 배를 가르고 목을 자르도록 명령했다. 형리는 긴 칼을 들어 그의 목을 베어 버렸다. 그리고 잘려진 머리는 쟁반 위에 올려졌으나 그의 머리는 미소를 띠며 말했다.
'아날 학!'
목을 잘리기 전 만쥬르는 시 한 편을 읊었다.

나의 벗이여, 내 목을 쳐라.
나의 죽음은 오로지 나의 삶일 뿐.
삶 속에 죽음이 있고
죽음 속에 삶이 있네.

페터 선생의 이야기는 다시 붓다의 가르침으로 옮아갔다.
"붓다의 제자 가운데 뿌르나라는 수행자가 있었네. 그는 붓다의 가르침을 전파하다 박해를 받아 죽었지. 뿌르나가 다른 나라로 가서 가르침을 전파하려고 할 때에 붓다가 그에게 물었네. 뿌르나여, 그 나라 백성들은 사납고 모질다. 만일 그들이 너를 꾸짖고 모욕하면 어찌하겠는가? 그러자 뿌르나는 이렇게 대답했네. 붓다여, 그때 저는 그 나라 사람들이 어질고 착해서 나를 주먹으로 치고 돌을 던지지 않는다고 생각하겠습니다. 붓다는 제자의 말을 듣고 또 물었네. 뿌르나여, 만약 그들이 주먹으로 치고 돌을 던지면 어찌할 텐가? 뿌르나는 거침없이 대답했네. 붓다여, 그 때 저는 그 나라 사람들이 어질고 착해서 나를 해치지는 않는다고 생각하겠습니다. 붓다는 마지막으로 물었네. 뿌르나여, 만일 그들이 칼로 해친다면 어찌하겠나? 뿌르나는 다시 대답했지. 붓다여, 그때 저는 그 나라 사람들이 어질고 착해서 나에게 육신의 속박을 벗어나는 큰 공덕을 짓게 하는 것이라고 생각하겠습니다. 결국 뿌르나는 붓다로부터 전법의 허락을 받고 가르침을 전하다 순교했네."

몇몇 젊은이들이 벌판에 모닥불을 지피고 감자를 구워먹고 있었다. 청년 하나가 곁을 지나는 우리를 발견하고 구운 감자를 건네주었다. 선생은 청년의 호의에 감사를 표하며, 잠시 그들의 옆에 앉았다. 나는 환하게 타오르는 모닥불 앞에 앉아 검붉게 타들어 가는 장작들을 바라보았다. 청년들은 호기심 어린 눈초리로 페터 선생을 훑어보다가 남루하게 기워 입은 옷을 발견하고는 그 내력을 물었다. 선생은 누구에게나 그렇듯이 친구처럼 자신이 택한 삶을 이야기했다. 그러자 청년 하나가 선생에게 물었다.

"아무 것도 소유하지 않고 어떻게 살 수 있습니까?"

페터 선생은 덥수룩한 수염을 쓸어 내리고 나서 청년의 물음에 대답했다.

"예수가 말했네. 내가 너희에게 이르노니 목숨을 위해 무엇을 먹고, 무엇을 마시고, 무엇을 입을 것인지 염려하지 말라. 목숨이 음식보다 중하지 아니하며, 몸이 의복보다 중하지 아니하냐?"

익히 들어온 이야기이지만 선생의 입에서 흘러나온 언어는 생동감이 있었다. 그 자신이 그렇게 살아가고 있기 때문이었다. 페터 선생은 다시 성경의 한 구절을 암송했다.

"공중의 새를 보라. 심지도 거두지도 않고 창고에 모아들이지도 아니하되, 너희 주께서 기르나니 너희들이 이것들보다 귀중하지 않느냐? 너희들은 어찌 의복을 위해 염려하느냐? 들의 백합화가 어떻게 자라는지를 생각해 보라. 수고도 아니하고 길쌈도 아니하니라. 내가 너희들에게 말하노니 솔로몬의 모든 영광으로도 입은 것이 이 꽃만 못하니라. 내일 아궁이에 던져질 들풀도 하나님이 이렇게 입히거늘 하물며 너희일까 보냐? 그러므로 염려하여 이르기를 무엇을 먹을까, 무엇을 마실까, 무엇을 입을까 염려하지 말라."

오랫동안 서구를 지배했던 기독교 정신은 이미 퇴색한 지 오래였다. 중세 때에는 마녀 사냥이 있었고, 근세에는 신교와 구교 사이에 피비린내 나는 전쟁이 있었다. 더구나 교회는 히틀러가 600만 명의 유대인을 잔인하게 학살할 때에도 침묵으로 일관했다.

청년들이 시큰둥한 반응을 보이자 선생은 자신의 남루한 옷이 곧 붓다의 가르침을 따라 만들어 입은 옷이고, 붓다가 생로병사의 고통으로부터 영원히 벗어나기 위해 출가했다고 설명했다. 그들은 전혀 관심을 보이지 않았지만 선생은 아주 진지하게 대화를 이끌어갔다. 선생의 말이 끝나자 나는 자리에서 일어났다.

"별로 관심 없어 하는 사람들에게 뭐 그리 열심히 설명하십니까?"

내 철없는 말에 선생이 미소를 지으며 말했다.

"언젠가 고난에 부딪치면 내 말이 생각날 걸세."

선생은 오히려 자신의 말을 끝까지 들어준 청년들을 대견해 하는 것 같았다. 선생에게는 성자들의 가르침을 전하는 것이야말로 최상의 기쁨이었다. 우리는 청년들과 헤어져 다시 강변의 모래사장을 걸었다. 선생의 검은 망토가 검푸른 강물과 함께 바람에 나부끼고 있었다.

위대한 영혼은 머물 곳을 찾지 않는다

그해 늦가을, 페터 선생과 나는 라인강을 가로지르는 케네디 다리 위를 걸었다. 수시로 다리 위를 지나는 전차 때문에 교각은 늘 굉음을 내며 진동했다. 케네디 다리 위에서는 본의 아름다운 모습이 한눈에 보였다. 특히 하인리히 뵐이 《어릿광대의 생각》이라는 소설에서 '신학교'라고 표현한 오페라하우스는 환상적이었다. 우리는 다리를 건너 보일의 라인아우엔을 통과한 후 람머스 도르프로 향했다.

사실 우리는 선생의 어머니가 입원한 에반젤리쉐 크랑켄하우스 병원으로 가는 중이었다. 얼마 전 선생의 어머니는 자전거에 부딪쳐 골반에 타박상을 입었다. 나는 길을 걸으며 선생에게 친구 C에 대해 이야기했다.

C는 내가 건강 문제로 독일 체류를 걱정하고 있을 때 내 대신 건강진단을 받은 친구였다. 얼마 전 자르부뤼켄에 있던 그가 내 기숙사를 방문했던 것이다. 그는 나에게 뜻밖의 제의를 했다.

"결혼할 거라면 내 여동생이 어때?"

결혼할 처지가 되지 못했던 나에게는 정말 난처한 일이 아닐 수 없었다. 오래 전에 그의 여동생을 만난 적이 있었다. 하지만 그때는 여자 친구 H가 곁에 있을 때였다. 처음 그의 여동생을 보았을 때 나는 그녀가 무척 우아하고 정숙하다는 느낌을 받았다. 하지만 결혼은 전혀 다른 문제였다. 한 가정의 가장으로서 생활을 꾸려 간다는 것은 지금의 나에게는 너무도 벅찬 일이었던 것이다. 나는 C형의 제의를 받고 천천히 생각해 보자며 그냥 돌려보냈다.

마음이 혼란스러웠다. 친구를 돌려보낸 후 나는 라인강변에 앉아 명상에 잠겼다. 명상에 들 때면 나는 깨지지 않은 다이아몬드처럼 눈부신 존재와 만날 수 있었다. 공부를 끝내려면 누군가의 도움이 필요했다. 하지만 도움을 얻기 위해 한 여자의 희생을 요구하는 결혼은 있을 수 없는 일이었다. 더구나 나는 이미 30대 중반에 접어든 무일푼의 학생이 아닌가? 나는 결혼을 미루겠다고 결심했다.

내 이야기를 들으면서 페터 선생은 신중한 입장을 보였다. 선생은 자신이 겪었던 집안의 불행과 친가와 외가 사이의 불화 등을 이야기하며 감히 결혼을 권하고 싶지 않다고 말했다. 그러면서 선생은 물라 나스루딘의 일화를 들려주었다.

어느 날 나스루딘은 호숫가의 절벽 위에서 아름다운 경치를 감상하고 있었다. 그때 친구하나가 나스루딘을 낭떠러지 밑으로 미는 척 하면서 다시 구해주었다. 그때부터 친구는 나스루딘에게 생명의 은인이라고 자처하며 다녔다. 그러던 어느 날, 나스루딘은 그 친구를 데리고 절벽에 가서 다시 한번 자신을 밀어보라고 했다. 친구가 살짝 밀어내자 나스루딘은 스스로 호수에 몸을 던졌다. 그것으로 나스루딘이 입었던 은혜는 무화되어 버렸다.

"은혜를 입고 베푼 것은 잊어버리는 것이 좋네."

우리는 곧 병원 앞에 도착했다. 병원은 오래된 건물이라 그런지 퀘퀘한 죽음의 냄새가 풍겨 나오는 것 같았다. 우리는 2층의 병동에서 헬레네 노이야르의 이름을 찾아냈다. 낡은 병실이었지만 선생의 어머니는 햇빛이 잘 드는 곳에 다른 두 명의 환자와 함께 누워 있었다.

"어머니, 저 왔습니다."

어머니는 아들과 함께 찾아준 내가 무척 고마운 눈치였다. 선생은 창가에 놓인 화병에 미리 준비한 꽃을 꽂았다. 선생의 어머니는 어제 이웃 아주머니와 신부님이 병 문안을 왔다갔다면서 밝은 표정을 지었다. 하지만 선생은 병실에 누워 있는 어머니가 아무래도 마음에 걸리는지 어머니에게 양로원에 들어갈 것을 권했다. 선생의 어머니는 하나밖에 없는 아들에게 가진 재산을 모두 양도하고 싶은 눈치였지만 선생은 한사코 이를 거절해 오고 있었다. 결혼한 누이가 있었지만 남편이 은행 지점장이라서 남부럽지 않게 살고 있었다. 그래서 선생은 어머니에게 집을 처분해서 시설이 좋은 양로원에 들어갈 것을 권했던 것이다.

우리는 두어 시간 동안 병실에 머물다가 다시 병원을 나왔다. 병원 문을 나설 때 페터 선생이 가만히 입을 열었다.

"카비르는 말했네. '어머니가 나를 낳은 후 나는 결코 행복을 알 수 없었네. 나는 이 가지에서 저 가지로 옮겨다녔지만 아아, 모든 잎들이 슬픔이었네'라고…."

1987년 봄, 나는 고전 중국어 시험에 합격했다. 중국어 시험은 중국학 세미나에서 구술 형식으로 이루어졌다. 나는 트라우제텔 교수 앞에서 주자의 《중용장구》를 해석해야 했다. 사실 나는 노자의 《도덕경》을 준비했는데 교수가 중용장구를 물어보는 바람에 무척 당황했다. 진땀을 흘리긴 했지만 나는 무사히 합격했다. 페터 선생은 그 소식을 듣고 몹시 기뻐했다. 그러나 그것은 시작에 불과했다. 그때부터 학위 논문을 준비해야 했기 때문이었다.

선생의 어머니는 무사히 퇴원했으나 여전히 거동이 불편하여 선생의 보살핌을 필요로 했다. 때문에 페터 선생은 본 대학 도서관 맞은편에 위치한 라인강변의 숲 속에서 머물고 있었다. 페리호만 타면 금방 건너갈 수 있었으므로 나는 가끔씩 선생을 찾아갔다.

하루는 내가 가까이에 있는 산에 오르고 싶다고 하자 선생은 기꺼이 베누스베르크로 안내했다. 그날 우리는 버스를 타고 포펠스도르프를 지나 산의 정상에까지 올랐다. 하지만 그곳은 산이 아니라 넓은 고원지대였고, 마리엔 병원과 대학 병원 건물이 들어서 있었다. 우리는 산을 내려오면서 하우벡 가에 있는 빌헬름 황제 1세의 기념비를 보았다. 프로이센 양식의 기념비에는 황제의 초상과 함께 귀족들의 모습이 새겨져 있었고, '빌헬름 황제 1세를 추모하여 이 공원을 바친다'라고 씌어 있었다. 본 시에서 기념비 주변에 거대한 공원을 조성한 것이다.

    기념비를 응시하고 있던 페터 선생이 셰익스피어의 시를 암송하기 시작했다.

    잔인한 세월의 풍화 속에
    그 옛날, 화려했던 영화는 낡아 매몰되고
    하늘을 찌르던 탑도 무너져
    영원히 기억될 동상(銅像)조차
    인간의 분노 앞에 스러지는데
    대양이 주린 듯 해변의 왕국을 침범하여
    자신의 세력을 넓히고
    그 견고한 땅을 삼켜버려
    이해의 득실이 뒤바뀜을 보노라니
    모든 것이 무상하도다.
    어떠한 호화로움도 쇠퇴하여 멸망하느니
    황폐함은 나에게 이런 생각을 일깨운다.
    나의 연인조차 앗아갈지니
    그것은 죽음과도 같도다.
    잃을 것을 걱정하며 그것을 소유하는 자에겐
    슬픔밖에 남지 않으리.

    선생은 시를 읊고 나서 영국을 비롯한 유럽 황실의 역사에 대해 간략히 설명했다. 권력이 있는 곳에는 늘 음모와 시기가 도사리고 있는 법이었다. 그들은 권력을 차지하기 위해 수없이 죽어갔으며,

또 죽이지 않으면 안되었다. 조선 왕조의 역사도 마찬가지였다. 권력에 대한 욕망 앞에서는 아버지나 아들도 소용없었다. 하지만 권력은 세월이 흐르면 역사 속에 매몰되고 만다. 남는 것은 오욕으로 점철된 인간의 욕망뿐인 것이다.

우리는 울창한 너도밤나무 숲을 따라 공원을 산책했다. 여기저기서 다람쥐들이 튀어나와 쏜살같이 달려가는 모습이 눈에 띄었다. 자연 속에 있는 페터 선생은 늘 신비감을 자아냈다. 어느 숲이든, 어느 나무이든 선생은 세상에 숨쉬고 있는 모든 것들과 대화를 나누는 것 같았다. 선생은 심호흡을 한 다음 카비르의 시를 암송했다.

"이 몸은 낯선 땅에 남았는데 새는 하늘로 날아갔네. 거기서 새는 부리 없이 물을 마시며 이 낯선 땅을 잊네."

선생은 '부리 없이 마시는 물'이야말로 요하네스 타울러가 말한 생명수이자 하피스가 말한 술을 가리킨다고 설명했다. 타울러는 대표적인 독일의 신비주의자로 1300년 경 스트라스부르크에서 출생했다. 1315년 도미니크 수도원에 들어가 수도사 생활을 하다가 쾰른과 파리에서 유학을 마친 후 스트라스부르크의 사제가 되었다. 그러나 그는 이단 혐의를 받아 도피생활을 시작했고, 나중에는 다시 고향으로 돌아와 마이스터 에카르트의 제자가 되었다. 타울러는 철학적 의문으로 가득했던 스승과 달리 소박한 삶 속에서 진리를 찾고자 했다. 그는 참다운 삶이란 선택된 자들에게 부여된 것이 아니라 누구에게든 성스러운 삶으로 향하는 통로가 열려져 있다고 확신했고, 그 힘은 사랑에서 나온다고 보았다. 타울러는 말했다.

"영혼이 시간에 관심을 기울이면, 영혼은 영원성을 잃어버린다. 이 세상의 모든 그림들은 아무리 고귀한 것일지라도 '그림 없는 그림'인 신에게는 장애가 될 뿐이다. 따라서 절대 존재 안에서 모든 그림은 지워버려야 한다…. 그림과 집착을 벗어 던지면 그대는 신의 왕국을 얻을 수 있다."

타울러의 설교는 마르틴 루터에게도 심대한 영향을 미쳤다. 그는 도미니크 수도사로서 17세기까지 많은 사람들에게 영향을 끼쳤고, 그를 추종하던 사람들은 '신의 친구들'이란 모임을 만들어 활동했다.

선생은 다시 카비르의 시구를 읊조렸다.

"불새는 허공에 보금자리를 만들어 땅과 하늘 사이에 영원히 산다. 불새의 영혼은 머물 곳을 필요로 하지 않는다."

"예수가 인자는 머리 둘 곳이 없다고 한 말과 같군요?"

"이것은 나의 것이 아니고, 내가 이것이 아니고, 이것이 나의 자아가 아니라고 한 붓다의 말과도 같네."

뿌리를 자르면 모든 것이 잘린다

1987년 어느 겨울날, 페터 선생과 나는 밤늦게 보른하임에 사는 바하테리 노인을 만나러 갔다. 그는 몇 해 전 소련이 아프가니스탄을 침공했을 때 독일로 망명 나온 촌장이었다. 아프가니스탄의 이슬람 반군은 1978년 소련의 지원을 받는 타라키 정권이 출범하면서 게릴라전을 시작했다. 천여 개의 부족으로 이루어진 아프가니스탄은 인구의 90% 이상이 이슬람교도였다. 타라키가 토지개혁을 단행하자 대부분의 지주와 종교지도자들은 내란을 일으켰고, 타라키는 소련에 지원을 요청했다. 이후 타라키 정권은 소련의 힘을 빌어 사회개혁을 실시했으나 이슬람 신앙으로 무장한 반군 세력이 늘어나면서 소련군의 개입을 자초하고 말았다.

늦은 밤이어서 그런지 자동차의 모습도 거의 보이지 않았다. 우리는 광활한 밤하늘에 흩어진 별을 밟아가듯 아주 가볍게 발걸음을 옮겼다. 선생은 평온한 얼굴로 밤하늘을 바라보다가 카비르의 시를 암송했다.

"나의 적들은 밤하늘의 별처럼 수없이 많다. 내 머리를 잘라 막대기에 걸어도 나는 그대를 잊지 않으리."

"선생님, 적들은 누구를 말하는 것입니까?"

"감각적인 쾌락과 세속적인 욕망을 말하는 것일세."

선생은 그렇게 대답한 다음 다시 시를 읊었다.

"하나를 안다면, 그대는 모든 지식을 가진 것이다. 그러나 하나를 모른다면 그대의 모든 지식은 무지이다."

이 신비스런 어둠 속에서 페터 선생과 대화를 나누는 것이 내게는 엄청난 기쁨이었다. 마치 그것은 나와 선생이 거대한 공간 속에 놓인 한 점에서 만나 완전히 동화되어 버리는 듯한 느낌을 갖게 만들었다. 호수에 내려앉은 은은한 달빛과 너도밤나무 숲이 쏟아내는 어둠까지도 내 몸과 하나가 되는 기분이었다.

이윽고 우리는 한 시간 정도를 걸은 다음에야 바하테리 노인의 집에 도착했다. 그는 고풍스런 고딕양식의 2층 건물에 살고 있었다. 초인종을 누르자 건장한 몸집의 바하테리가 현관문을 열고 페르시아 양탄자가 깔린 응접실로 우리를 안내했다. 그의 부인은 김나지움에 다니는 두 딸을 소개했다. 한 아이는 독일어로 쓴 산문을 보여주며 페터 선생에게 비평을 부탁했는데, 선생은 대가족의 삶이 아름답게 묘사된 아이의 글을 읽어보고는 작가 기질이 있다고 칭찬했다.

부인이 식사 준비를 하는 동안 바하테리는 자스민 차를 따라 주었다. 바하테리의 턱을 덮고 있는 구레나룻이 무척 완고해 보이기는 했지만 따듯한 심성을 가진 사람이었다. 그는 가족들의 망명 신청 때문에 골치를 썩이고 있는 모양이었다. 결국 선생은 이민국에 보낼 장문의 탄원서를 써주었다. 탄원서에는 아프가니스탄의 급박한 정치 상황과 바하테리 가족의 망명 신청을 독일 정부가 받아들여야 한다는 당위성이 조목조목 적혀 있었다.

잠시 후 머리에 스카프를 두른 바하테리의 부인이 향신료가 듬뿍 스민 아프가니스탄 음식을 차려 왔다. 식사를 하면서 우리는 독일인들의 외국인 차별과 나치주의자들의 횡포에 관해 오랫동안 대화를 나누었다. 우리가 식사를 끝내고 자리에서 일어서자 대여섯 명이나 되는 바하테리의 가족이 모두 문 앞에까지 나와 우리를 배웅해 주었다.

"자, 다음 극장으로!"

문을 나서면서 선생은 그렇게 외쳤다. 한 사람의 고민을 해결해 주거나 대화가 끝날 때마다 선생이 늘 외치던 말이었다. 바하테리는 그후에도 자주 페터 선생에게 망명에 필요한 행정적인 도움을 요청했고, 그때마다 선생은 먼길을 마다 않고 그의 집을 찾았다.

우리는 마지막 전철을 타고 본의 보일역에 내렸다. 나는 선생과 헤어지기 싫어서 밤새도록 라인 강변을 함께 걸었다. 라인강을 수놓던 도시의 불빛들도 점점 사위어 가고, 밤하늘에 박힌 별빛만이 멱을 감듯 수면 위를 적시고 있었다. 문득 선생은 독일 중세의 신비주의자였던 마이스터 에카르트의 말을 들려주었다.

"내가 저 별에서 신을 보는 것은 그 별에서 신이 나를 보는 것과 같다. 나의 눈과 신의 눈은 하나이자 동일한 눈빛이며, 하나이자 동일한 인식이며, 하나이자 동일한 사랑이다."

마치 《금강경(金剛經)》에 나오는 다르마의 눈(法眼)과 붓다의 눈(佛眼)이 하나라는 가르침처럼 느껴졌다. 마이스터 에카르트는 도미니크회의 수도사로 에르푸르트 수도원장까지 지냈으나 쾰른의 추기경으로부터 이단으로 몰려 유랑생활을 했다. 선생은 손가락으로 본 대학을 가리키면서 우아하고 화려한 노란 색의 중세 건물이 바로 쾰른의 추기경 비네부르크 폰 하인리히가 살던 곳이라고 설명했다.

"에카르트는 이렇게 말했지. 영혼 속에는 영혼 이상의 것이 있다. 단순한 순수무(純粹無), 이름보다는 도리어 이름 없는 것, 알 수 있는 것보다는 알려지지 않는 것, 때로 힘이라 불리고 때로 빛이라 불리는 것, 바로 신적인 섬광이 있다고 말일세."

"선생님, 에카르트가 말한 순수무는 곧 대승불교의 공(空)이 아닐까요?"

"맞네. 지혜로운 자는 섬광 속에서 영원을 발견하지."

선생은 대승불교의 공 철학에 대해서는 탐탁치 않게 생각하고 있었지만 그 본질에 대해서는 동의했다. 나는 여명이 밝아올 때까지 라인강변을 걷다가 선생의 거처에 이르러서야 발길을 돌렸다. 머리조차 둘 곳 없는 이 적막한 땅 위에서 선생은 다시 하룻밤을 보낼 것이다. 나는 선생이 잠자리에 드는 것을 확인하고 나서야 홀로 강변을 따라 기숙사로 돌아왔다.

　인연이란 참으로 불가사의한 것이다. 나는 오랫동안 결혼 문제를 결정하지 못하고 있었다. 그해 겨울, 나는 쾰른 대학의 학교식당에서 나오는 길에 전철역 앞에서 페터 선생을 만났다. 그때 나는 오랫동안 망설이던 결혼을 결심했다고 선생에게 고백했다.

　"선생님, 12월에 결혼합니다. 신부가 한국에서 오기로 했습니다."

　선생의 얼굴은 그리 밝지 않았다. 선생은 아마도 내가 살아가야 할 삶의 궤적을 이미 꿰뚫어 보고 있는지도 몰랐다. 그러나 페터 선생은 이내 표정을 바꾸어 환한 미소를 머금었다.

　"결혼을 축하하네."

　선생의 얼굴을 보는 순간 캄캄한 지옥에 떨어졌다가 다시 천국에 간 느낌이었다. 내가 신부의 몸이 가냘프고 말라서 걱정이라고 말했을 때 선생은 '연약하고 부드러운 골수가 뼈보다 강한' 것이라면서 오히려 나를 위로해 주었다. 사실 내가 결혼을 결심한 것은 페터 선생처럼 종교적 이상을 실천할만한 능력도 부족했고, 무엇보다도 학문을 계속하려면 누군가의 도움이 절실히 필요했기 때문이었다. 생활과 공부를 동시에 만족시킬 수가 없었던 것이다. 더구나 나는 그녀의 첫 이미지를 아름답게 간직하고 있었다. 한국에서 C형의 집을 방문했을 때 나는 처음 그녀를 보았다. 그녀는 다소곳한 표정으로 내게 차를 대접했고, 그때 나는 그녀의 우아한 자태에 잠시 넋을 놓은 적이 있었다.

　그해 12월, C형이 서울에 다녀오면서 나의 신부가 될 여동생을 데리고 왔다. 그는 나의 처남이 된 것이다. 그녀가 쾰른에 도착하는 날, 나는 오스트아시아 박물관의 강의 때문에 공항에 나가지 못했다. 내가 강의를 하는 동안 처남은 여동생과 함께 박물관 로비에서 기다리고 있었다. 강의를 마치고 박물관 로비로 내려갔을 때 그녀는 동화 속에 나오는 공주처럼 등에 커다란 인형을 메고 있었다. 내 강의를 듣던 디터 선생과 쉴레겔 박사는 그녀의 어린 소녀 같은 모습에 약간 놀란 모양이었다. 나중에 알고 보니 그녀는 공항에서 조카들이 주는 큰 인형을 결혼 선물로 받았고, 인형이 너무 커서 어깨에 짊어질 수밖에 없었다는 것이었다.

나는 훌츨라에 30평 정도 되는 집을 얻었다. 집세는 600마르크였지만 독일 정부로부터 300마르크를 지원 받을 수 있었다. 더구나 페터 선생의 어머니가 양로원으로 들어가면서 벚꽃나무로 된 값비싼 가구를 모두 내게 넘겨주는 바람에 우리 집은 갑자기 부자가 된 듯했다. 교외에 있는 큰 규모의 건축 자재상에서 산 커튼과 양탄자는 건축가인 디터가 봉고트럭을 몰고 와 날라주었다.

집이 꽤 넓었기 때문에 나는 며칠 동안 페터 선생에게 거실을 양보했다. 사실 나는 앞으로 써야 할 논문 때문에 페터 선생의 도움이 절실히 필요했던 것이다. 아내는 페터 선생이 집에 머무는 것이 못마땅했겠지만 끝까지 잘 참아주었다. 처남은 아내에게 페터 선생이 결코 거지가 아니라는 사실을 누누이 설명했고, 선생을 대하는 내 태도를 본 후로는 친절하게 대해 주었다.

그러나 따뜻한 집안에서의 생활은 오히려 페터 선생의 건강을 악화시켰다. 밖에서 추위를 견디며 살던 선생이 며칠 동안의 안락한 생활 때문에 갑자기 독감이 든 것이다. 몇 년간 한 번도 병이 든 적이 없던 선생에게는 문명의 이기가 되레 독이 된 것이다. 하는 수 없이 선생에게 안방의 침대를 내주고, 아내와 나는 거실에서 잠을 잤다. 선생은 일주일이 지난 뒤에야 건강을 회복했다. 하지만 아내는 안방의 이불과 침대를 모두 세탁하느라고 고역을 치렀다. 그후 선생은 아파트 근처의 숲 속에서 잠을 잔 뒤에 오전에 내 집에 들러 불교 문헌들을 독일어로 번역하는 작업을 도와주었다.

결혼을 앞두고 서울에서 어머니가 오셨다. 나는 결혼을 축하해

줄 몇몇 친지들만 모시고, 그해 12월 27일 본 대학의 에반젤리쉐 슈튜덴텐하임에서 결혼식을 올렸다. 본 대학에서 한국어를 가르치는 K박사가 주례를 서 주었고, 페터 선생과 그의 어머니, 건축가 디터, 쉴레겔 박사 부부, 그리고 몇몇 교민들과 유학생들이 결혼식에 참석했다. 단돈 1,000마르크로 무사히 결혼식을 올린 후 아내와 나는 라인강변의 린쯔에서 1박 2일 간의 짧은 신혼여행을 보냈다.

신혼 살림을 차리고 나니 이것저것 필요한 것이 많았다. 하지만 슈퍼마켓이 너무 멀었기 때문에 아내가 장을 보러 나가는 일이 쉽지 않았다. 결국 나는 고물 자동차를 구입하기로 했다. 더구나 나는 인근 도시에서 강의 요청이 밀려오는 바람에 자동차를 필요로 하고 있었다. 한국에서 운전면허를 취득한 후 한번도 운전을 해본 경험이 없었던 나는 순전히 혼자 힘으로 운전을 배워야 했다. 그래서 인적이 끊긴 새벽 한 시쯤에 차를 몰고 밖으로 나와 한시간 정도씩 운전 연습을 했다. 그렇게 며칠이 지나자 운전에 자신감이 생겼다. 나는 중고 자동차를 몰고 대학에 갔다가 돌아오는 길에 슈퍼마켓에 들러 장을 보았다.

부양할 가족이 생긴 것은 큰 부담이 아닐 수 없었다. 나는 학위 테마를 받아놓은 채 논문 작성 때문에 전전긍긍하고 있었을 뿐 아니라 두 사람의 생활비까지 마련해야 했다. 때문에 나는 주말이면 자동차를 끌고 독일 각 지역을 돌아다니며 사군자를 가르쳤다. 설상가상으로 한국에서 대기업 중역으로 있던 형님이 교통사고로 사망했다는 전갈이 왔다. 아내와 나는 한동안 망연자실했다. 집안의 기둥이었던 형님이 돌아가시고 나니 당장 학비 조달에 어려움이 겹쳤다. 더구나 아내는 산부인과 의사의 권유로 아이를 출산할 때까지 6개월 간 병원에 입원해야 했고, 처남도 종합검진 결과 뇌종양이라는 판정을 받은 터였다. 처남의 병세가 심상치 않았기 때문에 하루라도 빨리 수술을 해야 했다.

내게 이때만큼 힘든 시절은 없었다. 그나마 페터 선생이 곁에 없었다면 나는 고독한 이국 생활을 견뎌내기 힘들었을 것이다. 마침 페터 선생은 어머니가 머물고 있는 빌리히의 아델하이디스 양로원 근처에 있는 무덤 가에 거처를 마련했기 때문에 나는 자주 선생을 찾아갈 수 있었다. 내가 괴로워할 때마다 선생은 '신에 대한 헌신 없는 이 세상에서의 삶은 저주에 불과하고, 순간적으로 사라지는 연기의 궁전에 불과하다'며 나에게 명상을 계속하도록 용기를 불어넣어 주었다.

처남의 뇌수술이 임박하자 나는 페터 선생을 차에 태우고 자르부뤼켄으로 향했다. 아내는 병원에 입원한 상태였기 때문에 먼길을 여행할 수는 없었다. 페터 선생과 나는 마른 빵과 물을 싣고 본을 출발했다. 선생은 고속도로를 싫어했기 때문에 지방도로를 택했다. 나는 산과 계곡으로 이어진 지방도로를 따라 500여 킬로미터를 달렸다.

선생은 핸들을 잡고 있는 내 손이 불안하게 느껴졌는지 내 마음을 안정시키기 위해 노력했다. 선생은 쉴새없이 성자들의 가르침을 들려주었다.

"길은 멀고 집은 아득하다. 가야 할 길은 바위투성이로 험난하고 위험하다. 성자들이여, 말하라. 어떻게 다가설 수 없는 하리의 비전을 얻을 수 있는가?"

카비르의 시였다. 하리란 인도에서 최고신을 부를 때 사용하는 이름이었다. 선생이 들려주는 성자의 가르침은 내게 적잖은 위로가 되었다. 두 세 시간을 달리자 남부 독일의 아름다운 라인강이 모습을 드러냈다.

"선생님, 왜 저한테 이런 불행이 닥치는지 모르겠습니다."

"하피스는 신이 잔인함을 보여주는 것은 신이 그대를 보호하기 때문이라고 말했네. 신의 은혜는 잔인한 수단으로 나타난다고 했지."

자르부뤼켄에 도착한 후 우리는 처남의 기숙사에 여장을 풀었다.

다음날, 선생과 나는 처남이 입원해 있는 홈부르크 병원을 찾았다. 처남의 독일인 친구 그로스가 우리를 안내했다. 병원은 자르부뤼켄 대학에서 멀지 않은 언덕에 자리잡고 있었다. 라틴어를 전공하고 산스크리트어를 공부한 그로스는 내가 인도학을 공부한다는 것을 알았는지 고대 인도의 속담을 이야기했다.

"물레 하떼 하땀 싸르밤(뿌리를 자르면 모든 것이 잘린다)"

로스는 처남에게 한국말을 몇 마디 배웠다며 우리말로 '쥐구멍에도 볕들 날이 있다'고 말해서 나를 한바탕 웃게 만들었다.

처남은 3층의 어두운 병실에 누워 있었다. 페터 선생과 함께 들어서자 처남은 사뭇 놀란 표정을 지었다. 처남은 오히려 병원에 입원한 여동생을 더 걱정했다. 나는 처남의 낙천적인 태도에 저으기 안심했다.

병원에서는 뇌수술 전문가가 없었기 때문에 소련의 모스크바에서 전문의를 초빙해야 한다고 했다. 또 머리 속에서 주먹만하게 자라 있는 뇌종양을 제거하려면 상당한 시일이 걸릴 것이라고 설명했다. 페터 선생과 나는 오히려 우리를 위로하는 처남을 껴안고는 성공적인 수술을 빌며 병원을 나섰다. 병원을 나설 때의 기분은 참담하기 이를 데 없었다. 내 운명 안으로 어두운 그림자가 다가오고 있는 기분이었다. 그 쓰디쓴 운명의 예감 앞에서 나는 부르르 몸을 떨었다. 문득 카비르의 시 한 구절이 생각났다.

'나는 지옥조차 껴안았으나 아무런 두려움이 없었네. 님과는 거리가 먼 극락도 욕심이 없네. 오 나의 님이여."

결국은 한 장의 마른 낙엽처럼 지고 마는 인간의 운명! 늘 병마를 걱정하고, 죽음을 근심해야 하는 인간의 초라한 모습 앞에서 페터 선생의 삶은 내게 얼마나 아름다운 희망인가.

그날 저녁, 페터 선생과 나는 본으로 돌아왔다. 선생은 얼마 동안 내 집에 머물면서 해진 옷을 기웠다. 그러나 집주인과 이웃사람들은 페터 선생이 드나드는 것을 좋아하지 않았다. 더구나 그들은 내가 부랑자와 사귄다고 노골적으로 불만을 토로했다. 때문에 나는 더 이상 선생을 모실 수가 없었다. 마침내 선생은 아델하이디스 양로원 근처의 무덤 가로 돌아가야 했다.

내 안의 세계

내가 홀츨라에 살림집을 마련하면서 선생의 행동 반경은 더욱 확대되었다. 선생은 어머니가 머물고 있는 빌리히의 아델하이디스 양로원을 중심으로 쾰른과 홀츨라를 오갔다. 선생이 찾아올 때면 나는 선생과 함께 발트카페 근처의 울창한 전나무 숲으로 들어가 명상에 잠기곤 했다.

어느 날 오후, 페터 선생과 나는 산등성이에 서서 산아래 펼쳐진 넓은 평원을 바라보고 있었다. 그날 선생은 중국 선종의 시조인 보리달마가 처음 중국에 도착하여 양나라 무제와 대화했던 내용을 이야기했다.

"그때 양 무제는 보리달마에게 '붓다의 가장 큰 가르침이 무엇인가'라고 물었지."

"달마는 '확연무성(廓然無聖)'이라고 대답했지요."

"독일어로 번역하기 쉽지 않지만 나는 '확연무성'이란 것은 저 평원처럼 모든 것이 드러나 성스러운 것이라곤 조금도 없다는 뜻으로 이해하네. 양 무제가 수많은 절과 탑묘를 지은 자신의 공덕에 대해 물었을 때, 달마는 오히려 아무 공덕도 없다고 말했지."

느닷없이 달마 이야기를 꺼낸 것은 우리 앞에 펼쳐진 평원이 너무 넓었기 때문이었다. 선생은 다시 물라 나스루딘의 우화를 들려주었다. 햇볕이 화창한 어느 날, 나스루딘은 집 앞의 마당을 서성거리며 하루 종일 무엇인가를 열심히 찾고 있었다. 집 앞을 지나던 사람들이 이상하게 여겨 나스루딘에게 물었다..

"도대체 하루 종일 무엇을 찾고 있는가?"

그러자 나스루딘이 대답했다.

"잃어버린 바늘을 찾고 있는 것일세."

그 말에 사람들이 나스루딘을 돕겠다고 나섰다. 이웃들은 나스루딘과 함께 바늘을 찾기 위해 마당을 샅샅이 뒤졌지만 해가 질 때까지 찾지 못했다. 짜증이 난 이웃들이 물었다.

"도대체 어디서 잃어버린 거야?"

나스루딘은 태연하게 대답했다.

"그야 지하실에서 잃어 버렸지."

나스루딘의 대답에 이웃들은 화가 머리끝까지 치솟았다.

"이보게. 지하실에서 잃어버린 걸 왜 마당에서 찾고 있나!"

이웃사람들이 화를 내며 달려들 기세를 보이자 나스루딘은 다시 태연하게 대답했다.

"어두운 데서 어떻게 바늘을 찾습니까?"

선생의 말에 나는 그만 웃음을 터뜨리고 말았다. 한참을 웃고 나서야 나는 페터 선생이 무엇을 말하고자 하는지 어렴풋이 깨달을 수 있었다. 땅에서 넘어진 자는 땅을 짚고 일어나야 한다. 모든 종교의 성전(聖殿)은 지은 죄를 사면해주고 복을 주는 곳이 아니다. 그러므로 이웃에게 잘못을 저질렀다면 이웃에게 잘못을 빌어야 하는 것이지 성전에 나와 뉘우친다고 해결될 문제가 아니다. 잃어버린 바늘은 그것을 잃어버린 곳에서 찾아야 하는 것이다. 그것이 바로 '확연무성'이었던 것이다.

대화를 나누면서 선생과 나는 어두컴컴한 그늘이 드리워진 전나무 숲을 향해 걸었다. 아름드리 전나무가 빽빽이 들어찬 흑림(黑林)은 독일 곳곳에 산재해 있었다. 독일은 우리처럼 원자재가 없는 나라이지만 유사시에는 울창한 숲의 나무만 팔아도 100년은 족히 살아갈 수 있을 만큼 숲이 잘 보존되어 있었다. 그러나 최근에는 아름답던 숲이 점점 병들어 가고 있었다. 그나마 자연에 대한 무한한 애정이 없었다면, 독일은 이미 사막화되어 가고 있을 것이다. 자연에 대한 독일인들의 관심과 애착은 대단했다. 무공해 식품점인 비오라덴이 하나둘 도시에 자리잡게 된 것도 이들의 관심을 반영한 것이었다. 비오라덴에서는 꿀과 야채, 과일 같은 것을 파는 데 특히 야채는 흙이 그대로 묻은 채 선반 위에 진열되었다.

어두운 장막에 가려진 듯 햇빛조차 스며들지 않는 흑림은 명상하기에는 알맞은 장소였다. 등산객들도 길을 잃을까 두려워 숲 속 깊숙이 들어오지 않기 때문이었다. 우리는 초저녁 밤길을 걷듯 숲 속으로 향했다. 깊은 블랙 홀 속으로 빨려 들어가는 듯한 기분이 들었지만, 나는 이내 마음의 평정을 되찾고 내 시야를 가리고 있는 어둠의 그늘을 한 꺼풀씩 벗겨 나갔다. 어쩌면 인간에게는 희미한 영혼을 촛불처럼 모아줄 어둠이 필요한지도 모른다. 나는 침엽수에서 떨어져 내린 낙엽을 밟으며 조금씩 어둠 속으로 다가갔다.

숲 속 깊이 들어갈수록 나의 발걸음은 점점 가벼워졌다. 짙은 어둠의 막에 가려져 있을 것이라는 생각과는 달리 숲 속은 너무나 아름답고 신비로웠다. 높게 자란 전나무들 사이로 가녀린 햇빛 줄기가 굵은 선을 긋듯 내리쬐고 있었고, 나뭇잎 사이로 스며든 빛들은 서로의 날줄과 씨줄이 되어 아름답고 거대한 빛의 천을 짜고 있었던 것이다. 빛이 닿지 않는 그늘 아래에서조차 생명이 움트고 있었다. 선생은 전나무 아래에서 첸챈터렐이라는 식용버섯을 발견했다. 비가 뿌린 뒤 부드러운 솔잎 사이로 고개를 내미는 버섯이었다. 선생과 나는 버섯을 따서 잎에 넣고 우물거렸다. 향긋한 송진냄새가 알근히 입에 배었다.

가문비나무 둘레에는 탐스럽게 자란 참피련 버섯이 둥글게 원을 그리며 둘러서 있었다. 선생은 둥그렇게 둘러선 참피련 버섯을 가리키며 말했다.

"독일 사람들은 마녀의 원이라고 부르지. 이 버섯 속에 비밀스런 힘이 있어서 질병을 불러오기도 하고, 쫓아내기도 한다고 생각했지."

우리는 전나무의 뿌리가 얽혀 있는 작은 언덕 위에 앉아 자연이 인간에게 베푸는 위대한 빛의 잔치를 오랫동안 감상했다. 선생은 별도의 명상법을 갖고 있지 않았지만 '위빠싸나'라는 수행을 하고 있었다. 따라서 선생은 성자들의 가르침을 일자 일획도 버리지 않은 채 온전히 외우고 있었으며, 명상에 들어서면 이 가르침에 오감을 기울여 마음에 새기고 곧 실천에 옮겼다.

선생은 나무 밑에 앉아 아름다운 빛과 나무를 관찰하다가 문득 영어에서 빛을 의미하는 빔(beam)과 독일어에서 나무를 의미하는 바움(baum)이 상관성이 있다고 말했다. 즉 ㅂ(b) 과 ㅁ(m)은 형식을 규정하고, 그 사이에 놓인 ㅣ(ea)와 ㅏ·ㅜ(au)는 의미를 규정한다는 것이다. 따라서 빔(빛)과 바움(나무)은 상호 의존하면서 숲을 창조해 내는 것이다. 선생의 설명을 듣고 있던 나는 한국말의 어원에 대해 몇 마디 덧붙였다.

"한국어의 물, 말, 몰, 밀이라는 동사 어근도 모두 속도라는 공통성을 갖고 있습니다. 물은 흐르고, 말은 달리고, 몰은 쫓아내고, 밀은 밀친다는 속도를 지니고 있지요."

"의미 있는 분석일세. 일찍이 붓다는 《맛지마니까야》에서 소리와 의미를 잘 숙고하여 법을 설하라고 말했네. 그 말의 의미를 오늘에야 비로소 깨달은 기분이군."

《맛지마니까야》는 초기 불교의 빠알리 경전으로 북방불교의 중아함경에 해당하는 경전이었다.

홀츨라로 이사온 뒤로 선생과 나의 만남은 한층 잦아졌다. 우리는 양로원이 있는 빌리히의 초원을 수없이 걸으며 밤늦도록 대화를 나누었다. 때는 한겨울이라 날씨가 제법 쌀쌀했지만 선생과 밤길을 걷는 동안 나는 전혀 추위를 느끼지 않았다. 오히려 밤하늘에서 부서져 내리는 차가운 별빛은 봄날 흩뿌리는 꽃비처럼 느껴졌고, 앙상한 나무 가지에 걸린 시린 달빛조차 투명한 우주를 머금은 이슬방울처럼 보였다.

어느 날, 선생은 지그강변에 앉아 내게 붓다의 가르침을 들려주었다.

"수행자들이여, 체험이 없는 평범한 사람들은 거룩한 이를 인정하지 않고, 거룩한 가르침을 알지 못하며, 거룩한 가르침에 이끌려지지 않아서 참사람을 인정하지 않는다. 그들은 참사람의 가르침을 알지 못하고, 참사람의 가르침에 이끌려지지 않아서 땅을 땅으로 여기고, 땅을 생각하고, 땅 가운데 생각하고, 땅으로부터 생각하고, 땅을 내 것이라고 생각하고, 땅을 즐거워한다. 그들은 그것을 알지 못하기 때문이다."

《맛지마니까야》의 첫머리에 나오는 구절이었다. 선생은 희미한 달빛 아래에서도 실과 바늘을 찾아 낡은 망토를 꿰매며 이 구절을 몇 차례나 들려주었다. 그런 다음 선생은 검은 망토를 걸치고 다시 걷기 시작했다. 그러나 우리는 얼마 가지 않아 다시 문명의 세계에 마주쳤다. 거미줄처럼 얽힌 고속도로와 엄청난 소음, 매캐한 공기 앞에서 나는 얼굴을 찌푸렸다. 모든 것을 내어주고 따스한 두 발과 망토만으로 살아가는 구도자에게 문명은 너무나 가혹한 것이었다.

나는 선생이 숲 속으로 잠을 청하러 간 뒤 벌판을 가로질러 집으로 향했다. 선생이 들려준 가르침은 아직도 귓가에 쟁쟁하게 남아 있었다. 참사람의 가르침을 알지 못하고, 참사람의 가르침에 이끌려지지 않아서 땅·물·불·생명을 내 것으로 생각하고 그것들을 즐거워한다는 말은 도대체 무슨 뜻인가?

나는 선생이 들려준 구절을 수없이 되새김질하면서 밤길을 걸었다. 현미경을 들이대면 조그마한 흙 알갱이 속에도 하나의 완벽한 세계가 있다. 한 줌의 흙 속에도 작은 알갱이들로 이루어진 산과 바위와 계곡이 있고, 또 곰팡이들로 이루어진 울창한 산림이 있다. 1g 의 흙 속에 있는 곰팡이의 길이를 합치면 3~4억 미터나 되고, 그 안에는 7~8억 마리의 세균이 집을 짓고 산다. 그들 사이로 햇빛이 스며들고, 바람이 불고, 안개가 끼고, 구름이 떠다니고, 시냇물이 흐르고, 호수가 형성된다. 미시적 세계는 인간이 몸담고 있는 거시 세계와 다를 바 없다. 그곳에도 역동적인 변화의 세계가 있다. 이러한 세계는 다른 세계와 함께 상호 작용하며 끝없이 변화해간다. 이것이 바로 미시 세계와 거시 세계의 공진화 현상이며 화엄철학에서 말하는 일미진중함시방(一微塵中含十方)의 세계이다. 이러한 현상이 가능한 것은 미시 세계와 거시 세계 사이에 에너지 교환과 물질 교환이 자유롭게 이루어지기 때문이다. 따라서 하나의 생명은 모든 세계를 담고 있다. 거기에 '내 것'이라는 것이 있을 수 있는가?

언젠가 나는 선생과 함께 들을 산책하다가 지렁이 한 마리를 발견한 적이 있었다. 지난 밤 내린 비 때문에 땅위로 나왔다가 되돌아가지 못한 지렁이였다. 지렁이는 땡볕에 있은 지가 꽤 오래된 듯 바짝 말라 있었다. 선생은 잠시 지렁이를 바라보다가 손가락으로 흙을 파며 붓다의 가르침을 암송했다.

"모든 살아있는 것은 고통을 싫어한다. 그들에게도 삶은 사랑스러우므로. 그들의 존재 속에서 너 자신을 인식한다면 괴롭히지도 말고 죽이지도 말라."

선생은 조심스레 지렁이를 주워 손가락으로 파낸 흙구덩이 속으로 밀어 넣었다. 우리는 지렁이와 같이 살지 않으면 안 된다. 선생은 생물은 다양하게 공존해야 하는 것이라고 하면서 콘라트 로렌쯔의 놀라운 실험 이야기를 했다. 호수의 개구리 한 마리가 200만 개 이상의 알을 낳는데 올챙이로 부화하면 대부분 다른 물고기나 새 등, 천적의 먹이가 되고 불과 몇 십 마리만 살아남아 천적들과 공존한다. 그러나 작은 호수에 천적을 모두 차단하고 올챙이들이 모두 살아 남도록 하였더니, 올챙이들끼리 살아남기 위해 경쟁하면서 서로 독극물을 분비하는 바람에 호수의 물이 오염되어 어느 순간에 한 마리의 올챙이도 살아 남지 못하고 모두 죽었다는 것이다.

들을 산책할 때면 우리는 버려진 정원에서 서 있는 배나무와 사과나무를 유심히 살폈다. 주인 잃은 나무에 달린 열매야말로 산책길의 허기를 메울 수 있는 요긴한 먹거리였기 때문이었다. 과일을 구할 때면 선생은 늘 카비르의 시 한 구절을 들려주었다.

"사람들은 거리에 흩어진 진주를 보지 못하고 그냥 지나치네. 신의 빛이 없다면 세계는 그것들을 그냥 밟고 지나가리."

우리는 이 열매들을 씹으며 따스하고 아름다운 자연의 품을 만끽했다. 선생과 함께 자연을 산책하면서 나는 '인민 대다수를 전원생활의 치매상태로부터 구제한 것은 기계'라는 마르크스의 생각이 얼마나 전도된 것이었는가를 깨달았다.

서울, 어느 하늘 아래

드디어 처남의 뇌수술 날자가 잡혔다. 나는 임신 5개월에 접어든 아내와 함께 열차를 타고 남부 독일의 자르뷔르켄으로 향했다. 아직 아내는 병원에 입원해 있어야 할 처지였지만 마지막이 될지도 모른다는 생각에 나와 동행하기로 했다. 처남은 이혼한 후 변두리의 낡은 건물 모퉁이에 한 값싼 방을 빌려 생활하고 있었다. 자르뷔르켄에 도착한 아내와 나는 침침하고 우중충한 처남의 방에 여장을 풀고는 곧장 홈부르크 병원으로 향했다. 역시 처남의 독일인 친구 로스가 안내를 자청하고 나섰다. 로스가 그 동안의 경과를 간략히 설명해 주었다. 처남은 정밀 검진을 위해 허벅지의 동맥을 째고 그 속에 마이크로 필름을 넣어 머리끝까지 올려보내 사진을 찍었다. 그 결과 뇌종양의 위치와 크기가 확인되었고, 마침내 소련에서 뇌종양 수술 전문가가 초빙되었다.

처남의 얼굴은 창백하기 이를 데 없었다. 삶과 죽음의 갈림길에 놓인 그 앞에서 나는 어떤 위로의 말도 건넬 수 없었다. 우리가 병실에 앉아 있는 동안 간호원이 이동침대를 밀고 들어왔다. 처남은 체념한 듯한 얼굴로 이동침대 위에 몸을 실었다. 아내는 꼭 말아 쥔 처남의 손을 놓지 못했다. 어쩌면 아내는 이것이 마지막일지도 모른다는 생각을 하고 있는 것 같았다. 이윽고 처남은 수술실로 향했다. 수술이 진행되는 동안 우리는 밤새 수술실 밖을 서성거렸다.

새벽 두 시쯤 되었을까. 굳게 닫혀 있던 수술실 문이 열렸다. 소파에 앉아 있던 아내와 나는 벌떡 자리에서 일어섰다. 이동침대 위에 누워 있는 처남은 미동도 하지 않았다. 갑자기 아내가 울음을 터뜨리며 의사에게 매달렸다.

"살려 주세요. 제발 살려 주세요."

의사를 따라갔던 로스가 어두운 표정으로 돌아왔다.

"어떻게 되었답니까?"

"수술이 끝났는데 갑자기 뇌출혈이 생겼대요. 다시 2차 수술을 해야 한답니다."

주치의가 수술을 마치고 집으로 퇴근한 터였기 때문에 다시 도착하려면 30분은 기다려야 한다는 이야기를 듣고 아내와 나는 더욱 조마조마해졌다. 2차 수술은 새벽녘이 되어서야 시작되었다. 수술이 끝나기를 기다리는 내 마음은 천 갈래 만 갈래로 찢어지는 것만 같았다.

다행히 재수술 결과는 성공적이었다. 며칠 뒤에 아내와 나는 수술에서 회복한 처남을 만날 수 있었다. 종양을 제거하는 과정에서 건드린 시신경 때문에 한쪽 눈이 잘 보이지 않는 것을 제외하면 모든 것이 괜찮아 보였다.

"한 달 정도 재활훈련을 받게 될 거야."

죽음의 문턱에서 돌아왔다는 안도감 때문인지 처남은 아주 느긋하게 말했다. 수술이 성공적이라는 것을 확인한 우리는 다시 홀츨라로 돌아왔다. 그로부터 얼마 후 우리는 처남으로부터 반가운 소식을 들었다. 제거한 뇌종양은 주먹만한 크기였지만 다행히 양성 종양이었기 때문에 수술 후유증에서 쉽게 벗어났다는 소식이었다. 그후 한 달이 지났을 때 이번에는 처남이 아내가 입원한 성모 마리아 병원으로 찾아왔다. 처남은 수술 전보다 훨씬 건강해 보였다. 그는 여동생의 안부를 확인하고는 다시 자르브뤼켄으로 돌아갔다.

다음해 2월, 아내는 아들을 분만했다. 장모님이 먼길을 마다 않고 독일까지 날아왔다. 장모님은 몸이 불편한 데도 불구하고 여비를 줄이기 위해 홀츠 아동복지회에서 입양 보내는 아이의 보호자로 독일을 방문했다. 덕분에 아내는 장모님이 보는 앞에서 출산할 수 있었다.

서울로 돌아가야 한다는 생각을 하게 된 것은 그 무렵이었다. 건강이 좋지 않은 아내가 도움을 요청할 사람도 없는 이국 생활을 잘 견뎌낼 수 있을지도 의문이었고, 새로 태어난 아이의 장래도 걱정이었다. 하지만 한국은 여전히 군사 정권 아래 놓여 있었고, 형사들의 방문도 그치지 않고 있다는 소식을 듣고는 귀국을 미루기로 했다.

내가 귀국을 결심한 것은 문민정부가 들어서면서였다. 집에 전화를 해보니 군사정권의 블랙리스트도 없어졌고, 더 이상 형사들이 집에 찾아오지 않는다는 것이었다. 나는 페터 선생을 만나 매일 같이 밤늦게까지 돌아다니며 귀국 문제를 상의했다. 선생은 내게 간곡한 어조로 충고했다.

"카비르는 말했네. 비겁함은 그대를 구원할 수 없다. 단호하고 용감해야 한다. 허위의 갑옷을 던져버리고 기도의 창을 휘두르라고…."

선생은 한국에 돌아가면 초기불교의 빠알리어 경전을 번역하는 것이 좋겠다는 말까지 했다. 선생의 말은 나에게 커다란 용기를 주었다. 마침내 나는 귀국을 결심하고, 한국으로 돌아가는 처남의 친구에게 가구와 책들을 운반해 달라고 부탁했다.

이윽고 1989년 봄, 나는 한국행 비행기에 몸을 실었다. 앞으로의 운명은 하늘에 맡길 수밖에 없었다. 따라서 나는 아무한테도 귀국한다는 소식을 알리지 않은 채 김포공항에 도착했다.

서울에 도착했을 때 나를 맞은 것은 텅 비어 냉랭한 기운이 감도는 낡은 한옥이었다. 형님이 돌아가신 집안은 적산가옥처럼 너무나 쓸쓸해 보였다. 형님을 잃은 아버지와 어머니의 얼굴은 죽은 사람의 것처럼 어두웠다. 빈손으로 떠났다가 빈손으로 돌아온 나는 부모님께 별다른 도움이 되지 못했다. 우리 부부는 30년 전에 지은 작은 한옥의 문간방에 살림을 내려놓았다. 셋집이었을 망정 독일에서 제법 큰집에 살았던 아내에게는 너무나 힘든 생활이었다.

당분간 나는 독일에서 복사해온 미라래빠의 자서전을 읽으며 시간을 보냈다. 귀국한 지 며칠 뒤 독일에서 공부하다가 중도에 귀국한 K가 나를 찾아왔다. K는 한국에서 나의 소문을 듣고는 에페른까지 나를 찾아왔던 적이 있었다. 유학생들 중에서도 가장 가난했던 그는 고추장을 푼 계란국에 밥 한 공기로 끼니를 때우곤 했었다. 그의 생활이 너무나 안타까워 150마르크를 준 적이 있는데 그 때문에 K는 나를 만날 때마다 무척 고마워했다. 귀국하기 전에 그가 일자리를 찾아 헤맨다는 소리를 들었지만, 한국에 들어와 있었는지는 까맣게 모르고 있었다. 그는 한 스님 밑에서 일하고 있는데, 빠알리어 경전을 번역하겠다면 자신이 추천해 보겠다고 말했다.

그의 소개로 나는 애초에 뜻한 바대로 경전 번역을 시작할 수 있었다. 인연이란 모질게 얽혀 있는 것이었다. 나는 그가 소개해 준 D 스님을 만나 경전연구소를 설립하고 보람있는 일에 뛰어들게 되었다. 쥐꼬리만한 봉급이었지만 그런 대로 생활을 유지할 수 있었고, 처의 이모 집을 값싸게 빌려 이사도 했다. 그 와중에 아내는 사내아이를 하나 더 낳았다.

아름다운 재회

낙타의 방울이 길을 재촉할 때

만남의 인연

귀국한 지 3년만에 나는 옥스퍼드 대학을 방문할 기회를 얻었다. 한국을 떠나기 전날 밤, 나는 페터 선생을 다시 만날 수 있으리라는 기대감으로 밤잠을 설쳤다. 나는 먼저 프랑크푸르트에 도착한 후 쾰른에 들러 페터 선생을 모시고 영국으로 갈 예정이었다.

쾰른에 도착한 후에는 예술사를 공부하는 N의 집에 머물렀다. 여장을 풀자마자 나는 곧장 페터 선생을 찾아 나섰다. 그 동안 틈틈이 편지를 주고받았기 때문에 나는 선생이 아직도 에페른 호숫가에 머물고 있다는 것을 알고 있었다. 페터 선생에게는 집이 없었으므로 주소도 있을 수 없었다. 하지만 독일에는 집 없는 사람일지라도 우체국에 자신의 고유번호를 지정하면 편지를 받을 수 있었다.

나는 캄캄한 새벽녘에 페터 선생이 머물고 있을 호숫가로 나갔다. 호수는 짙은 안개 속에 덮여 있었다. 때문에 선생이 어느 나무 밑에 거처를 마련하고 있는지 찾아내기가 쉽지 않았다. 나는 호숫가에 선 채 목이 터져라 선생의 이름을 불렀다.

"페터! 페터!"

나의 외침은 싸늘한 새벽 공기를 가르며 호수 건너편까지 울려 퍼졌다. 몇 차례 선생의 이름을 부른 후 나는 가만히 귀를 기울였다. 금방이라도 페터 선생의 숨소리가 들려올 것만 같았다. 얼마쯤 지났을까. 멀리 안개 사이로 작고 묵직한 음성이 들려왔다.

"전!"

귀에 익은 페터 선생의 목소리가 수면 위를 가로질러 귀에 닿는 순간 나는 짜릿한 전율을 느꼈다. 이윽고 안개 속을 지나 덤불을 헤집으며 페터 선생이 모습을 드러냈다. 아! 그 낡은 망토, 그 무거운 신발, 그리고 손수레까지도 모두 그대로였다.

나는 선생을 다시 만났다는 감격 때문에 한동안 말을 꺼내지 못했다. 무작정 독일로 가겠다는 편지만 띄워놓고 찾아 나선 길이라서 반가움은 더욱 컸다. 다행히 선생은 아주 건강해 보였다.

"자네 편지를 받았네."

"다행이군요. 만날 수 있을지 많이 걱정했습니다."

"자네 건강은 어떤가?"

"괜찮습니다. 폐는 다 나았습니다."

"반갑네, 가족들은 별고 없는가?"

"아들이 하나 더 생겼습니다. 선생님, 어머니도 잘 계시겠지요?"

"양로원에서 편히 지내고 계신다네."

선생과 나는 서로의 안부를 확인한 뒤 새벽 안개를 뚫고 하넨 가로 향했다. 다시 그곳에서 룩셈부르크 가를 따라 걷다가 길을 건너 밀리테어링 가를 따라 걸었다. 선생의 걸음은 젊은 내가 쫓아가기 어려울 정도로 여전히 빨랐다. 나는 한국에서 하고 있는 일을 간단히 소개하고, 빠알리성전협회 사무총장인 곰브리지 교수를 만나러 옥스퍼드에 간다고 설명했다. 선생은 한국에서의 내 생활에 무척 흡족해 했다. 문득 에페른 마을에서 함께 생활하던 친구들의 안부가 궁금해졌다.

"유숍은 어떻게 지냅니까?"

"의대를 졸업하고 인턴으로 일하고 있네. 여자 가족들의 반대에도 불구하고 사귀던 독일 여자와 결혼했지."

"그거 참 잘되었군요. 알리는요?"

"알리도 독일 여자와 결혼했는데 아이가 벌써 두 명이네. 공부는 그만두고 화물자동차 운전사로 나섰네."

"알리는 아직도 고문 후유증으로 고생하고 있나요?"

"그렇네. 만날 때마다 어깨의 통증을 호소하네."

"찌루스는요?"

"찌루스는 지금도 쾰른 시내에 살고 있는데, 논문을 쓰고 있는 중이네. 하지만 최근의 소식은 잘 모르네. 나한테 학생들의 마을에 들어갈 수 없도록 금족령이 내렸거든."

"아니, 왜요?"

"기숙사 사감이 쾰른 대학의 교수인데, 학생들의 건의를 받아들여 부랑자의 출입을 금지시키겠다고 내게 통보를 해왔네. 더 이상 드나들면 경찰에 신고하겠다는 거야."

그러면서 선생은 너털웃음을 터뜨렸다. 괜스레 마음이 아파 왔다. 그렇지 않아도 선생은 남루한 옷차림 때문에 경찰의 심문을 받는 것을 굉장히 불쾌하게 생각했었다. 이제 기숙사 촌까지 출입을 금지당했으니 선생의 생활 반경이 크게 축소된 것이었다. 문득 나는 선생과 빌리히 마을을 걸을 때 으리으리한 주택의 대문에서 갑자기 울려대던 부저 소리에 놀라 달아나던 생각이 떠올랐다. 그 집 문 앞에는 도둑의 접근을 막기 위해 설치한 경보장치가 있었다. 경보장치는 우리가 가까이 갔다는 이유만으로 울려댔다. 그 소리 때문에 그날 밤의 산책은 완전히 엉망이 되고 말았던 것이다.

"세상은 마야(환영)이네. 카비르는 말했지. '마야는 매춘부, 감언이설로 사람들을 유혹하지만 아무도 그녀를 완전히 즐길 수는 없네. 그것이 인간의 불행이네'라고…."

드넓은 베토벤 파크를 지나는 동안 안개가 가시고 먼동이 트기 시작했다. 선생과 나는 3년만의 조찬을 함께 하기 위해 린덴탈 거리를 걸었다. 선생은 거리에 있는 비오라덴에서 유통기간이 지난 빵을 얻은 다음, 우체국 앞의 한 가게에서 오래된 당근과 채소를 빌었다. 선생과 나는 그것을 품에 안고 주택가 골목의 작은 놀이터 벤치에 앉아 식사를 했다. 선생의 식사시간은 여전히 길었다. 한 조각의 빵과 몇 개의 야채를 씹는 데 족히 한 시간 반은 걸렸다. 선생은 붓다가 그랬던 것처럼 음식이 즙이 될 때까지 완전히 씹어서 삼키는 것이다. 나도 페터 선생을 따라 오랫동안 씹었지만 채 30분이 걸리지 않았다. 그래서 나는 먼저 자리에서 일어나 추위를 이기기 위해 공원을 몇 바퀴 산책하다가 벤치로 돌아왔다.

"뜻이 있으면 길이 보이는 모양입니다. 선생님의 말대로 빠알리 경전을 번역하겠다고 마음먹었더니 길이 생기더군요. 지금은 스리랑카 국립대학 한국 분교에서 빠알리어를 가르치게 되었습니다."

선생은 대답 대신 카비르의 시 구절을 읊어주었다.

"그대의 헌신이 이기적인 것이라면 그 열매를 맺지 못하리라. 카비르여, 이기적인 영혼이 어떻게 자비로운 님을 만날 수 있겠는가?"

다음날 나는 페터 선생을 모시고 네덜란드로 향했다. 그곳에서 다시 런던으로 가는 쾌속정에 몸을 실었다. 비행기 대신 배를 타기로 한 것은 선생의 뜻이었다.

런던에는 송광사의 분원이 있었다. 나의 영국행은 두 가지 목적이 있었다. 하나는 옥스퍼드 대학의 곰브리지 교수를 한국에 초빙하기 위한 것이고, 다른 하나는 법정 스님의 부탁으로 탱화 한 점을 송광사 분원으로 운반하는 것이었다.

네덜란드와 영국 해안을 오가는 쾌속정은 볼품없는 단층의 철선이었다. 때문에 낭만적인 선상의 분위기는 느낄 수 없었고, 화물선에 실린 기분이었다. 그러나 화창하게 개인 날이어서 넓은 창문을 통해 망망대해를 보는 것은 커다란 즐거움이 아닐 수 없었다. 선생은 허연 몸을 드러내며 갈라지는 바다를 보면서 지난 날 영국에서 지내던 시절을 회상했다.

선생은 프랑스에서 60년대를 보낸 뒤 불교를 공부해볼 생각으로 영국에 건너갔다. 그때 선생은 스코틀랜드의 라마교 사찰에 잠깐 머물 기회가 있었다. 하지만 선생은 그곳에서 티베트 불교가 지나치게 미신적이라는 생각이 들어 실망했다고 한다. 그후 선생은 영국 남부 지방에 독일인이 건립한 선원(禪院)에 들어가 농사일을 도우며 수행 생활을 했다. 선원이라서 책읽기는 금지되었다. 그곳에서 나온 후에는 태국 치앙마이에서 수행했던 영국인 승려가 세운 사찰에서 머물렀다. 그곳은 모두 공동생활을 했는데 사찰의 주지가 지나치게 노동을 강요하는 듯한 인상을 보여 오래 머물 수가 없었다. 다시 런던으로 돌아와 태국의 불교사원에 머물렀으나 형식적인 수행 생활에 염증을 느껴 일주일만에 거리로 나왔다. 그 무렵 선생은 한 사찰에 들렀다가 크리슈나무르티의 제자라고 밝힌 한 독일인을 만났다. 선생이 불상에 절을 올리자 그 독일인이 다가와 물었다.

"왜 불상에 절을 하십니까?"

"사찰의 예절이기 때문이지요."

그러자 그 독일인이 선생에게 말했다.

"왜 그대는 쇠로 만든 불상에 절을 하는가?"

독일인의 반문은 페터 선생에게 엄청난 충격을 던져 주었다. 그후 선생은 붓다의 가르침을 직접 공부하기로 마음을 먹고 독일로 돌아가기로 했다. 독일에는 초기불교의 경전들이 영국보다 잘 번역되어 있었기 때문이었다. 독일로 돌아온 후 선생은 쾰른 시립도서관에서 불교서적을 읽다가 크게 깨달은 바가 있어 승려가 되기 위해 베를린으로 행했다. 베를린에는 프로나우에 달케가 건립한 '불교도의 집'이 있었다. 달케는 정신과 의사였는데 붓다의 가르침으로 훌륭하게 환자를 치료했기 때문에 그가 가는 휴양지에도 환자들이 넘쳤다고 하는 독일 불교의 개척자였다. 나는 티베트학교수인 카세프스키 박사와 최근에 그곳을 방문한 적이 있었다. 그때 선생의 나이 마흔 살이었다.

선생은 스리랑카 승려를 만나 출가하고 싶다고 말했다. 그러나 승려는 나이가 너무 많다는 이유로 선생의 출가를 거절했다. 선생은 크게 실망하지 않을 수 없었다. 마침 선생은 트랭크너의 저서를 읽고 부처님의 가르침에 대한 진정한 실천은 이미 실종되었다는 판단을 내렸다. 그리하여 선생은 스스로 붓다의 가르침을 실천하기로 마음먹었다. 선생에게는 붓다의 가르침이야말로 진정한 스승이었던 것이다. 일찍이 붓다도 '스승은 없으며 오직 가르침이 그대들의 스승'이라고 말하지 않았던가? 선생은 다시 쾰른으로 돌아와 붓다처럼 무소유로 살기로 마음을 굳혔다.

선생의 이야기를 듣는 동안 나는 주르르 눈물이 흐를 것만 같았다. 누가 진정 페터 선생처럼 무소유를 실천했던가. 페터 선생이야말로 위대한 성자의 가르침을 온전하게 실천하고 있는 사람이며, 성자라는 이름이 전혀 부끄럽지 않은 사람이었다. 나는 선생과 함께 있다는 사실만으로도 무한한 기쁨을 느꼈다. 나는 성자와 함께 할 수 있었던 몇 안 되는 사람 중의 하나였던 것이다.

바다 위를 달린 지 두 시간만에 우리는 도버해협을 건너 런던의 리아시스식 해안에 도착했다. 하지만 일주일 동안 런던 시내를 일주할 수 있는 정기권을 사지 않은 것이 실수였다. 일일이 전차와 버스를 갈아타는 바람에 여행 경비가 예상보다 많이 들었다. 우리는 며칠 동안 런던 외곽의 송광사 분원에서 지내며 런던 시내를 누볐다. 대영박물관의 이집트관을 구경한 다음 우리는 인도 도서관을 찾았다. 선생이 애지중지하고 있는 카비르 시의 원전을 찾아보기 위해서였다. 인도 도서관에는 영국이 식민지 시절에 모아놓은 각종 자료들이 보존되어 있었다. 하지만 우리는 카비르의 원본을 찾아내지 못했다. 도서관을 샅샅이 뒤지고 관계자를 만나 물어보았지만 카비르에 대한 자료는 없었다. 훗날 인도의 바나라시다스라는 출판사에까지 연락을 취했지만 원본을 찾는 데는 실패했다.

선생이 카비르에 매료된 것은 영국에 머물 때였다. 그때 선생은 런던 외곽에 있는 아파트 단지에 머물렀는데, 그 아파트에 라즈니쉬

교도들이 많이 살고 있었다. 선생은 라즈니쉬의 책을 읽다가 카비르라는 위대한 존재를 알게 되었다고 했다.

특별한 일정이 없는 날이면 선생과 나는 테임즈 강과 리치몬드 파크를 산책하면서 보냈다. 안개가 자욱한 런던의 숲과 강물은 독일과 전혀 다를 바가 없었다. 차가운 북구의 삭풍이 몰아치는 가운데 선생의 남루한 뒷모습을 따라 걷노라면 나는 가끔씩 성자를 뒤따르던 사도(司徒)가 된 느낌이 들었다. 그때 나는 선생의 자취를 더듬으며 주옥같은 언어들을 주워 담는 작은 그릇에 불과했다.

"카비르는 '지고한 존재의 찬란함은 모든 상상을 초월한다. 그 아름다움은 이루 말할 수 없다. 보는 것만이 그 증거이다'라고 말했네."

그러면서 선생은 《열반경》에 나오는 금란가사 이야기를 꺼냈다. 붓다는 열반에 들기 전에 어떤 장자가 선물한 금란가사를 입었다. 금란가사는 태양 빛을 받아 찬란하게 빛났지만 붓다가 그 옷을 입었을 때 금란가사는 빛을 잃고 말았다. 붓다야말로 카비르가 말했던 지고한 존재였던 것이다. 붓다의 이야기를 꺼낼 때마다 선생은 늘 시를 읊듯 독백을 쏟아냈다.

"싯다르타는 아름다운 궁전과 막대한 재산, 사치와 환락, 부드러운 침대와 아름다운 옷, 진수성찬을 모두 버렸네. 모든 권력과 명예, 심지어 사랑하는 아내와 유일한 아들 라훌라도 버렸네. 누가 그렇게 많은 것을 버렸던가?"

선생의 이야기를 들으면서 나는 두 사람의 성자 붓다와 예수의 삶을 떠올렸다. 붓다의 가르침에는 기독교처럼 대속(代贖)의 삶이 없다지만, 붓다가 세상의 모든 것을 버리고 선택한 무소유의 삶이야말로 매일매일 십자가를 걸머지는 대속적인 삶이 분명했다. 문득 나는 남루한 누더기 가사를 걸치고 한 끼의 식사를 탁발하러 다니던 붓다의 위대한 광채를 떠올렸다.

우리는 넉넉한 시간을 때우기 위해 런던 근교에 있는 태국 사찰

와뜨디빠따 사원을 찾아 갔다. 사원은 태국의 왕실 사원이었다. 그곳에는 태국의 유명한 화가가 그린 웅장한 현대식 벽화(탱화)가 그려져 있었다. 페터 선생은 붓다를 둘러싸고 있는 보살들 가운데 그려져 있는 케네디, 칼 마르크스, 마릴린 몬로, 찰스 채프린 등의 보살상을 보라고 하면서 호탕하게 웃었다.

며칠 뒤 선생과 나는 시외 버스를 타고 옥스퍼드로 향했다. 다행히 곰브리지 교수는 독일어에도 능통했기 때문에 페터 선생에게 통역을 부탁하지 않아도 되었다. 나는 곰브리지 교수로부터 1년 뒤에 한국을 방문하겠다는 약속을 받아냈다. 나는 순조롭게 일을 마치고 다시 도버해협을 건넌 후 네덜란드를 거쳐 쾰른으로 돌아왔다.

독일을 떠나기 전에 나는 아델하이디스의 양로원에 들러 선생의 어머니를 만났다. 이제 일흔 일곱 살의 어머니는 거동이 무척 불편해 보였다. 선생의 어머니는 옛날 수도사들이 살던 비좁은 방에서 나를 맞았다.

"어머니는 안녕하시겠지?"

선생의 어머니를 보는 순간 나의 결혼식에 참석했을 때의 모습이 떠올랐다. 당시 결혼식을 보기 위해 독일에 왔던 어머니는 이곳 양로원을 방문해서 선생의 어머니와 인사를 나눈 적이 있었다.

"예, 편안하십니다. 건강은 어떻습니까?"

"떠날 때가 다 되었네."

선생의 어머니는 낮은 신음 소리를 내며 돌아누웠다. 마침 저녁 시간이라서 수녀들이 음식을 가지고 들어왔다. 양로원은 본래 수도원으로 쓰이던 건물이었고, 지금도 수녀들이 관리를 맡고 있었다. 저녁 식사는 으깬 감자와 달걀 후라이, 그리고 요구르트였다. 어머니는 밥맛이 없다며 내게 먹기를 권했다. 페터 선생도 오후에는 식사를 하지 않기 때문에 그릇을 비워야 하는 것은 내 몫이 되어 버렸다. 나는 어머니가 건넨 식사를 마치고, 다시 한국으로 돌아간다는 인사를 건넸다. 선생의 어머니는 몹시 아쉬운 표정을 지으며 손을 흔들었다.

그것이 마지막 만남이었다. 그날 저녁, 선생과 나는 양로원 근처의 낯익은 목초지와 하천이 흐르는 제방 위를 산책한 후 전철을 타고 본 대학 도서관 뒤쪽에 있는 라인강변 선착장으로 향했다. 그곳에는 내가 자주 들르던 카페가 있었다. 카페에서 바라보는 라인강은 아름답기 짝이 없었다. 강물은 어둠 속에 누워 있는 푸른 유리처럼 별빛을 반사시키고 있었다. 선생이 맑은 목소리로 카비르의 시를 암송했다.

"세상의 모든 것을 멀리 하고 유일성을 찾는 그녀는 진주를 열망하는 바다의 조개와 같네."

어둠 속에 가로누운 라인강은 마치 거대한 바다처럼 보였다. 검은 석탄을 실은 철선이 강물을 가르며 지나갈 때마다 철선에서 흘러나온 빛이 물결에 흔들리며 목 밑까지 다가오는 느낌이었다.

"세상은 불과 같네. 불에 타죽지 않으려면 나방은 그 불을 멀리해야 하지."

"선생님, 결국 우리는 우주라는 생명의 바닷가에서 진주를 열망하는 바닷가의 조개가 되어야 하는군요."

우리는 라인강변의 카페를 나왔다. 선생은 오늘밤을 양로원 근처의 무덤 가에서 보낼 것이라고 말했다. 헤어지기가 아쉬워 나는 케네디 다리 밑까지 선생을 배웅했다. 어둠 속으로 총총히 사라지는 선생의 뒷모습을 보면서 나는 기원후 3세기경에 살았던 이집트의 성 안토니우스를 떠올렸다. 그는 열 여덟 살 때 〈마태복음〉을 읽고 '네가 온전한 사람이 되고자 할진대 가서 가진 것을 모두 팔아 가난한 사람에게 나누어주고 와서 나를 따르라'는 경구에 감명을 받았다. 그는 곧 300 에이커가 넘는 땅을 팔아 가난한 자들에게 나누어주고 얼마는 누이의 생계를 위해 남겨두었다. 하지만 나중에는 그것마저 가난한 이들에게 나누어주었다. 그 역시 선생과 마찬가지로 평생을 집 없이, 돈 없이, 여자 없이 지냈으며 동굴과 무덤 속에서 머리털로 짠 내의를 입고 하루 한 끼의 식사만을 했다.

한국으로 돌아온 후 나는 곧 빠알리어 사전과 문법책 집필을 서둘렀다. 하지만 호사다마(好事多魔)라고 했던가. 작업이 한창 진행 중이던 그해 12월, 뜻하지 않은 사고가 발생했다. 당시 내가 몸담고 있는 연구소는 사간동에 있는 낡은 한옥을 빌려쓰고 있었다. 그런데 새벽 두 시 경 난데없이 전화벨이 울렸다. 나는 잠이 덜 깬 눈을 비비며 전화기를 들어 올렸다.

"전 선생님, 큰일 났어요! 연구소에 불이 났어요!"

함께 일하는 동료였다. 그의 다급한 목소리를 듣는 순간 나는 희뿌연 연기 속에 잠겨 있는 듯한 기분이 들었다. 가장 먼저 내 머리 속에 떠오른 것은 그 동안 밤을 새워가며 작업했던 원고들이었다. 나는 부리나케 옷을 걸치고 냅다 연구소로 달려갔다.

연구소는 이미 소방차들로 에워싸여 있었다. 골목이 좁은 탓에 소방차들은 쉽게 화재 현장에 접근하지 못하고 연신 사이렌 소리만 울려댔다. 더구나 한겨울밤의 매서운 바람이 몰아치고 있어서 좀체 불길이 잡히지 않았다. 결국 연구소가 자리잡고 있던 낡은 한옥은 전소되고 말았다. 자욱한 연기에 덮인 연구소를 보면서 나는 온몸에 힘이 풀려나가는 것을 느꼈다. 그 동안의 작업이 모두 허사가 되어버린 것이다.

화재는 내가 산스크리트어 강의를 끝내고 연구실을 나간 지 다섯 시간 정도가 지난 후에 발생했다. 분명 난로를 점검했었고, 사무실에는 화재의 빌미가 될만한 불씨는 남아 있지 않았다. 아마도 화재의 원인은 복잡하게 배선된 전선으로 인한 누전 같았다. D스님이 도서실에 보관하고 있던 장서는 모두 불타버렸고, 내 연구실도 완전히 타버렸다. 그러나 더욱 내 가슴을 아프게 했던 것은 독일에서 가지고 온 많은 서적들과 옥스퍼드 빠알리 성전협회에서 구입한 장서, 그리고 내가 유학생활 동안 모아두었던 논문과 자료들이 모두 잿더미로 변한 것이었다.

다음날, 나는 아침 일찍 연구소로 향했다. 혹여 잿더미 속에서 원고의 일부가 남아 있을지 모른다는 기대감 때문이었다. 화마가 휩쓸고 지나간 연구소 건물은 처참하기 이를 데 없었다. 오래된 목조건물이어서 화재 현장에는 회색빛 잿더미만 남아 있었다. 마침 D스님이 도착했다. 나는 스님과 함께 잿더미 속을 헤집기 시작했다. 스님은 도서관이 있던 자리를 망연자실한 표정으로 살펴보았고, 나는 내 연구실이 있던 자리를 뒤지기 시작했다. 아직도 곳곳에서 연기가 피어오르고 있었다. 나는 무너져 내린 흙더미 속을 살피며 연기가 피어오르는 곳에 주의를 기울였다. 불에 그을린 나뭇가지로 연기가 피어오르는 곳을 파다가 나는 그만 와락 무릎을 꿇고 말았다.

아! 이것이 부처님의 가피로구나.

눈에 띈 것은 분명히 나의 글씨가 씌어진 원고였다. 나는 재빨리 흙더미를 파헤치며 원고를 그러모으기 시작했다. 다행히 2년간 번역해 놓았던 붓다의 초기경전 중 가장 오래된 《쌍윳따니까야》 원고가 나타났다. 내가 번역한 원고만 해도 200자 원고지로 5,000매가 넘는 분량이었다. 그런데 원고의 일부만 불에 타고 나머지는 땅 속에 그대로 묻혀 있지 않은가? 나는 온몸이 숯검정이 된 채 무릎을 꿇고 합장을 올렸다. 없어진 장서들은 다시 구입하면 되지만 원고가 모두 불에 타 버렸다면 다시 2년간의 세월이 필요했다.

안타까운 것은 이번 화재로 곰브리지 교수에 대한 초빙 계획이 어려워졌다는 사실이었다. 하지만 국제적으로 이루어진 약속을 함부로 변경할 수는 없었다. 나는 D스님의 인가를 얻어 연구소에 기증된 화재 의연금으로 곰브리지 교수를 초빙하기로 했다. 다행히 그해 여름 곰브리지 교수가 한국을 방문했고, 송광사에서 '빠알리 성전 우리말 옮김 세미나'를 개최할 수 있었다. 하지만 그후 경전연구소는 문을 닫고 말았다.

다행히 나는 1992년 가을 학기부터 스리랑카 빠알리 불교대학의 한국분교 전임 강사로 부임했다. 계속 연구를 할 수 있다는 사실에 나는 너무나 기뻤다. 이윽고 1994년에는 빠알리어 사전을 완성했고, 학교의 후원으로 세계 각국의 스님들과 원로 학자들을 모신 가운데 조계사에서 출판기념 법회를 개최할 수 있었다. 또 1996년에는《초기불교의 연기성 연구》로 박사 학위를 취득했다.

두 번째 재회

연구소의 화재와 한국분교의 폐교는 나에게 엄청난 허탈감을 안겨주었다. 더구나 가족과의 이별은 나에게 크나큰 상처를 남겨주었다. 유학생활을 뒷바라지 한 아내를 다시 이국으로 떠나 보내야 하는 내 심정은 너무나 비참했다.

하지만 고비가 생길 때마다 내가 절망에서 벗어날 수 있었던 것은 페터 선생이 있기 때문이었다. 어려움이 닥칠 때마다 나는 페터 선생의 얼굴을 떠올렸다. 모든 것을 버리고, 인간의 짐을 대신 짊어진 낙타처럼 메마른 세상의 사막을 건너가는 그를 생각할 때마다 나는 용기를 얻었다. 내가 그 분처럼 무소유의 삶을 실천하지는 못하고 있지만, 그 분의 삶이야말로 나에게는 구원의 빛이자 해탈의 나침반이었던 것이다.

1999년 정월, 나는 다시 여행 가방을 챙겼다. 페터 선생을 다시 만나야 한다는 생각이 항상 나를 압박하고 있었기 때문이었다. 더 이상 기다릴 수 없었다. 이윽고 나는 어렵사리 여비를 마련해서 독일행 여객기에 몸을 실었다.

7년만에 다시 페터 선생을 만나러 가는 길은 너무나 즐거웠다. 여객기는 김포공항을 이륙하여 프랑크푸르트 공항에 도착했다. 낯익은 풍경과 코끝을 스치는 냄새들, 안개에 덮인 북구의 하늘과 드넓은 초원을 바라보면서 나는 유학생으로 되돌아간 듯한 기분이 들었다. 프랑크푸르트 공항에서 쾰른행 여객기로 갈아탔다.

쾰른에 도착했을 때는 이미 땅거미가 내리고 있었다. 나는 빠른 걸음걸이로 공항을 빠져 나와 쾰른 시내로 향했다. 한겨울이었지만 쾰른은 서울보다 따뜻했다. 서울에서 혹한을 견뎌냈던 나에게는 영상과 영하를 오가는 쾰른의 날씨가 마치 따스한 봄바람처럼 느껴졌다. 나는 먼저 숙소를 제공하기로 한 B선생을 만나기로 했다. 유학 생활 시절에 가까이 지냈던 동료였다. 니콜라우스 73번지에 있는 그의 집에서 하룻밤을 보낸 뒤 나는 거리로 나섰다.

쾰른의 거리는 그대로였다. 독일의 도시들이 대부분 그렇듯이 쾰른의 거리는 음산하고 스산했다. 하지만 곳곳에 산재한 중세의 건물들은 보면 볼수록 더욱 친숙하게 다가왔다. 나는 해가 진 뒤에서 페터 선생을 찾아보기로 했다. 낮 동안에는 선생이 어느 곳에 있을지 알 수 없었기 때문이었다. 나는 유럽풍의 건물들 사이로 난 좁은 도로를 걸으며 내 젊은 시절을 회고했다. 지나간 것은 모두 아름다워 보이는 법이다. 가슴에 비수를 꽂으며 아픈 상처를 주었던 고통의 시간까지도 세월은 아름다움으로 환치시키는 재주를 갖고 있다.

나는 어느새 쥘피셔 가를 걷고 있었다. 도로 한 쪽을 가로지르는 전차가 앙증맞은 장난감처럼 보였다. 공원 몇 곳도 둘러보았다. 혹시 선생의 자취를 발견할지도 모른다는 생각 때문이었다. 하지만 나는 끝내 선생의 흔적을 찾지 못했다. 그렇다고 해서 실망할 필요는 없었다. 해가 질 무렵, 선생은 다시 에페른의 호숫가나 린덴탈 숲에 나타날 것이다.

나는 몇몇 공원을 거닐다가 다시 니콜라우스 가로 향했다. 도로를 건너기 위해 파란 신호등을 기다리고 있을 때, 나는 이상한 느낌을 받았다. 누군가 나를 향해 걸어오고 있다는 느낌. 어쩌면 그것은 사람의 냄새였는지도 몰랐다. 그것 뿐만이 아니었다. 보도 위를 구르는 바퀴 소리, 그것은 분명 페터 선생의 손수레 소리였다.

"전 선생!"

내가 고개를 돌리는 것과 동시에 귀에 익은 음성이 들려왔다. 나는 그 음성의 주인을 찾기 위해 잠시 눈을 두리번거렸다. 아, 거기에

202 ········ 거지 성자

한 사람의 그림자가 서 있었다. 우중충한 털모자를 깊숙이 눌러 쓴 채 누더기를 걸치고 있는 페터 선생의 모습이 눈에 들어오는 순간, 나는 그만 짤막한 신음을 토해냈다. 우리는 아무런 약속도 하지 않은 채 이 넓은 도시의 한가운데서 이렇게 만난 것이다.

20년 동안 터지고 해질 때마다 바느질로 기워 입은 누더기를 보면서 나는 잠시 숙연한 기분이 들었다. 갈라진 논밭처럼 기워진 선생의 누더기는 세상사에 휘둘려 균열된 내 자아가 묻어 있는 것 같았다. 선생의 남루한 누더기 앞에서 나는 오랜 세월 동안 끊임없이 솟아났던 욕망과 갈증이 한꺼번에 추락해 가는 것을 보았다. 나는 누구였던가, 또 나는 누구인가. 돈과 음식과 재물에 대한 번뇌 속에서 바싹 말라만 가는 그대는 누구인가?

"페터 선생님!"

"이게 얼마 만인가!"

"이렇게 길거리에서 우연히 만나다니…. 전혀 생각지도 못했습니다."

"찾으면 보이는 법이지. 아무튼 반갑네."

선생은 내 몸을 와락 끌어안으며 등을 토닥거려 주었다.

우리는 그 동안의 회포를 풀 겸 오스트아시아 박물관 옆의 드넓은 초원을 향해 발길을 옮겼다. 선생은 조금도 변한 것이 없었다. 선생은 여전히 작은 손수레에 추운 겨울밤을 지낼 식량과 옷가지를 넣고 다녔다. 우리는 달그락거리는 손수레 소리에 발을 맞추듯 가벼운 걸음으로 공원을 걸었다. 우리는 따스한 햇살이 내리쬐는 벤치에 앉아 한동안 서로의 얼굴을 바라보았다. 겨울이라 선생의 피부는 까칠하고 메말랐지만 건강한 모습이었다.

우리의 화제는 자연스럽게 불교 이야기로 넘어갔고, 마침내는 서울 한복판에서 벌어진 조계사 폭력사태로까지 이어졌다. 선생도 독일의 언론 매체를 통해 이 수치스런 사태를 잘 알고 있었다.

"참으로 어처구니가 없더군. 승려들이 종권을 얻기 위해 몽둥이를 든다는 것이 말이나 되는가? 신문에 실린 사진을 보면서 안타깝기 짝이 없었네."

나는 선생 앞에서 차마 얼굴을 들지 못했다. 그때 나는 대승불교가 일어날 당시 세친보살이 부르짖었던 말을 떠올렸다.

시대가 다가온다.
무명의 성난 파도가 넘치고
부처님의 가르침이
최후의 숨을 거두는 것처럼 보이는 시대가.

지금의 한국 불교를 바라보는 심정이야말로 세친보살처럼 절박한 것이 아닐 수 없었다. 내가 거북해 한다는 것을 눈치챘는지 선생은 돌연 화제를 바꾸었다.

"빠알리 성전을 번역하고 있다니 기쁘네. 위대한 성자들은 모두 자신의 말을 스스로 기록으로 남기지 않았지. 대개는 제자의 입을 통해 그 가르침이 전해졌네."

"하지만 빠알리 경전이 기록된 것은 붓다가 열반한 뒤 적어도 400~500년 뒤가 아닙니까?"

"아마 초기에는 제자들에 의해 가르침이 구전되었겠지. 하지만 아이머 박사의 말대로 빠알리 경전이 기록될 당시에는 붓다의 가르침이 더 이상 구전을 통해 보존되기 힘들다는 위기감이 있었을 걸세. 《자카타》를 독일어로 번역한 트렝크너는 빠알리 판본에 의지했는데, 그때도 각 판본들마다 조금씩 차이가 난다는 것을 발견했지."

"빠알리 경전의 번역은 제가 10년 동안 간절히 바란 것입니다. 아마 올해 안으로 몇 권은 출판할 수 있을 것입니다."

"아주 반가운 일이네."

이미 몇 년 전에 나는 앞으로의 계획을 선생에게 알리고, 작년에는 스님들의 후원으로 발간한 초기불교에 대한 저술을 우편으로 보낸 적이 있었다. 선생은 그 책을 본 대학의 인도학 교수인 아이머 박사에게 보냈고, 고맙게도 아이머 박사는 내게 감사의 답장까지 보냈었다. 선생이 빠알리 경전의 위대함을 일깨워 주지 않았다면, 나의 빠알리어 사전 편찬 작업이나 초기 불경의 역경작업은 전혀 이루어지지 못했을 것이다. 나는 그 점에 대해 선생께 늘 감사하고 있었다.

우리는 오스트아시아 박물관 근처의 숲을 가로질러 커다란 인공 호수 옆에 자리잡은 카페로 들어갔다. 카페 안은 텅 비어 있었다. 우리는 너른 창가에 있는 탁자에 마주 앉았다. 이음새 없이 통유리로 된 창은 너르고 깨끗했다. 우리는 의자에 앉아 환하게 트인 박물관의 정원과 아름다운 아헨너 바이어의 호수를 바라보았다. 내가 자리에서 일어나 카운터로 갔을 때 선생이 등뒤에 대고 소리쳤다.

"그륀너 테, 그륀너 테(녹차)!"

나는 빙긋이 웃으며 녹차를 주문했다. 선생과 나는 따뜻한 녹차를 마시며 서로의 가족에 대해 물었다. 나는 몇 년 전에 찍은 가족사진을 수첩에서 꺼내 선생에게 보여주었다. 선생은 두 아들의 모습을 보고는 매우 흡족한 표정을 지었다. 특히 동해안에서 찍은 가족사진을 보고는 아름다운 자연에 경탄했다.

"한국은 세계에서 가장 아름다운 자연을 갖고 있는 나라 가운데 하나라고 들었네."

우리는 해가 질 무렵에야 카페를 나와 쾰른 대학 도서관으로 향했다. 새해 벽두라서 그런지 도서관 문은 굳게 닫혀 있었다. 할 수 없이 우리는 도서관 낭하를 지나 잔디밭과 작은 소나무 정원이 있는 곳에서 발을 멈추었다. 선생은 먼저 낭하 밑에 수북히 쌓인 낙엽을 걷어내고는 깔개를 몇 장 꺼내 차가운 시멘트 바닥에 깔았다. 한바탕 빗줄기가 몰아치려는지 을씨년스러운 바람이 낭하 밑을 스쳐 지나갔다.

"여기서 주무셨습니까?"

선생은 말없이 10여 미터 거리에 떨어져 있는 소나무를 가리켰다.

"비가 오지 않으면 저 소나무 밑에서 잠을 자네."

키가 3미터쯤 되어 보이는 소나무는 한국에서 보았던 여느 소나무와 다를 바가 없었다.

"뭐 좀 먹겠나?"

내가 고개를 끄덕이자 선생은 자리에서 일어나 도서관 본관을 받치고 있는 커다란 원형 기둥 밑으로 걸어갔다. 그리고는 그곳에 묶어둔 보자기 꾸러미 두 개를 기둥에서 끌어내렸다. 무명 천으로 된 보따리는 비닐용 장바구니 대신에 사용하는 것이었다. 보따리를 풀자 과일과 야채들이 수북하게 쌓여 있었다.

"모두 비오라덴에서 얻은 것들이네."

선생은 보따리 안에서 낯선 과일 하나를 꺼내 보였다.

"그라나덴 아펠이지. 페르시아에서는 '나아'라고 불리는 과일인데 아주 귀하고 맛이 있네. 씨앗은 약용으로도 사용하지."

'나아'는 페르시아어로 불꽃을 뜻했다. 나는 선생이 건네주는 칼을 받아들고 가르쳐주는 대로 한가운데를 잘라먹었다. 아주 상큼하고 맛이 있었다. 나는 크림치즈와 빵을 꺼냈다. 10년만의 재회를 나누기에는 풍족한 만찬이었다.

나는 빵과 과일을 씹으며 잠시 하늘을 바라보았다. 갑자기 하늘이 어둑어둑해지는가 싶더니 이내 빗줄기가 쏟아지기 시작했다. 한 무리의 젊은이들이 비를 피해 도서관 낭하로 몰려들었다. 펜싱 클럽 학생들인 것 같았다. 그들은 걸인과 함께 식사를 나누는 나를 신기한 듯 바라보았지만 나는 전혀 개의치 않았다.

나에게 비술(秘術) 따위는 없네

빗방울이 점점 굵어지기 시작하자 나는 선생의 잠자리가 걱정스러웠다. 작년 11월, 내가 하와이에 잠시 머물고 있을 때 CNN 뉴스에서는 라니뇨 현상으로 유럽에 한파가 닥쳐 수많은 사람이 얼어죽었다는 소식을 연일 전하고 있었던 것이다. 그때도 나는 선생의 안부가 걱정되어 견딜 수가 없었다. 하지만 선생은 너무나도 태연했다.

"유럽에 한파가 닥쳤을 때도 이곳은 영하 7~8도 밖에 되지 않았네. 한 친구가 내 걱정을 했는지 라이프니츠에 관한 논문을 쓰는 데 도움을 달라고 하더군. 그래서 그 친구 집에서 일주일 정도 묵었지. 하지만 영하 18도까지 내려갔을 때에도 난 늘 저 소나무 밑에서 지냈네."

나는 선생의 놀라운 체력과 인내력에 감복하지 않을 수 없었다. 그 추운 밤에도 밤하늘의 별을 벗삼을 수 있는 것일까. 일년 내내 무더운 인도나 스리랑카의 수행자와는 비교할 수도 없는 고행이었다. 나는 선생이 혹시 미라래빠처럼 신비로운 호흡법을 갖고 있는 것이 아닌가 하는 생각이 들었다. 그렇지 않다면 그런 초인적인 힘을 가질 수 없다고 생각했던 것이다. 그러나 페터 선생의 대답은 의외였다.

"나에게 그런 비술 따위는 없네."

그러면서 선생은 자신이 어렸을 때 겪은 신비한 체험을 들려주었다. 선생이 열두 살 때였다. 그날 선생은 침대에 누워 있었는데 침대 오른쪽에 창문이 있었고 왼쪽에는 벽이 있었다. 그때 선생은 침대에 누워 생각했다.

'오른 쪽에는 창문이 있고 왼쪽에는 벽이 있다.'

그 순간 선생을 사로잡는 강렬한 의문이 생겨났다.

'머리와 다리를 반대로 하면 어떻게 될까?'

그래서 선생은 침대에서 일어나 반대로 돌아누웠다. 그러자 선생은 왼쪽에 창문이 있고 오른쪽에는 벽이 있는 것을 알았다. 호기심이 생겨난 선생은 더욱 강렬한 의심을 품게 되어 그 행위를 계속 반복했다. 얼마나 시간이 흘렀을까. 어느 순간 선생의 호흡은 멎어 있었고, 그때 선생은 자신과 침대와 방과 세계가 하나의 점과 빛 속으로 완전히 사라지는 것을 경험했다.

잠시 후에 의식을 차렸을 때, 선생은 다시 일상적인 세계로 돌아왔다. 어린 소년에게 그것은 너무나 경이롭고 신비로웠으며, 또 두려운 체험이었다. 이후 선생은 일부러 그런 신비체험에 몰입하지 않았다.

"붓다는 모든 것이 환상에 불과하다고 했네. 나는 신비적인 체험이나 명상에 관해서는 흥미가 없네. 거기에 의미를 부여하는 것도, 그러한 기술을 의도적으로 추구하는 것도 아무런 가치가 없는 일이네. 중요한 것은 붓다의 가르침을 그대로 실천하는 것이지. 그러면 모든 것이 저절로 드러나는 법일세. 모든 신비적인 체험은 단지 상징이고, 궁극적으로는 환상에 불과하네."

그러면서 선생은 중국 선사들의 화두 한 가지를 들려주었다. 어느 날 두 사람의 수행자가 길에서 만났다. 두 사람은 여행을 함께 하기로 하고 길을 가다가 커다란 강물을 만났다. 두 수행자는 나룻배를 찾았으나 어디에도 보이지 않았다. 그러자 젊은 승려가 도력을 과시하기라도 하듯 물위를 걷기 시작했다. 그러면서 늙은 승려를 비웃듯이 이렇게 말했다.

"어서 건너오시지요."

그러나 노승은 가만히 고개를 가로 저으며 말했다.

"나는 여기서 기다리겠네."

젊은 승려는 물위로 걸어 강물을 건너갔다. 그러자 노승은 혀를 차면서 혼잣말을 되뇌었다.

"저런 철없는 아이와는 함께 길을 갈 수 없겠군."

나는 선생의 말에 약간의 의구심이 들었다.

"선생님도 '싸티빠타나'를 실천하지 않습니까?"

싸티빠타나는 위빠싸나의 기초가 되는 명상으로 '마음새김의 토대'라고 번역할 수 있었다.

"물론이네. 여호와가 아브라함에게 이렇게 말했지. '나는 전능한 자, 전능한 주이다. 나의 현존 앞에서 유행하라, 완전하라'라고…. 그 의미가 무엇이겠나? 움직이거나 머물거나 앉아 있거나 누워 있거나 '나의 현존 앞에서'라는 마음새김을 실천하면, '나'라는 것이 완전히 사라지기 때문에 비로소 공(空)이 실현되네. '나의 현존 앞에서'라는 말이 바로 마음새김이 아니고 무엇이겠나? 절대적인 존재 앞에서 무(無)가 될 수 있다면 그것이야말로 싸티빠타나의 세계이지. 예수는 말했네. 하나님에게 자신의 영혼을 바치지 않는 자는 자신의 영혼을 잃을 것이라고…. 바로 거기에 궁극적인 마음새김이 자리잡고 있는 것일세."

"싸티빠타나에도 호흡 방법이 있지 않습니까?"

"호흡은 출발에 불과하네. 싸티빠타나는 누구나 수행할 수 있는 자명한 관찰을 의미하는 것이지. 단지 호흡은 붓다가 가르친 몸·느낌·마음·다르마(法)에 대한 새김 가운데 몸에 해당할 뿐이네."

선생은 문득 붓다의 가르침을 암송했다.

"수행승들이여, 여기 한 수행승이 있어, 정근하며, 분명히 알고, 올바로 새겨, 세상의 욕망과 근심을 버리고 몸을 관찰하는 것이다. 정근하며, 분명히 알고, 올바로 새겨, 세상의 욕망과 근심을 버리고 느낌을 관찰하는 것이다. 정근하며, 분명히 알고, 올바로 새겨, 세상의 욕망과 근심을 버리고, 마음을 관찰하는 것이다. 정근하며, 분명히 알고, 올바로 새겨, 세상의 욕망과 근심을 버리고, 다르마를 관찰하는 것이다."

선생은 잠시 숨을 고른 후 다시 입을 열었다.

"마음새김의 길은 곧 중생을 청정하게 하고, 슬픔과 비탄을 초월하고, 고통과 근심을 멸하고, 올바른 길에 들어서서 열반을 증득하기 위한 에카야노 막고(一乘道)이네. 자네도 알다시피 호흡은 긴 들숨과 날숨을 관찰하는 것과 짧은 들숨과 날숨을 관찰하는 것이지. 즉 숨이 들고 나는 것을 그 길고 짧음을 알아채면서 마음에 새기는 것이네. 여기서 주의할 것은 호흡을 임의로 조정하려고 해서는 안된다는 것이지. 자연스럽게 해야 하네. 이 호흡법의 핵심은 호흡 자체에 있는 것이 아니라 호흡을 관찰하면서 호흡의 행위를 알아차리고 마음에 새기는 것이지. 마음새김이 점점 깊어지면, 들숨과 날숨의 모든 과정을 관찰할 수 있네. 다음에는 전신(全身)을 분명히 지각하면서 호흡하는 단계이며, 그 다음에는 육체적인 기능이 고요해지면서 호흡이 극도로 미세해지고 청정하게 되는 것을 관찰하는 것이지. 몸을 관찰할 때 중요한 것은 걷거나(行), 서 있거나(住), 앉거나(坐), 누워 있거나(臥)를 막론하고 마음에 새겨 세밀히 관찰해야 하는 것일세. 걸을 때는 걷는다는 것을 알고, 서 있을 때에는 서 있는 것을 알며, 자세를 바꿀 때에는 바꾸는 것을 아는 것이지. 그리고 가고 오거나, 앞을 보거나 옆을 보거나, 굽히거나, 펴거나, 옷을 입거나, 먹고 마시거나, 대소변을 보거나, 잠거나, 깨거나, 말하거나, 침묵하거나 그러한 과정을 충분히 깨닫고 마음에 새기는 일이 중요하네. 몸에 대한 관찰 없이 오랜 세월을 아무 곳에서나 잠자는 것은 불가능하네. 붓다가 가르친 이 호흡 관찰법은 단순한 것 같지만 심오한 의미를 갖고 있지."

그러면서 선생은 무하딘 이븐 알 알라비가 가르친 호흡법을 간략히 소개했다.

"바람에 대하여 생각하라. 바람은 한 번 불면 가벼운 것들을 허공으로 쓸어 올린다. 바람은 꽃의 향기와 씨앗을 대지에 뿌려놓아 새싹을 돋게 한다. 하지만 호흡은 우리를 이 세상으로 옮기고 우리를 이 세상 밖으로 실어 나른다. 그대는 날마다, 그리고 매순간마다 삶이 다할 때까지 실천해야 한다…. 먼저 그대는 몸이 있다는 생각을 버림으로써 육체를 정화시키는 방법을 배워야 한다. 그러면 그대는 결코 눈으로 볼 수 없는, 육체가 형성되는 주형(鑄型)에 도달할 수 있을 것이다. 그대가 스스로를 정화시키는 것을 배우면 명료하게 볼 수 있는 능력이 생긴다. 근원적으로 우리를 갈라놓고 있는 것은 생각이다. 그대의 허리를 곧게 펴라. 그리고 호흡이 들고 나는 것을 관찰하라. 그것은 쉬워 보이지만 매순간 다르게 나타난다. 이 단계에 이르기까지 많은 수련이 필요하다. 호흡이 들고 나는 길을 쫓는데 성공하면 그대는 이리저리 나부끼는 생각을 정복할 수 있다. 그대가 진리를 보는 것을 원하지 않더라도 세계의 무상함을 깨달을 수 있다. 그대는 그대의 생각이 아닌 것과 마찬가지로 그대의 느낌이나 육체가 아니다…. 결코 잊어서는 안 된다. 그대가 참 자아를 갖지 못하면 잘못된 길로 들어서게 된다. 그러나 그대가 늘 깨어 있어 호흡을 하고 마음에 새긴다면 그대는 내적인 실재에 도달할 수 있다. 호흡은 평생 동안의 수행을 요구한다. 그대가 호흡의 리듬과 성격과 배치를 이해하면 그대의 삶을 바꿀 수 있을 것이다. 대부분의 사람들은 매순간 다시 태어난다는 사실을 모르고 있다. 호흡은 바로 다시 태어나기 위한 기회이자 과정인 것이다.

"여기서 알라비도 자연스럽게 호흡하라고 가르치고 있지. 다시 말하네만 호흡법의 핵심은 호흡하는 방식에 있는 것이 아니라 호흡을 관찰하는 것이네. 호흡의 관찰은 명상의 기초이자 토대이지."

나는 호흡과 명상에 대한 선생의 해박한 지식에 놀랐다. 나 역시 오랜 세월 동안 명상을 수행하면서 호흡에 대해서는 꽤 많이 알고 있다고 자부하던 터였다. 하지만 선생은 이론이 아니라 삶 그 자체를 통해서 청정한 수행이 어떤 것인지 보여주고 있었다. 선생은 계속 말을 이었다.

"몸에 대한 관찰 중의 하나가 실재적인 모습을 분석적으로 마음에 새기는 일이네. 그 가운데는 여러 부정물(不淨物)로 가득 찬 신체의 각 부분이나 장기에 대한 관찰, 땅·물·불·바람으로 구성된 신체에 대한 관찰, 그리고 무덤에 버려진 사체에 대한 관찰이 있지. 이 것은 육체적 쾌락이나 성적 충동을 소멸시키는 데 중요한 역할을 하네. 즉 몸을 감각적으로 인식하려는 지각의 토대를 무너뜨림으로서 육체적인 쾌락의 욕구를 소멸시키는 방법이지. 붓다는 두 개의 구멍을 가진 부대자루에 들어 있는 곡물을 비유로 들었네. 몸은 곧 32가지의 더러운 것으로 가득 차 있는 부대자루라 할 수 있지. 그것을 하나씩 꺼내 부정(不淨)함을 관찰함으로써 감각적인 욕망을 영원히 소멸시키는 것일세."

선생이 말한 서른 두 가지의 더러운 것이란 머리카락, 몸털, 손톱, 이빨, 피부, 힘줄, 근육, 뼈, 골수, 신장, 심장, 간장, 늑막, 비장, 폐, 창자, 장간막, 위장, 배설물, 담즙, 가래, 고름, 피, 땀, 지방, 눈물, 임파액, 침, 점액, 관절액, 오줌을 말하는 것이었다. 선생의 가르침은 계속 이어졌다.

"유럽의 요가 수행자들 가운데는 이런 수행을 혐오하는 무리들이 있지만 그들은 명상에 관하여 실제로 아무 것도 모르네. 어쩌면 셰익스피어는 본질을 꿰뚫고 있었는지도 모르지. 기억하겠지만 셰익스피어는 증오로 걸러진 것이야말로 더욱 좋은 것이라고 하지 않았던가? 생각해보게. 많은 사람들이 호흡을 통해 불로장생을 원하지만 붓다는 그것을 목적으로 하지 않았네. 붓다는 갈애(渴愛)에 허덕이는 육체를 관찰하면 '나' 또는 '나의 것' 또는 '나는 있다'라는 인식이 성립되지 않는다고 말했네."

선생은 다시 느낌과 마음, 다르마에 대한 관찰로 화제를 옮겼다.

"느낌에 대한 관찰은 육체적 혹은 정신적으로 즐겁거나, 괴롭거나, 중성적이거나 하는 느낌을 항상 알아채는 것일세. 또 마음에 대한 관찰은 탐욕, 성냄, 어리석음의 유무나 산란하거나 집중되어 있는 마음의 상태를 명확히 알아채는 것을 말하네. 이러한 관찰을 통해서 우리는 마음의 불안을 극복할 수 있지. 하지만 보다 궁극적인 것은 다르마에 대한 관찰이네. 이것은 모든 것이 함께 생겨나고 함께 사라지는 것을 관찰하는 것으로, 몸이나 느낌이나 마음에 대한 관찰보다는 한 걸음 더 나아간 것이네. 말하자면 연기(緣起)에 대한 관찰을 통해 '나' 또는 '나의 것' 또는 '나의 자아'가 없다는 사실을 확연히 깨닫는 것이지."

선생의 말이 끝날 때까지 나는 미동도 할 수 없었다. 선생의 가르침은 그 동안 내가 생각해 왔던 수행방법의 이론을 뿌리째 뒤흔들어 놓는 것이었다. 나는 너무나 골똘히 생각에 잠겨 있던 나머지 선생이 자리에서 일어서는 것조차 알아차리지 못했다. 페터 선생은 빗방울이 듣는 처마를 바라보며 카비르의 시 한 구절을 읊었다.

"사자가 울부짖지 않고 새들이 날지 않는 숲 속에서, 낮도 밤도 없는 그 숲 속에서, 나는 홀로 황홀하게 지낸다."

그 시가 무엇을 의미하는지 나는 정확히 알 수 없었다. 단지 나는 재회 첫날의 가르침을 화두처럼 가슴에 품은 채 선생의 배웅을 받으며 숙소로 돌아왔다.

초대하려면 벼룩까지 불러야지

숙소에 돌아온 다음에도 나는 좀처럼 잠을 이룰 수가 없었다. 페터 선생과의 재회로 인한 가슴 설렘 때문만은 아니었다. 유학시절 그 많은 시간을 선생과 함께 하면서 왜 그같은 가르침을 청하지 않았던가. 나는 선생과의 소중한 만남을 무심히 지나쳤던 지난 시절이 너무나 후회스러웠다. 나에게 주어진 시간은 많지 않았다. 독일을 떠나기 전에 선생에게서 더 많은 것을 얻어내야 한다는 생각 때문에 나는 점점 조급해졌다.

다음날 아침, 나는 간단히 아침 식사를 마치고 서둘러 쾰른 대학으로 향했다. 선생의 잠자리는 텅 비어 있었다. 도서관 2층 열람실에 들러 보았지만 선생의 모습은 보이지 않았다. 30여 분간을 도서관 앞에서 기다렸지만 선생은 나타나지 않았다. 나는 점점 불안해지기 시작했다. 나는 도서관을 나와 낭하를 따라 걷기 시작했다. 문득 낭하의 한쪽 끝에 구부정하게 앉아 있는 선생의 모습이 보였다. 나는 가만히 가슴을 쓸어 내리고 느린 걸음걸이로 선생에게 다가갔다. 선생은 늘 그래왔듯이 떨어진 누더기 옷을 깁고 있었다.

"여기 계셨군요."

"다른 데서 찾은 모양이군. 두 시간 동안이나 여기에 앉아 있었는걸."

선생은 차가운 시멘트 바닥에 얇은 신문지를 깔고 그 위에 앉아 열심히 바느질을 하고 있었다. 처음 내가 선생의 망토를 보았을 때는 검은 색이었다. 그러나 17년의 세월이 흘러 버린 지금 선생의 망토는 천연색의 지도처럼 되어 버렸다. 해진 곳이 있으면 다시 천을

대고 기웠기 때문이었다. 그런데도 누더기 망토는 그런 대로 품위가 있어 보였다. 천의 색깔이 잘 조화되어 누더기 전체가 쪽빛을 띠고 있었던 것이다. 바지와 멜빵이 달린 속옷도 처음에는 검은 색의 골덴 바지에 멜빵을 단 것이었으나 지금은 엷은 고동색의 천 조각을 수없이 기워놓아 완전히 새로운 옷이 되어 있었다. 선생은 여러 개의 바늘이 꿰진 실패를 어루만지며 자랑을 늘어놓았다.

"판람이라는 라오스 청년이 선물했지. 연극배우를 지망하는 청년인데 얼마 전 독일로 귀화했네."

선생은 보물을 다루듯 실패를 이리저리 돌렸다. 색색의 작은 실패들이 차례로 회전하면서 실을 뽑아낼 수 있도록 만든 것이었다.

"내겐 과분한 것이야. 거지에게는 어울리지도 않는 천연색 실이지. 내게 필요한 것은 굵은 실이거든. 하지만 성의를 무시할 수 없어 받았네."

색색의 실마저 과분한 것으로 여기는 선생의 모습에서 나는 다시 한번 감동을 맛보았다. 내게도 색색의 실은 선생에게 어울리지 않아 보였다. 실이 너무 가늘어서 금방 틀어질 것만 같았다. 사실 선생은 낡은 망토와 속옷을 수선하는데 너무나 많은 시간을 소모하고 있었다. 오늘 선생은 속옷을 수선하느라 여분의 옷을 입고 있었다. 멜빵이 달린 파란 바지에 털스웨터 차림이었다.

"지금 입고 있는 옷은 한 노인이 선물한 것이네. 그 노인은 90살 먹은 모친을 모시고 사는데 요즈음 세상에선 드문 일이지. 이렇게 옷을 깁고 있을 때는 노인이 선물한 옷을 입네."

선생이 옷을 깁고 있는 동안 나는 자리에서 일어나 소나무가 띄엄띄엄 심어져 있는 작은 둔덕을 걸었다. 무성한 갈대로 덮인 인공호수 위로 육중한 도서관의 그림자가 덮고 있었다. 도심지임에도 불구하고 밤이 되면 공원 곳곳에 여우가 출몰했기 때문에 나는 선생의 잠자리가 걱정되었다.

내가 호수를 한 바퀴 돌고 왔을 때, 동양인 유학생 부부가 다가와 선생에게 인사를 했다. 알고 보니 한국인 유학생들이었다. 우리는 반가움을 나누면서 서로에게 인사를 건넸다. 그들은 내가 선생을 뵈러 독일을 방문한다는 말을 듣고 선생이 매우 즐거워하셨다고 말해 주었다. 그들 부부는 선생과 나를 초대하고 싶다는 의사를 밝혔지만 선생은 정중히 거절했다. 부부는 몹시 서운한 눈치였다. 부부가 떠난 후 나는 선생에게 물었다.

"왜 초대를 거절하셨습니까? 몹시 서운해하는 눈치던데요."

"식량을 넣은 꾸러미를 나무 위에 걸어 놓았더니 쥐들이 들끓기 시작하더군. 그래서 보다시피 식량 꾸러미를 도서관 기둥 위에 묶어 두었네. 하지만 그 이후로 내 몸에 벼룩이 생기기 시작했지. 죽일 수도 없고 해서 피를 공양하며 그럭저럭 공생하고 있는 터에 남의 집에 가면 벼룩이 퍼질 게 아닌가. 벼룩까지 초대했으면 몰라도…."

나는 터져 나오는 웃음을 애써 참아냈다. 순간 나는 《자타카》에 나오는 이야기를 떠올렸다. 부의 여신과 가난의 여신은 자매지간이었다. 그래서 자매는 항상 같이 다녔다. 그런데 어느 집에서 부의 여신을 초대했다. 가난의 여신도 언니를 따라 초대한 집에 따라갔다. 그러자 집주인은 가난의 여신이 온 것을 알고 그녀를 쫓아내고 말았다. 부의 여신은 늘 함께 다니던 동생이 쫓겨나는 것을 보고 그 집에 들어가지 않았다. 결국 집주인은 가난을 쫓아내긴 했지만 부를 얻지는 못했다.

선생은 속옷과 망토를 다 수선한 뒤에 낭하의 기둥 중간에 매달아 놓은 식량꾸러미를 내렸다. 여느 때나 다름없는 식사였지만 이번에는 '포레'라고 불리는 파가 있었다. 선생은 파를 한줄기 베껴 내어 차곡차곡 껌처럼 접어서 입에 넣었다. 선생이 매운 파를 먹는 것은 처음 보았다.

"아니, 선생님은 파도 날 것으로 먹습니까? 마늘이나 파는 강장제가 아닙니까?"

나는 수행자가 파나 마늘 같은 것을 먹어서는 안 되는 것으로 알았기 때문에 그렇게 물었다. 선생은 오히려 나를 이상한 눈으로 바라보며 말했다.

"내가 알고 있기로는 붓다가 마늘 먹는 것을 금지한 것은 강장제이기 때문이 아니네.《맛지마 니까야》에 의하면 어떤 비구니가 밭에 들어가 마늘을 캐 먹다가 주인에게 들켰네. 붓다가 마늘을 먹지 못하게 한 것은 아마도 그 때문일 걸세. 파에 대해서도 마찬가지의 이유가 있을 걸세."

선생은 빵을 제외하고는 모든 것을 날 것으로 먹었다. 나의 건강이 좋지 않다는 것을 알고 있던 선생은 내가 생식(生食)을 하기를 바랐다. 내게 숙소를 제공하고 있는 B로부터 《위대한 건강-콘쯔》라는 책을 건네 받은 것도 선생의 그런 마음 씀씀이 때문이었다. 페터 선생은 내가 독일을 방문한다는 소식을 듣고 1500페이지나 되는 그 책을 구입했다. 돈 한푼 없던 선생은 그 책을 선물하기 위해 부지런히 유리병을 주워 모았다. 그렇게 모은 유리병을 팔아 책을 산 다음 B에게 내가 도착하면 전해 달라고 부탁했던 것이다.

그 책은 근본 치유에 관한 것으로 위암에 걸려 사형선고를 받았던 한 환자가 현대 의학의 허구성을 고발하는 내용이었다. 그 환자는 현대의학을 거부하고 과일과 야채만을 먹는 근본식을 통해서 자신의 질병을 극복해냈다. 일찍이 독일에서는 녹색운동과 더불어 생식이 조금은 보편화되어 있었다. 식당에 가면 대부분의 야채는 날 것으로 샐러드를 만들어 제공했으며 심지어는 비린 맛이 나는 콩나물까지 날 것으로 내놓고 있었다.

나는 붓다도 생식을 했는지 궁금해졌다. 선생은 배추의 잎사귀를 하나하나 뜯어 입 안에 넣으며 말했다.

"확실히 알 수는 없지만 붓다는 숲 속의 은자(隱者)였으므로 당연히 생식을 했으리라고 생각하네. 더구나 율장(律藏)에는 모든 수행자는 불을 지펴서는 안 된다고 기록되어 있네. 그러니 음식을 끓여먹지 않았으리라는 것은 자명한 것이 아닌가? 물론 붓다가 탁발을 할 때는 모든 음식을 받아먹었지."

"그것은 불살생(不殺生)의 계율 때문이 아니었을까요?"

"물론 생명에 대한 경외가 포함되어 있었겠지. 붓다는 하루에 한 번 적은 양의 식사만으로도 만족해했네."

"인류가 언제부터 화식(火食)을 한 것일까요?"

"정확히 알 수는 없지만 그리 오래되지는 않았을 것일세."

"전염병을 예방하는 차원에서 음식을 익혀 먹은 게 아닐까요?"

"콘쯔에 의하면 인간은 태어날 때부터 대자연에 적응하도록 되어 있네. 오히려 생식은 세균에 대한 저항력을 높여 주지."

나는 선생과의 대화를 마저 끝내고 싶었지만 몸이 추워 견딜 수가 없었다. 영하의 추위 속에서 선생이 하루종일 바느질을 할 수 있다는 것 자체가 이해하기 힘들었다. 나는 선생을 남겨두고 재빨리 도서관 로비로 향했다. 잠시 몸을 데우고 다시 나올 참이었다.

내가 언 손을 녹이고 도서관 로비에서 나왔을 때 어떤 백인 청년 하나가 선생과 대화를 나누고 있었다. 그 청년은 오렌지와 과일들이 가득 담긴 장바구니를 가져와 선생과 나누어 먹고 있었다. 선생이 청년에게 나를 소개시켜 주었다.

알고 보니 그 청년은 데니스라는 터어키계 독일 학생으로 사회학을 공부하고 있었는데, 선생의 가르침대로 생식을 한 결과 건강이 매우 좋아졌다며 호들갑을 떨었다. 그러면서 청년은 주로 과일과 초콜렛을 먹는다고 자신의 생식 비법을 소개했다. 초콜렛을 먹는다는 말에 나는 한바탕 웃음을 터뜨렸다. 청년은 몇 개의 오렌지를 남겨놓고 사라졌다.

"생식을 한다는 사람이 웬 초콜렛입니까?"

나는 혀를 빼물며 고개를 내저었다. 선생도 빙긋이 미소를 머금었다.

"성인이 되어서도 초콜렛을 먹는 것은 어린 시절에 사랑이 결핍되었기 때문이네. 담배나 알코올도 결핍된 것을 채우려는 욕망에서 비롯된 것이지."

낙타의 방울이 길을 재촉할 때

다음날 아침은 영하 7도까지 내려갔다. 살을 에는 추위에도 불구하고 나는 도서관 앞으로 선생을 뵈러 갔다. 선생은 어김없이 마른 빵과 야채로 아침식사를 하고 있었다. 근엄한 자세로 땅바닥에 앉아 음식을 씹는 모습은 히말라야의 설산(雪山)에 앉아 수행하는 구루처럼 보였다. 선생의 입에서 허연 입김이 쏟아져 나왔다. 그 모습이 마치 외양간에서 되새김질하는 황소 같아 나는 한동안 걸음을 멈추고 선생을 바라보았다.

한겨울인데도 선생의 앞에는 '아이베라'라는 사철나무 숲이 섬처럼 놓여 있었다. 나는 식사를 하고 나온 터여서 선생의 식사가 끝날 때까지 주위를 몇 바퀴 돌았다. 마침 인공호수위로 눈발이 날리기 시작했다. 음식을 씹던 페터 선생이 내 등뒤에서 소리쳤다.

"호수 위에 시멘트로 만든 바위를 보게."

선생이 가리키는 곳을 살펴보니 큰 돌덩이 위에 흙덩이 같은 것이 세 뭉텅이가 모여 있었다.

"그게 뭔지 아나?"

"글쎄요?"

"샤이세일세."

'샤이세'란 똥이라는 말인데 독일에서는 가장 모욕적인 욕 가운데 하나였다.

"쾰른 대학을 건설할 때 한 위대한 건축가가 만든 작품 가운데 하나이네."

"작품이라구요?"

나는 어이없다는 표정으로 그렇게 반문했다.

"도서관 앞에 똥을 만들어 놓은 것은 산업사회의 앞잡이 노릇을 하는 대학과 아카데미즘을 통렬하게 풍자한 것일세."

쾰른 대학은 독일의 국립대학 가운데서도 가장 오래된 대학이었다. 이 대학은 1388년에 설립되었다가 1798년 나폴레옹 시대에 문을 닫았다. 그러다가 1919년 콘라드 아데나워 시장이 대학을 복원하여 오늘에 이르고 있었다. 특히 도서관 건물과 인문학부 건물은 2차대전 후에 지어진 것이었다. 1919년 대학이 다시 문을 열었을 때 학생들은 탄광이나 공장에서 일하면서 학비를 마련해야 했다.

선생은 다시 맞은편 건물의 벽을 가리켰다.

"무엇이 그려져 있는가?"

나는 선생의 손가락을 따라 시선을 옮겼다. 건물 벽에는 온통 연기 나는 굴뚝과 공장 건물들이 그려져 있었다. 예전에 몇 년 동안이나 이곳에서 지냈음에도 불구하고 무심코 지나치던 부조(浮彫)였다.

"저 부조 역시 대학이 지식을 다루는 공장에 불과하다는 것을 풍자한 것일세. 지식은 언제든지 산업자본에 의해 조작될 수 있고, 그러한 지식의 틀을 제공하는 것이 대학이라는 의미가 아니겠나?"

선생은 다시 호수를 가리켰다.

"호수의 수면을 보게. 대개 호수의 수면은 지면보다 낮은 것이 상식이 아닌가? 하지만 이 호수의 수면은 지면보다 훨씬 높게 만들어져 있네."

"그렇군요."

"아카데미즘이 반영하는 것은 굳건한 대지가 아니라 이상과 관념의 세계라는 것을 보여주는 것이네. 저 호수의 수면에서는 우리의 발을 볼 수 없네. 우리의 발보다 수면이 더 높기 때문이지."

"그럴 듯한 해석이군요."

"이 도서관을 지은 건축가는 도서관 지붕 위에 빗물을 저장할 수 있는 탱크를 만들고 일정한 간격으로 물방울이 수면 위로 떨어지도록 만들었네. 이 호숫가에 앉아 있으면 물방울이 한 방울씩 떨어지며 만들어 내는 동심원을 볼 수 있지. 그 물방울이 일으키는 파문은 저 샤이세에 가서 부딪치게 되지."

선생도 자신의 발상이 우습게 느껴졌는지 호탕한 웃음을 터뜨렸다. 선생의 섬세한 관찰과 직관은 놀라운 것이었다. 선생의 설명을 들으면서 나는 이 대학을 설계한 건축가가 위대한 예술가였을지도 모른다는 생각을 했다. 마치 그것은 쾰른 대성당의 위대함을 풍자한 하인리히 하이네와 그 조롱기 섞인 시를 안내책자에 실은 독일인들의 비판정신을 대변하는 것처럼 보였다.

"이번에는 도서관의 외벽이 어떻게 생겼는지 살펴보게."

"네모난 벌집 모양의 창문들이 꽉 들어차 있군요."

"벌집이 아니라 사팔뜨기의 눈일세. 때문에 이 건물이 준공이 되었을 때 많은 비난이 쏟아졌지. 대학의 학문이라는 것이 사팔뜨기들이 관찰한 것을 연구하는 것이고, 도서관이란 그것을 집대성한 곳이라는 뜻이지."

선생은 다시 도서관 낭하의 천장을 가리켰다.

"시멘트로 된 천장이긴 하지만 여러 개의 천막을 쳐놓은 것 같은 모습을 하고 있네."

"맞습니다."

내가 수긍하자 선생은 문득 하피스의 시구를 읊었다.

"'카라반의 처소에서 매순간 낙타의 목에 달린 방울이 떠날 것을 재촉한다면, 내가 사랑하는 님의 천막에서 쾌락을 즐길 수 있을까?'"

내가 고개를 갸우뚱거리며 하피스의 시를 음미하고 있을 때, 선생이 다시 말을 이었다.

"현대의 학문은 인간의 편리함과 쾌락만을 추구하고 있네. 그러나 그것이 욕망의 사막 한가운데 놓인 카라반의 천막인 것을 안다면,

우리는 빨리 그곳을 떠나지 않으면 안되네."

선생은 나에게 썩은 사과를 깎아 내밀었다. 나는 선생이 깔아놓은 깔개 위에 앉아 사과를 먹기 시작했다. 그때 음식 찌꺼기를 싸기 위해 깔아 놓은 신문지에 무심코 눈길이 닿았다. 《프랑크푸르트 알게마인》지였다. 신문에는 2차 대전 때에 야마시타라는 일본의 해군 제독이 아시아에서 약탈한 보물을 일본으로 운반하다가 실종되었다는 보물선에 관한 기사가 실려 있었다. 이어 신문은 수십 억 달러에 달하는 보물을 찾아 나선 네 사람이 마닐라 북쪽 30킬로미터 지점에 있는 한 동굴에서 실종되었다는 소식을 전하고 있었다. 나는 신문을 들어 선생에게 기사를 읽어주었다. 그리고는 내가 잘 아는 한국인 한 사람이 그 야마시타의 보물을 찾아 한평생을 헤매고 있다고 말했다.

선생은 내 말을 듣고는 명쾌하게 한마디로 정리했다.

"헤라클레이토스가 말했네. 황금을 찾는 사람들은 많은 먼지를 뒤집어쓰고 발견하는 것은 아주 적다고 말이야."

선생은 한시간 반이 지나서야 아침식사를 끝냈다. 날씨가 얼마나 추운지 양복바지 하나만 걸친 내 다리가 자꾸만 후들후들 떨렸다. 호수 위의 살얼음 위로 차곡차곡 눈발이 쌓이고 있었다. 선생은 망토를 걸치고 깔개를 접어 챙겼다. 정오 무렵이 되자 구름에 가렸던 햇살이 모습을 드러내고, 날씨도 한결 따뜻해졌다. 선생은 늘 하던 대로 손수레 위에 무명으로 된 장바구니를 올려놓았다.

"나를 따라오게."

우리는 호숫가를 지나 대학 건물들 사이를 가로질러 걸었다. 공장 부조가 새겨진 건물 오른편에는 육중한 시멘트로 만든 커다란 테이블과 의자들이 듬성듬성 놓여 있었다. 테이블은 모두 다른 모양을 하고 있었다. 모서리가 일치하지 않는 오각형에다가 한쪽에는 뚱뚱한 사람이 음식을 서비스할 수 있도록 움푹 패인 공간을 만들어 놓았다. 대학을 설계한 건축가는 대학 곳곳에 아카데미즘에 대한 풍자를 새겨놓은 것이다.

선생은 대학을 나와 룩셈부르크 가로 이어지는 바이어탈 가를 걸었다. 오른 쪽으로 조그마한 마을 공원이 있었고, 맞은 편에는 쾰른에서 가장 오래되었다는 무공해 식품점이 있었다. 1980년대부터 들어서기 시작한 무공해 식품점 비오라덴은 점점 늘어나는 추세였다. 그곳에서는 각종 농산물뿐만 아니라 방부제가 섞이지 않은 흑빵과 우유, 요구르트 등을 팔고 있었다. 선생은 '바스 디 보이메 자 겐(나무들이 말하는 것)'이라는 간판이 붙은 비오라덴으로 들어섰다.

가게에 들어서자 젊은 여자 점원이 선생을 반갑게 맞이했다. 선생은 그 여자 점원에게 나를 소개시켜주었다.

"최근 몇 년간은 이 비오라덴에서 신세를 졌지."

그러면서 선생은 그 여자 점원에 대해 간략히 설명했다. 그녀는 대학에서 연극학으로 석사학위까지 받았는데 전공에 맞는 직장을 구하지 못해 이 가게에서 일한다고 했다. 여자 점원은 오랫동안 페터 선생을 친절하게 대하며 팔다 남은 것을 후하게 보시했다고 한다.

우리가 서서 대화를 나누는 동안 청바지 차림의 한 중년 남자가 달갑지 않은 눈초리로 우리를 지켜보고 있었다. 우리는 서둘러 여자 점원에게 작별인사를 하고 가게를 빠져 나왔다.

"아까 그 청바지 차림의 남자가 가게 주인이네. 2년 전이었던가? 여자 점원이 유통기한이 지난 것을 내게 주는 것을 주인이 보았지. 그 때문에 그 점원은 주인에게 좋지 않은 소리를 들었네. 그 이후로는 그 가게를 찾아가지 않았지. 그래서 지금은 멀리 떨어진 린덴탈의 비오라덴에서 먹을 것을 구하고 있네."

그날 선생과 나는 쾰른 시내를 무작정 걸었다. 목적지도 있을 리 없었다. 하지만 나는 선생이 남긴 발자국마다에서 이 세계를 훌쩍 초탈해 버린 성자의 체취를 느낄 수 있었다. 선생은 비오라덴의 주인을 빗대면서 장자 이야기를 들려주었다.

장자의 친구 혜자가 양나라에서 재상을 하고 있을 때였다. 어느 날 장자가 친구를 찾아가려 하자 어떤 사람이 혜자에게 말했다.

"장자는 필시 재상 자리를 빼앗으러 오는 것입니다."

놀란 혜자는 사흘 동안 장자를 찾기 위해 나라 안을 수색했다. 그 소식을 들은 장자가 친구에게 찾아가 말했다.

"남방에 원추라는 새가 있는 것을 아는가. 그 새는 남해에서 떠서 북해로 날아가는데 오동나무가 아니면 앉지를 않고, 대나무 열매가 아니면 먹지를 않고, 달디단 샘물이 아니면 마시지 않는다고 하네. 이때 썩은 쥐를 먹고 있던 솔개가 원추가 지나가는 것을 보고 겁을 주어 쫓았다고 하네. 그런데 지금 그대는 나를 겁주어 쫓으려 하는가?"

장자에게 양나라의 재상 자리는 썩은 쥐에 지나지 않았다. 그런데도 장자의 친구는 썩은 쥐를 빼앗길까 두려워 장자를 쫓으려 한 것이다.

옛날 송나라에 조상(曹商)이라는 사람이 있었다. 그는 진나라 사신으로 갔다가 진나라 임금으로부터 수레 1백 대를 얻어 가지고 돌아왔다. 조상이 장자를 만나 자랑을 늘어놓았다.

"내가 진나라 임금을 깨우쳐 수레 1백 대를 얻었네."

그러자 장자가 말했다.

"진나라 임금은 종기를 째고 고름을 빼는 자에게 수레 한 대를 주고, 치질을 핥는 자에게는 다섯 대를 준다고 들었네. 그런데 자네는 어떻게 그 치질을 빨았기에 그렇게 많은 수레를 얻었는가."

장자는 현세의 물욕(物慾)을 철저히 부정한 사람이었다. 어느 날 장자가 낚시질을 하고 있을 때 초나라 왕이 신하를 시켜 재상을 맡아달라고 부탁했다. 그러자 장자는 고개를 내저으며 신하에게 이렇게 물었다.

"듣자니 초나라에는 신령스런 거북이 있어 죽은 지 3000년이나 되었는데 천에 감싸 상자에 넣어 묘당(廟堂)에 보관하고 있다고 들었소. 그런데 그 거북이 죽어서 뼈를 남기기를 원했겠소, 아니면 진흙 속에서 꼬리를 흔들며 살아 있기를 바랐겠소."

"진흙 속에 살아 있기를 바랐겠지요"

"그러니 돌아가시오. 나는 진흙 속에서 꼬리를 끌면서 살겠소."

장자가 모든 것을 버리고 은자의 삶을 산 것은 출세라는 것이 곧 죽음을 의미했기 때문이었다. 그는 이렇게 말했다.

"송나라에 나무가 잘 자라는 곳이 있었다. 그런데 그 나무 중에 작은 나무는 원숭이를 매는 말뚝으로 쓰기 위해 베어지고, 중간 크기의 나무는 큰집을 짓는데 도리목으로 쓰기 위해 베어졌으며, 큰 나무는 귀인이나 부자들의 관을 짜기 위해 베어졌다. 그 나무들은 천년을 누리지 못하고 베어졌으니, 이는 쓸모가 있는 재목에게 우환이 따르기 때문이다."

비바람에 시달려 휘어지고 비틀어진 나무는 천년을 누리는 법이다. 그러나 가지를 치고 거름을 준 나무는 제 생명을 누리지 못하고 사람이 휘두른 도끼에 의해 베어지고 마는 것이다. 그러므로 대자연과 더불어 그 이치에 따라 사는 삶이야말로 장자의 이상적인 삶이었다.

아무 것도 가지려 하지 않은 장자의 삶은 페터 선생의 그것과 닮아 있었다. 하지만 페터 선생은 장자와는 다른 삶의 길을 가고 있었다. 선생은 사람들이 들끓는 대도시의 한가운데서도 제자를 두지 않았고, 집을 버렸으며, 먹을 것조차 탁발하며 살아가고 있는 것이다. 내게 쾰른이 위대한 것은, 그 어둡고 쓸쓸한 도시의 그늘 속에 페터 선생이 자리하고 있었기 때문이었다.

세월이 새겨놓은 흔적

며칠만의 화창한 날씨였다. 그날 선생과 나는 화사한 햇볕을 쬐기 위해 쾰른 대학 철학부 건물 뒤쪽에 있는 넓은 잔디밭을 걸었다. 이 잔디밭에서는 오스트아시아 박물관이 보였고, 그 앞의 너른 초원과는 2차선의 도로로 나누어져 있었다.

선생은 첫 번째 재회 이후 7년 동안의 생활을 회고했다.

"자네와 함께 런던에 갔다가 헤어진 뒤에 나는 에페른 숲 속에서 거처를 옮겼네."

"어디로 말입니까?"

"어머니를 보살펴야 했기 때문에 아데하이디스 양로원의 무덤 가에서 지내기도 했지만 대부분은 오스트아시아 박물관 근처의 숲 속에서 지냈네."

"폐허가 된 수도원 근처보다는 나았겠군요."

"2년 동안은 아주 좋았네. 하지만 부랑자들이 몰려들면서 평화가 깨졌지. 부랑자들 가운데는 알코올이나 마약 중독자들이 많았거든. 그들이 몰려들면서 잠자리를 빼앗기고 말았네. 그래서 도서관 뒤쪽의 공동묘지로 거처를 옮겼지. 거기서 1년 반을 보냈네. 그런데 문제가 생겼어…."

선생은 잠시 말문을 닫았다가 그 동안의 경과를 상세히 들려주었다. 선생은 옷가지나 식량, 그리고 명상과 사유의 내용을 기록한 메모지를 무덤 곁에 묻어두고 있었다. 그러던 어느 날 경찰들이 무덤 가에 들이닥쳤다. 경찰은 다짜고짜 선생을 연행하면서 묻어두었던 물건들을 모두 불태워 버렸다. 아마 몰래 감추어둔 마약으로 생각했을 것이다. 그때의 상황을 상상하자니 자꾸만 마음이 쓰렸다.
"집 없는 자에게는 인권도 없군요."
"나의 행동거지를 수상하게 여긴 주민이 경찰에 신고했기 때문이지. 이해할 만도 하지. 이런 모습으로 공동묘지를 들락거린다고 생각해보게. 흡혈귀나 마약중독자로 오인하는 것도 당연하지."

그 후 선생은 잠잘 때 덮는 누더기를 새로 만들어야 했고, 그 동안 기록했던 메모들을 다시금 정리해야 했다. 그리고는 무덤 주변에서 머무는 것을 포기했다. 공연히 이웃 주민들이나 경찰의 의심을 살 필요가 없었기 때문이었다.

"그래서 어디로 옮겼습니까?"
"어느 날 바이어탈 거리에서 한 자비로운 노파를 만났네. 기독교 병원인 에반젤리세 크랑겐하우스의 원장 부인이었지. 집 없는 나를 딱하게 보았는지 바로 도서관 뒤쪽의 자기집안에 있는 차고에서 자는 것이 어떻겠냐고 하더군. 그래서 얼마 동안 그 차고에서 지냈네."

그 무렵 선생은 쥘피셔 공원에 쓰러져 있는 한 사람의 부랑자를 발견했다. 그는 심한 알코올 중독자였는데 온몸이 온통 병들어 있었다. 선생은 그를 부추겨 벤치에 앉히고 구조대에 연락을 취했다. 그는 안전하게 병원으로 실려갔지만 그 바람에 선생은 쥐벼룩이 옮고 말았다. 선생은 온몸에 기어다니는 쥐벼룩 때문에 고생한 이야기를 절절하게 털어놓았다. 여러 친구들이 약을 사왔지만 선생은 절대로 그 약을 사용하지 않았다. 그 작은 생명들을 해칠 수가 없었기 때문이었다. 그 때문이었을까. 선생은 심한 독감에 걸린 적이 있었다. 아무 것도 먹지 못한 채 선생은 차가운 차고에 누워 며칠 동안이나 열병을 앓았다. 벼룩도 온몸의 고열을 견뎌내지 못한 모양이었다.

"몸이 뜨거워지니까 내 몸에 기생하던 벌레들이 감쪽같이 사라지더군."
"전화위복이 되었군요."

"나와의 인연을 다한 것이겠지."

그렇게 대답하면서 페터 선생은 껄껄 웃었다. 하지만 선생은 쥐벼룩이 남긴 상처들을 아직도 온몸에 간직하고 있었다. 벼룩은 인연의 흔적을 남기려는 듯 선생의 얼굴과 이마, 종아리 몇 군데에 상처를 만들어 놓은 것이다.

선생에게 차고를 빌려주었던 기독교 병원의 원장 부인은 3년 전에 사망했다고 한다. 마침 집도 팔려서 선생은 차고에서 나와 새로운 거처를 마련하지 않으면 안 되었다. 그래서 새로 마련한 거처가 도서관 앞쪽의 소나무 밑이었다. 선생은 새 잠자리가 무척 마음에 드는 모양이었다.

"잠을 자다가 비가 오면 도서관 낭하로 옮기면 되기 때문에 호텔이나 다름없지. 벌써 이곳으로 옮긴 지 3년이 넘었네. 이곳은 대학 경비실에서 매일 순찰을 돌기 때문에 부랑자들이 발을 붙이지 못하네. 다행히 경비들은 내게 호의적이야. 도서관의 열람과장도 마찬가지네. 마음대로 책도 읽게 해주고, 편지도 전해주니 말일세."

"그 동안 재미있는 일은 없었습니까?"

"몇 년 전에 아주 흥미로운 사건이 있었네."

선생은 가만히 호수를 바라보았다. 선생의 얘기에 따르면 어느 날 호수 위에 커다란 백조 한 쌍이 날아들었다. 아름다운 백조가 호수에 나타나자 모든 사람들이 신기해하며 좋아했다. 그런데 이듬해가 되자 한 마리만이 호수에 나타났다. 어디선가 짝을 잃어버린 것이 분명했다. 짝 잃은 백조는 밤낮없이 호수에 머물고 있는 선생이 무척 신기해 보인 모양이었다. 선생이 아침 식사를 할 때면 백조는 항상 주위를 배회하며 선생을 지켜보았다. 그때마다 선생은 빵 조각을 백조에게 나누어주곤 했다.

백조와 선생의 친밀감은 더욱 깊어만 갔다. 선생이 명상을 하기 위해 잔디밭에 앉아 있을 때면 백조가 다가와 먹을 것을 달라고 선생의 어깨를 부리로 쪼아대기까지 했다. 그래서 선생은 늘 비오라덴에서 얻어 온 빵을 백조와 나누어 먹게 되었다. 그러던 어느 날, 선생이 빵 조각을 던져주자 백조는 그것을 삼켰다가 도로 뱉는 것이었다. 그리고는 다른 빵을 달라고 주둥이를 내밀었다. 그때서야 선생은 그 빵이 일반 슈퍼마켓에서 얻어온 빵이라는 것을 알아차렸다.

"그때 깨달았지. 동물도 자연식품인지 아닌지를 가릴 줄 안다는 것을."

선생은 그 백조를 대견해 하면서 어린 소년처럼 웃었다.

"백조가 아직도 날아오나요?"

"한동안 친구처럼 잘 지냈지. 하지만 다음 해부터 이곳으로 날아오지 않더군. 어딘가에 새 보금자리를 마련한 게지."

"또 재미있었던 일은 없었습니까?"

내가 재촉하자 선생은 2년 전에 만났던 체코 출신의 아름다운 여인에 대해 말하기 시작했다. 마리아라는 이름을 가진 그 여인은 언어학 박사였다. 2년간 쾰른 대학의 초빙 강사로 와 있던 그녀는 호숫가에 앉아 있는 선생을 발견하고 2년 동안이나 꾸준히 관찰했다고 한다. 그러던 어느 날 그녀는 범상하지 않은 선생의 행동거지를 보고 처음으로 말을 걸어왔다. 그녀는 숲과 잔디와 햇빛과 호수와 선생에 관한 수필을 썼다면서 부끄러운 표정으로 글을 보여주었다.

"아주 빛나는 수필이었네."

그녀는 오랫동안 선생과 대화를 나눈 뒤 진심에서 우러나오는 경의를 표했다고 한다. 그후 선생은 그녀가 체코로 돌아갈 때까지 많은 대화를 나누었고, 그녀의 예쁜 딸과도 친구가 되었다.

"지난 크리스마스날에는 그 딸에게서 편지를 받았네."

선생은 아직도 귀여운 꼬마의 얼굴이 떠오른다면서 화사한 미소를 지었다. 최근에는 법학 공부를 마치고 돌아온 C박사의 가족과 친하게 지낸다고 했다. 선생은 가끔씩 C박사의 집을 방문하여 아이들에게 독일어를 가르쳐 준다고 했다.

그런 선생의 모습을 보면서 나는 다시 한번 경의를 표하지 않을 수 없었다. 누구와도 친구가 될 수 있는 성자야말로 진정한 성자가 아닌가 하는 생각이 들었던 것이다. 오늘날 스스로 성자인 체 하는 사람들은 수많은 추종자를 거느리고, 교단을 확장하고, 경배 받기를 원하고 있었다. 하지만 선생은 아무 것도 요구하지 않았고, 아무도 자신을 추종하기를 원하지 않았다. 이 위대한 성자는 그 존재 자체로 존재하고 있었던 것이다.

말할 수 있는 것은 도가 아니다

다음날, 나는 쾰른 대학의 도서관 열람실에서 페터 선생을 만났다. 선생은 맨발 차림으로 열람실에서 책을 읽고 있었다. 이 추운 날에 맨발로 버티는 것이 너무나 신기하게 느껴졌다. 나는 독서에 열중하고 있는 선생의 등뒤로 다가가 로비로 나오라고 속삭였다. 선생이 로비로 나오자 나는 준비해 간 천연생수 한 병을 내밀었다. 선생이 도서관 화장실에 있는 수도에서 병에 물을 받아 마시는 것을 알고 있었기 때문에 나는 늘 선생의 식수 문제를 걱정하고 있었던 것이다. 겨울에는 덜하지만 여름에는 탈이 날 수도 있었다.

우리는 로비에 선 채 생수 한 모금씩을 나누어 마셨다. 선생은 싫지 않은 표정이었지만 은근히 나를 나무랐다.

"나를 위해서 일부러 생수를 살 필요는 없네. 수돗물도 아이펠의 청정지역에서 오는 것이니 깨끗한 물이네. 석회분이 약간 섞여 있기는 하지만."

"독일에서는 모든 사람이 천연생수를 먹지 않습니까?"

사실 독일은 물이 비싼 나라였다. 천연생수인 미네랄바써는 1리터에 2마르크 40센트나 되었다. 나는 미네랄이 몸에 좋으려니 생각했지만 선생의 생각은 달랐다.

"물 속에 용해되어 있는 미네랄은 전혀 가치가 없네. 오히려 몸속에 축적되어 쓰레기로 남기 때문에 골칫거리일 뿐이네."

"미네랄이 쓰레기라니요?"

"식물 속에서 생화학적으로 동화된 미네랄이나 비타민만이 생체 속에 흡수되어 제 기능을 한다네. 화학적으로 생성된 모든 비타민은 가치가 없을 뿐 아니라 오히려 몸 속에 쓰레기로 남게 되지. 그 쓰레기를 방출시키려면 우리 몸은 더 많은 에너지를 필요로 하네."

"비타민 약도 그런가요?"

"물론이지. 식물은 삶거나 끓이면 비타민이 파괴되므로 날 것으로 먹는 것이 제일 좋은 방법이네."

"일반인들은 생식을 하기가 어렵습니다."

"붓다가 이렇게 말했지. 아타남 다마얀띠(스스로를 다스려라)!"

나는 그만 입을 닫고 말았다. 갈 길은 알지만 그 길을 가지 않은 것이 인간이었다. 스스로를 다스려라. 그 외침이야말로 내 폐부를 파고드는 화살처럼 아픈 경구였다.

"셰익스피어가 말했네. '나는 실천해야 한다는 것을 아는 스무 명의 사람보다는 실천하는 한 사람을 위해 가르칠 수 있다'고…."

우리는 도서관을 나와 걷기 시작했다. 잔디밭을 가로지르는 2차선 도로 앞에서 우리는 한동안 기다렸다. 자동차들이 너무 빠른 속도로 질주하고 있었기 때문에 도로를 건너기가 쉽지 않았던 것이다. 선생과 나는 한참을 기다린 다음에야 도로를 건널 수 있었다.

"셰익스피어가 진정 말하고자 했던 것은 선을 향한 실천만이 진실한 것이고, 다른 모든 것은 연극에 불과하다는 사실이었네. 그는 이렇게 말했지."

선생은 낮고 묵직한 음성으로 셰익스피어의 문장을 암송하기 시작했다.

나는 초라한 집의 쪽문으로 이어진 고샅길을 걷는다.
문은 작다.
이 문으로 들어서는 자는 자신을 낮추지 않으면 안 된다.
하지만 대부분의 사람들은 커다란 집으로 이어진 화려한 길을 걷는다.

그러나 그 뒤에는 재앙이 숨어 있다.

"예수가 말한 좁은 문과 같은 의미군요."
"그렇지. 예수는 이렇게 말했네. '좁은 문으로 들어가라. 멸망으로 인도하는 문은 크고 길이 넓으니 그리로 가는 자는 많고, 생명으로 인도하는 문은 좁고 길이 협착하여 찾은 이가 적음이라'고…."
"붓다는 이 좁은 길을 '에카야노 마고(一乘道)'라고 했지요."
나는 아는 체를 하며 끼어들었다. 붓다는 여덟 가지의 성스러운 길(八正道)을 말했다. 즉 올바른 견해, 올바른 사유, 올바른 언어, 올바른 행위, 올바른 생활, 올바른 정진, 올바른 새김, 올바른 집중이 그것이었다. 이 가운데 올바른 견해와 올바른 사유는 지혜에 해당하고, 올바른 언어, 올바른 행위, 올바른 생활은 계율에 해당하며, 올바른 정진, 올바른 새김, 올바른 집중은 삼매(三昧)에 해당한다. 그러나 나는 곧 한 가지 의문에 봉착했다.
"선생님, 노자는 그 길을 대도(大道)라고 부르지 않았습니까?"
선생이 슬며시 미소를 머금으며 대답했다.
"노자는 대도는 넓고 곧아서 그 길 위에서는 절대 길을 잃지 않는다고 했네. 그 길은 누구 앞에나 놓여 있지. 하지만 사람들은 대도를 보지 못하고 수많은 샛길에 한눈을 팔고 있네. 이것이 바로 길 위에서 길을 잃고 있는 게 아니고 무엇인가. 양떼가 큰길을 걸으면서도 샛길 때문에 길을 잃는 것과 같네. 대도는 넓되, 그 길로 들어서기는 쉽지 않네. 따라서 대도는 넓으면서도 좁고, 좁으면서도 넓은 법이지. 예수나 셰익스피어가 말한 좁은 길과 노자의 대도는 결코 두 개의 길이 아니네. 표현 방법만 다를 뿐이지."
선생의 설명에 나는 고개를 끄덕였다. 순간 나는 붓다의 가르침을 떠올렸다. 에카야노 아얌 비카베 마고! 그것이 유일한 길이며, 홀로 가는 길이라는 뜻이었다. 성자들이 가리킨 그 길을 걷는 것은 고

통스럽고도 고독한 길인 것이다. 나는 언젠가 선생에게 들었던 카비르의 말을 다시금 떠올렸다. 카비르의 집은 바늘처럼 뾰족한 산꼭대기에 있는데 개미 한 마리도 올라올 수 없다. 그런데도 사람들은 많은 짐을 실은 황소를 데리고 올라가려고 하는 것이다. 진정으로 커다란 길은 가장 높고 험난한 벼랑에 서 있는 것이다.

우리는 다시 길을 건너 도서관 쪽으로 향했다. 열람실 입구 계단에 놓인 의자에 앉았을 때 한 동양인 여학생이 다가왔다. 그녀는 서툰 독일어로 자신을 소개했다.

"저는 일본에서 유학 온 시즈까에요. 같이 대화할 수 있을까요?"

그녀의 정중한 태도에 선생은 고개를 끄덕였다. 시즈까는 맞은편에 의자를 놓고 다소곳이 앉았다.

"일본에서 온 지 6개월밖에 안됐어요. 도서관 앞에 앉아 있는 선생님을 볼 때마다 늘 이상한 느낌이 들었어요. 그래서 언젠가는 꼭 한 번 대화를 나누고 싶었어요. 마침 선생님께서 동양인 학생과 말을 하고 있길래 용기를 냈죠."

"이 사람은 지금 학생이 아닌 걸."

그러면서 페터 선생은 나를 소개했다. 시즈까는 내가 한국에서 왔다는 것을 알고 약간 놀라는 표정을 지었다. 마침 붓다에 대해 말하고 있었으므로 나는 그녀에게 종교를 갖고 있느냐고 물었다. 시즈까는 나의 질문에 어깨를 으쓱하더니 수줍은 표정으로 입을 열었다.

"집안에서 불교를 믿고 있지만 저는 사실 아무 것도 몰라요. 단지 불교가 신을 믿지 않는 하나의 윤리체계라고 생각할 뿐이죠."

시즈까가 대답하자 페터 선생이 나섰다.

"시즈까, 불교가 단지 윤리체계인 것만은 아니오. 붓다는 천신(deva)들의 존재를 부정하지는 않았소. 다만 궁극적으로 존재하는 유일신에 관해서는 아무런 언급도 하지 않았지. 궁극적인 신은 결코 언어로 표현할 수 있는 것이 아니기 때문이오. 이슬람과 유대교에서도 신의 존재는 어떠한 언어로도 서술될 수 없다고 말하고 있고, 카비르 역시 신의 이름을 말하는 것을 주저했지. 붓다는 그 신에 대해 서술할 수 없으므로 말하지 않는다고 했을 뿐이오. 붓다는 신이 있는가 하는 질문에 대답하길 거절했지. 신에 대해 이렇게 말해도 잘못이고, 저렇게 말해도 잘못이오. 우리는 단지 그 신이 남겨놓은 다르마에 관해서만 이야기 할 수 있을 뿐이오. 다르마는 곧 신의 대리자이기 때문이오. 붓다는 깨달음을 얻은 이후에도 깨달음 자체에 대해서조차 언급하려 하지 않았소."

선생의 말을 듣고 있던 시즈까가 입술을 옴쭐대며 야무지게 물었다.

"그럼 기독교에서는 성경이 신의 대리인 역할을 하겠군요?"

"시즈까, 구약은 유대인들이 신과 관계된 역사를 편찬한 것이고, 신약은 예수가 떠난 뒤 제자들이 신과 예수의 관계를 기록한 것일 뿐이오. 성경은 신에 관해 무수히 언급하고 있지만 그것이 말하고자 하는 바는 이 땅에서 예수를 포함한 인간의 삶이 어떤 의미를 지니고 있는가 하는 것이오. 결국 그것은 지상의 인간들이 삶을 어떻게 영위할 것인가 하는 다르마이지요. 예수의 가장 숭고한 다르마는 사랑이오. 사랑은 자신에 대한 부정이며, 이 부정을 통해 자아가 완전히 소멸하게 되면 세상은 온통 사랑으로 충만하게 되지요. 사랑은 도덕인 동시에 신인 것이오. 그러나 신에 대해서는 아무도 말할 수 없소. 성경이 신을 인격적인 것으로 묘사하는 것은 단지 비유에 지나지 않소. 붓다가 신에 관해 침묵하는 것 자체가 신의 인격을 대변하고 있는 것이오. 붓다는 신에 대해 다르마의 수준으로밖에 말할 수 없었소. 붓다에게 신을 말하는 것은 오직 헛된 그림만을 그리는 행위일 뿐이었소. 정말 우리가 신을 체험하고자 한다면 다르마에 따라 행동하는 수밖에 없지."

"그럼 불교 경전에서 신은 어떻게 표현되어 있습니까?"

"붓다는 '빠자바띠(창조주)'라는 일상적 용어를 사용했지만 그것은 기독교나 이슬람에서 말하는 절대적이고도 유일한 신을 가리키는 것은 아니었소."

말을 마친 페터 선생은 카비르의 시구를 암송하는 것으로 결론을 대신했다.

"내가 천만 개의 입을 가지고 있었다면 신에 대해서 이야기 할 수 있었을 것이다. 그러나 나는 하나의 혀만을 가지고 신에 관해 말할 수 없다."

시즈까는 종교적인 문제에 관심이 많은 것 같았다. 그녀는 기독교가 예수를 통해서만 구원을 받을 수 있다고 한 것에 대해 언급하고 나서 이렇게 말했다.

"선생님, 내 친구는 기독교의 한 종파에 빠져 있는데 만날 때마다 내게 믿음을 강요하고 있습니다."

"어느 종교든 가르침대로 실천하는 것이 중요하지요. 그러나 과연 가르침을 실천하는 사람이 몇이나 되겠소? 만일 누군가 가르침을 실천한다면, 어떤 종교이든 위대하다는 것을 깨닫게 될 것이오. 진리를 독점하고 있다는 생각은 착각이오."

그러면서 선생은 종말론에 심취해 있는 아쌈이라는 소녀에 대해 이야기했다. 아쌈이 다니는 교회는 벌써 여러 차례 종말을 예언했는데 한 번도 예언이 이루어진 적이 없었다. 그런데도 아쌈은 그 종파에서 헤어나지 못하고 있었다. 선생은 아쌈을 여러 차례 설득했지만 이 자그마한 소녀의 맹목적인 신념을 무너뜨릴 수는 없었다.

"나만이 진리를 알고 있다는 생각은 위험천만한 것이오."

선생은 다시 마호메트의 이야기를 들려주었다. 마호메트가 처음 가르침을 펼 때에 그의 친척들은 마호메트를 달갑게 생각하지 않았고, 심지어는 그를 죽이려고까지 했다. 그러던 어느 날, 친척 가운데 한 사람이 마호메트의 설교를 듣게 되었다. 그는 설교를 듣는 순간,

너무나 큰 감동을 받아 마호메트의 가르침이야말로 너무나 아름답다고 생각했다. 그리하여 그는 자신의 형제들을 불러모아 설득했다.

"우리들이 마호메트를 모함하는 것은 옳지 않네. 마호메트가 하는 말에 나는 깊이 감동을 받았네. 얼마나 아름다운 가르침인가?"

그러나 형제들은 그의 말을 믿지 않았다. 심지어 그의 형은 마호메트를 죽여 버리겠다고 공언하기까지 했다. 마침내 그의 형은 칼을 차고 마호메트를 찾아가 설교가 끝나기를 기다렸다. 하지만 형은 마호메트의 설교를 듣는 순간 마음이 움직이는 것을 느꼈다. 이윽고 그는 칼을 버리고 마호메트의 가르침 앞에 무릎을 꿇고 말았다.

"그는 마호메트의 가르침에 넘쳐흐르는 무한한 아름다움을 보았지. 그것이 바로 도덕이고 다르마요. 오히려 진정한 신은 참다운 자아일 수 있소. 붓다는 자아에 대한 그릇된 허상을 부수라고 말했소. '그대가 바로 그대 자신의 주인이다'라고…. 창조주와 그 피조물에 대해 붓다가 언급하지 않은 것은 모든 피조물이 결국은 감각적인 허상일 뿐이기 때문이오."

시즈까가 의문이 가득 찬 눈으로 선생을 바라보며 물었다.

"피조물이 감각적 허상일 뿐이라니요?"

"붓다는 거룩한 수행자가 목표를 달성하면 세계는 더 이상 존재하지 않는다고 말했소. 피조물은 단지 허상일 뿐이지. 마치 영화처럼…. 영화의 동영상은 정지된 필름들이 만들어낸 그림일 뿐이오. 사실 필름 그 자체는 정지해 있지만 우리는 영상이 움직인다고 생각하지. 결국 동영상은 감각의 속임수에 불과한 것이오. 세상은 결국 환상에 불과한데 창조주에 관해 언급하는 것은 우스운 일이 아닌가?"

시즈까는 골똘히 생각에 잠긴 채 선생의 말을 듣고 있었다. 아직도 선생이 의도하는 바를 정확히 이해하지 못한 모양이었다. 선생이 다시 말을 이었다.

"노자의 《도덕경》에는 '도(道)를 도라고 말하면 도가 아니다'라는 구절이 있네. 그렇다고 해서 노자가 도를 부정한 것은 아니지. 마찬가지로 부처님이 신에 관해 언급하지 않았다고 해서 신을 부정했다고 볼 수는 없네."

선생은 다시 장자의 말을 빌렸다.

"세상 사람들은 모양과 빛, 이름과 소리를 가지고 도의 진실을 알 수가 없다. 대저 모양과 빛, 이름과 소리로써 도의 진실을 알 수 없다면 아는 자는 말하지 않고, 말하는 자는 알지 못하는 것이니, 세상 사람들이 어찌 그것을 알까?"

오히려 시즈까는 선생의 유창하고 또렷한 독일어에 더 관심이 있는 것 같았다. 그래서 나는 '시즈까, 이해가 됩니까'라고 물었다. 시즈까는 수줍은 듯 몸을 비비꼬며 '나튜어리히(물론이죠)'라고 대답했다.

약간 지루한 대화였지만 시즈까의 등장으로 나는 더 많은 것을 얻을 수 있었다. 선생이 시즈까를 위해 아주 쉬운 언어를 사용했기 때문이었다. 어쨌든 시즈까는 그 날의 대화에 대단히 만족하는 것 같았다. 그후에도 나는 도서관에서 몇 차례 시즈까를 만났다. 그때마다 페터 선생이 다른 사람들과 이야기하고 있었으므로 그녀는 내게 인사를 대신했다. 그녀는 내가 어떻게 페터 선생을 알게 되었는가 하는 것부터 시작해서 많은 것을 물었다. 그리고는 자신의 친구인 루오 밍을 소개해 주었다. 중국 무한에서 유학 온 루오 밍은 독일에 온 지 3개월밖에 되지 않았는데 쾰른 교외인 부륄에 자취방을 얻어 생활하고 있다고 했다. 부륄은 에페른에서 두서너 정거장 정도 떨어져 있었기 때문에 루오 밍과 나는 몇 차례나 전철에서 마주쳤다.

인연의 풀고 맺음

쾰른 대학의 도서관이 문을 닫는 시간은 저녁 8시 반이었다. 페터 선생은 누군가로부터 초대받지 않는 날에는 대부분의 시간을 도서관에서 책을 읽고, 사람들과 대화를 나누며 지냈다. 선생은 열람실 앞의 사물 보관함에 무거운 망토와 속옷, 먹다 남은 음식들을 맡겨 놓았다가 저녁에는 다시 숲 속으로 옮겼다.

그러던 어느 날, 나는 문 닫을 시간에 맞추어 도서관을 나왔다. 뜻밖에도 도서관 앞에 루오 밍이 있었다. 루오 밍은 반가운 얼굴로 내게 인사를 건넸다.

"도서관에서 나오다가 전 선생님을 보았어요. 같이 가도 되겠죠?"

나는 낭패한 얼굴로 페터 선생을 바라보았다. 선생은 막 사물함에 있는 짐을 손수레에 싣고 숲으로 옮기는 중이었다.

"어쩌죠? 페터 선생을 도와줘야 하는데."

"오래 걸리나요?"

"아뇨. 잠깐이면 됩니다."

"그럼 기다릴 게요."

그녀는 도서관 정문 앞으로 총총히 걸어가더니 단풍나무에 몸을 기댔다. 루오 밍이 기다리고 있는 동안 나는 선생이 짐을 옮기는 것을 도와주었다. 짐을 모두 옮기자 그녀가 우리 앞으로 다가왔다. 나는 선생에게 루오 밍을 소개했다.

"시즈까의 친구 루오 밍이에요. 중국 무한에서 유학을 왔습니다."

루오 밍은 밝은 얼굴로 꾸벅 인사를 했다. 영하 7도의 쌀쌀한 날씨였지만 우리는 나무 밑에 앉았다. 내가 루오 밍이 무남독녀라고 소개하자 선생은 몹시 신기한 표정을 지었다.
"중국 사람들은 아들을 선호하는 것으로 알고 있는데 외동딸이라니 놀랍군. 더구나 이런 먼 곳까지 홀로 유학을 오다니."
루오 밍이 기다렸다는 듯 말을 받았다.
"등소평은 한 가정에 한 아이만 낳도록 했지요. 그 정책 때문에 저도 외동딸이 되었지요. 그게 축복인지 희생인지는 모르겠지만…."
"동양에서 아들을 선호해서 낙태가 횡행한다는 것은 이미 알고 있네. 크나큰 죄악이지. 더구나 정부가 나서서 낙태를 조장하는 것은 더 큰 죄악이야."
"무작정 아이를 낳아놓고 책임을 지지 않는 것보다는 낫지 않겠어요?"
"가끔씩 나는 이런 생각을 하지. 세상에 자신의 아이를 남긴다는 것은 엄청난 양심이 필요한 행위라고…!"
그러면서 선생은 등소평의 죽음에 대해 말했다. 선생은 등소평이 죽으면서 스스로 화장했음에도 불구하고 많은 중국인들이 가족들의 무덤을 위해 옥토를 사막화시키고 있다는 점을 꾸짖었다. 나 역시 주검을 묻기 위해 땅을 갖는 것은 잘못이라고 믿고 있었다.
"선생님, 그런 사정은 한국도 마찬가지입니다."
전철을 타기 위해서는 일찍 출발해야 했다. 루오 밍과 나는 선생에게 작별 인사를 하고 쾰른 대학을 벗어나 우니센터까지 걸어갔다. 그녀는 어학코스를 마치면 경제학을 공부하고 싶다고 했다. 다음날, 루오 밍은 낙양에 갔을 때 산 것이라며 석불이 새겨진 그림 엽서 몇 장을 선생과 나에게 선물했다.
며칠 동안 날씨가 화창했다. 그날도 나는 도서관에 들렀다가 페터 선생을 만났다. 선생은 소나무 주위를 오가며 무언가를 열심히 파내고 있었다. 가까이 가보니 그 동안 모아놓은 빈 병이었다. 선생은 빈 병을 주워 소나무 밑의 부드러운 흙 속에 감추어 두었다가 필

요한 물건이 있으면 그것을 팔아 비용을 마련하고 있었던 것이다.

얼추 세어보니 스무 개가 넘었다. 선생과 나는 빈 병을 손수레에 싣고 린덴탈의 한 주류가게로 향했다. 선생이 받은 돈은 고작 3마르크 정도였다. 하지만 선생은 몹시 흡족한 표정이었다. 선생이 돈을 주고 살 것이라고는 볼펜과 메모지 밖에 없었다. 그 정도 돈이면 충분했던 것이다.

빈 병을 팔아치운 다음 우리는 그곳에서 멀지 않은 곳에 있는 비오라덴에 들렀다. 가게 주인은 40대 초반의 젊은 여인이었다. 그녀의 이름은 안나 사라였는데 대학에서 화학을 전공했지만 지금은 비오라덴을 운영하고 있었다. 그녀는 오랜만에 들른 페터 선생을 무척 반갑게 맞이했다.

"사라, 잘 지냈겠지?"

"이런, 1년 만이군요."

"벌써 그렇게 되었던가? 그런데⋯ 왜 혼자지?"

가게 안을 둘러보던 선생이 그녀에게 물었다. 그녀는 잠시 얼굴을 붉히더니 작년에 남편과 이혼했다는 사실을 털어놓았다. 페터 선생의 얼굴 위로 어두운 그림자가 스쳐 지나갔다.
"이혼이라니…."
"성격 차이 때문이지요."
사라는 선생과 나를 계단 위에 놓인 테이블로 안내했다. 그녀가 무슨 차를 마시겠냐고 물었고, 선생은 녹차를 주문했다. 선생은 비오라덴에서도 김치를 팔아야 한다며 한국에서 온 내가 김치를 잘 만든다고 소개했다. 그녀는 이내 녹차를 들고 테이블 앞에 앉았다.
"남편은 건축 기사였는데 고지식하고 독단적인 성격 때문에 자주 싸우곤 했지요. 남편이 결손 가정에서 자랐다는 것을 알고 나서 이해하려고 노력했지만, 쉬운 일이 아니더군요. 나는 남편이 나를 대하는 태도에 지옥의 저주가 담겨 있다는 것을 느꼈죠. 그래서 이혼을 결심한 거예요."
그녀는 힘 빠진 목소리로 그 동안의 결혼생활을 담담하게 이야기했다. 그녀와 남편은 결혼 당시부터 아이를 원하지 않았다. 두 사람은 성장하는 과정에서 받은 고통과 사회에 대한 불신 때문에 아이를 갖는다는 것은 그 아이에게 자신들의 죄악을 대물림하는 것밖에 안 된다는 생각을 갖고 있었던 것이다. 부부는 점점 싸우는 횟수가 많아졌고, 둘 사이에 금이 간 것을 알아차린 남편은 다른 여자를 사귀었다. 그들의 결혼생활은 그것으로 끝이었다.
그녀의 이야기를 듣고 있던 페터 선생이 카비르의 시를 암송했다.
"우리를 낳은 자들은 모두 죽었고, 우리 또한 죽는다. 우리가 남긴 아이들 역시 무거운 짐을 운반해야 하는 운명을 벗어날 수 없다. …몸은 사원이고 마음은 쾌락에 나부끼는 깃발이다. 마음의 유혹은 사원을 흔들고 마침내 부수어 버린다."
선생이 읊조리는 시를 음미하고 있던 사라는 잠시 마음의 평안을 얻었는지 가벼운 음성으로 말했다.

"나는 다시 혼자 되었지만 홀가분해진 기분이에요."

선생은 그녀에게 믿음을 주려는 듯 다시 한 번 카비르의 시를 암송했다.

"몸은 재스민 꽃이고, 마음은 벌이며, 생각은 기분 좋은 향기이다. 거기에 신의 이름으로 물을 주면 믿음의 과일이 열리리니…."

"아름다운 시군요."

사라의 몸과 마음은 한결 맑아진 것 같았다. 나는 그녀의 가게에서 꿀 한 병을 샀다. 그리고 김치를 담는 법을 가르쳐주자 그녀는 귀를 기울이며 열심히 메모를 했다. 그 때문이었을까. 사라는 페터 선생에게 요구르트와 빵을 푸짐하게 싸주었다.

쾰른을 방문한 지 벌써 열흘이 지났다. 친구 B의 집에서 사흘을 묵은 후 나는 에페른에 있는 학생들의 마을에 방 하나를 빌려쓰고 있었다. 한 달 동안 독일에 머물 생각이었으므로 친구의 집에 눌러 있을 수만은 없었던 것이다. 내가 빌린 방은 레바논에서 망명 온 학생이 빌려 놓은 방이었다.

17년의 세월이 흐르는 동안 학생들의 마을은 너무나 많이 변해 있었다. 예전에는 12층 높이의 건물 2동과 4층 건물 2동, 그리고 내가 살던 2층 건물 4동이 있었을 뿐이었다. 그래서 문 밖을 나서면 어디서든지 넓은 잔디밭과 호수를 볼 수 있었다. 그러나 독일이 통일된 이후 동독 학생들이 몰려들자 잔디밭 곳곳에는 노르웨이 식의 목조건물들이 들쭉날쭉 들어서 있었다. 때문에 아름답고 정겨웠던 예전의 기숙사들은 난민촌을 방불케 하는 목조건물들 사이에 묻혀 버리고 말았다.

그 뿐만이 아니었다. 예전에는 기숙사의 문이 늘 열려 있어 출입이 자유로웠지만, 지금은 기숙사의 현관문이 육중한 철문으로 바뀌었고, 복도 중간마다 칸막이 문을 만들어 놓았다. 때문에 방으로 들어가려면 세 개의 열쇠가 필요했다. 기숙사 주인은 몇 년 전 프라이

버시를 지키려는 학생들의 요구로 기숙사 구조를 바꾸었다고 설명했다.

일요일 새벽, 나는 에페른 역에서 전차를 타고 도서관으로 향했다. 일요일이었기 때문에 도서관 문은 닫혀 있었다. 이런 날 페터 선생은 무엇을 하고 있을까. 나는 햇살 아래 앉아 있을 선생을 생각하며 이리저리 호수 주변을 찾아 헤맸다. 예상했던 대로 선생은 호숫가에 단정히 앉아 속옷을 깁고 있었다. 나는 선생에게 다가가 가볍게 인사를 한 후 지난밤의 안부를 물었다.

"지난밤에 간간이 눈이 내렸네. 여우도 한 마리 다녀갔고…."

그때 도서관의 수위 아저씨가 우리 곁으로 다가와 투덜거렸다.

"페터, 별일 없었나? 지난밤에 젊은 녀석들이 유리창을 깨고 도서관 안에 있는 자판기에서 돈을 훔쳐 갔네."

"어떤 자들이 한 짓인가?"

"아마 약물에 중독된 부랑자들일 게야."

수위 아저씨는 분을 삭이지 못한 듯 혼잣말을 지껄이며 돌아갔다. 그가 도서관으로 들어가자 펜싱 복장을 한 사람들이 무리를 지어 나타났다. 고등학생부터 나이든 중년신사까지 10여 명이 넘어 보였다. 그들은 일요일마다 도서관 낭하에서 모여 연습을 하는 펜싱 클럽 회원들이었다. 그 중 한 젊은이가 다가와 선생에게 아는 체를 했다. 그가 인사를 하고 돌아가자 선생은 그 청년에 대해 짤막하게 설명했다.

"저 청년은 내가 이 추운 겨울에도 밖에서 자니까 무슨 신비한 비법이라도 가지고 있는 줄 알고 있더군. 그래서 몇 번 대화를 나눈 적이 있네. 나도 어렸을 때는 한겨울에 창문을 여는 것조차 상상할 수 없었다고 말해 주었지. 그리고 나처럼 되려면 비법을 터득할 것이 아니라 성현들의 가르침을 따르라고 말해 주었네. 특히 붓다의 가르침을! 하지만 전혀 이해하지 못하는 눈치였어."

우리는 오늘의 아침식사를 들에서 자라는 야생풀로 하기로 했다. 선생은 쫄스톡에 미리 보아둔 곳이 있다면서 나를 이끌었다.

"그곳에 가면 민들레가 있지."

"이 한겨울에요?"

"쫄스톡 근처에 버려진 정원이 있는데, 그곳에 가면 민들레뿐만 아니라 먹을 만한 야생초들이 가득하네."

날씨는 흐렸지만 다른 날보다는 온화한 편이었다. 우리는 바이어탈 거리를 거쳐 다시 파란타 가로 걸음을 옮겼다. 쫄스톡으로 가기 전에 이란에서 망명 온 페터 선생의 오랜 친구를 만나기 위해서였다. 친구의 집은 바로크 식 건물이 밀집된 곳에 위치한 4층 건물의 2층에 있었다. 초인종을 누른 후 2층으로 올라가자 건장한 체격을 가진 이란 사내가 문을 열고 나왔다.

"페터 선생님! 이게 얼마 만입니까?."

그의 이름은 하디스였다. 하디스는 손수레를 끌고 계단을 올라오는 선생을 보자 대뜸 두 팔로 감싸안았다. 방안으로 들어서자 선생은 두터운 망토를 벗어 벽에 건 다음 마루바닥에 가부좌를 틀고 앉았다. 나는 의자에 앉은 채 창문을 바라보았다. 방은 작았지만 넓은 창을 통해 쏟아져 들어오는 환한 햇살 때문에 별로 비좁아 보이지 않았다.

하디스는 이란에서 건축학을 공부했다. 그러나 호메이니의 회교 독재가 시작되자 독일로 망명했다. 망명 신청을 한 지 6년만에 노동허가를 받았지만 일자리를 구하지 못해 여태껏 실업자 신세를 면치 못하고 있었다. 때문에 그는 국가에서 지불하는 약간의 보조금으로 근근히 생활을 유지하고 있었다. 다행히 손재주가 좋아서 가전제품이나 가구를 수리하기도 하고, 때로는 인테리어 작업을 해주면서 생활비를 보태고 있었다. 그래서인지 방안 곳곳에는 고장난 가전제품들이 차곡차곡 쌓여 있었다.

페터 선생이 나를 소개하자 그는 굵고 투박한 손을 내밀며 악수를 청했다.

"망명한 이후 5년간은 빛 하나 들어오지 않는 지하실 방에서 지냈습니다. 이곳도 좁지만 창문이 있어서 살 것 같습니다."

그는 싸구려 홍차를 끓여 우리들에게 한 잔씩 건네주었다. 그러면서 몹시 부러운 표정으로 나를 바라보며 말했다.

"당신처럼 안심하고 돌아갈 고국이 있다는 것은 얼마나 행복하겠습니까?"

"전 선생, 하디스는 이란에서 아주 유명한 화가를 친구로 두고 있네. 그 화가도 이곳에 망명을 왔지. 하디스, 친구의 그림을 전 선생에게 보여주게."

선생이 부탁하자 하디스는 친구의 그림이 실린 화첩을 꺼내 왔다. 화첩은 신비적이고 몽상적인 느낌이 짙은 인물화나 정물화들로 가득 채워져 있었다. 달리를 연상케 하는 그림들이었으나 이슬람 신앙의 초월성이 엿보이는 작품들이었다.

"최근 이란의 문인이나 지식인들에 대한 감시가 더욱 심해졌습니다. 이 그림을 그린 내 친구는 얼마 전에 아버지가 돌아가셨다는 소식을 들었는데, 귀국하지 못하고 터키 이스탄불에서 간신히 어머니만을 뵙고 돌아왔지요. 더구나 시아파와 수니야파의 갈등도 더욱 깊어지고 있으니 도무지 이란으로 돌아갈 엄두가 나지 않습니다."

이란의 이슬람 인구 중 95퍼센트가 시아파였고, 나머지는 수니야파였다. 선생은 고국으로 돌아가지 못하는 하디스를 위로했다.

"하디스, 자네도 카비르를 알고 있지? 그의 말에 이런 것이 있지. 신의 이름을 부르며 겸손하게 청정한 항해를 시작하라. 저주받은 오만은 너무 무거워 내일 그대의 배를 가라앉힐 것이니…."

행복한 부자는 없다

우리는 하디스의 집을 나와 쫄스톡으로 향했다. 길을 걷던 도중 선생은 어느 양복점에 들러 천 조각을 한 뭉치 받아 가지고 나왔다. 내가 안타까운 시선으로 실타래처럼 얽혀 있는 천들을 바라보자 선생은 그것을 손수레에 실으며 혼잣말처럼 되뇌었다.

"집 없이 지낸다는 것은 끝없는 바느질을 의미하네."

우리는 바로크 식 건물이 늘어선 거리를 지났다. 부유층이 모여 사는 거리였다. 문득 선생이 걸음을 멈추고 나를 올려다보았다.

"이 근처에 하므릿이란 친구가 있지. 함께 가볼텐가?"

"어떤 사람인데요?"

"부인과 두 아들을 둔 가장이지. 역시 망명객인데 지금은 택시 운전을 하며 간신히 식구들을 부양하고 있네."

"이란 사람입니까?"

"그렇다네. 모르긴 해도 독일에 이주해 온 이란인들만 7만 명이 넘을 걸세."

나는 선생이 이끄는 대로 테오판넨 광장으로 향했다. 낡은 건물 앞에 이르러 문을 두드리자 이란 여인 하나가 빼꼼 문을 열었다.

"오! 페터 선생님!"

여인은 호들갑스럽게 선생의 이름을 외치며 활짝 문을 열어주었다. 남편 하므릿은 아직 잠을 자고 있는 모양이었다. 그녀는 우리를 부엌으로 안내한 다음 흑빵과 치즈를 내어놓고는 홍차를 끓여왔다. 부인은 남편의 매형이 얼마 전 심장 수술을 하면서 죽을 고비를 가까스로 넘겼다고 걱정했다. 다행히 페터 선생의 권유대로 육식을 멈추고 야채를 생식하며 요양생활을 하면서 건강이 많이 좋아졌다고 했다.
"그후 남편의 매형은 채식 예찬론자가 되었지요."
그녀의 커다란 눈동자 속에는 어딘가 근심이 서려 보였다. 애기를 들어보니 아랫 시누이가 얼마 전 교통사고로 이란에서 사망했다고 했다. 문득 나는 10년 전에 교통사고로 사망한 형님의 얼굴을 떠올렸다. 남편 하므릿은 이란에서 화학을 공부했지만 독일에서 사무직을 얻을 수는 없었다. 그래서 하므릿은 택시를 운전하며 생계를 꾸려가고 있었다.
한참 이야기를 나누고 있을 때 남편 하므릿이 부스스한 머리칼을 매만지며 부엌으로 들어섰다. 페터 선생을 발견한 그의 눈이 휘둥그래졌다. 그의 시선이 나를 향했다. 하므릿은 잠시 당황한 듯 서둘러 부엌을 벗어났다.
"잠시만 기다려요. 얼굴 좀 씻고 올게요."
하므릿은 세면을 한 다음에야 부엌에 나타났다. 페터 선생이 나를 소개하자 우리는 서로 인사를 나누었다.
"페터 선생님, 자주 초대하지 못해서 죄송합니다."
"왜 그런 말을 하는가?"
곁에서 듣고 있던 부인이 미안한 표정을 지으며 변명하듯 말했다.
"반년 전, 페터 선생께서 우리 집을 다녀간 뒤로 집안이 온통 벼룩 천지가 되었어요. 가족 모두가 병원에 다니며 고생했지요. 그때 약을 구해서 페터한테 주었는데 전혀 사용하지 않더군요. 그 이후로는 초대할 틈이 없었어요."
선생은 부인에게 전혀 개의치 말라고 말한 후 한 소녀에 대해 물었다.
"아쌈은 잘 지내는가?"
아쌈이라는 이름을 들어본 적이 있었다. 바로 종말론에 심취해 있다는 소녀였다. 나는 선생의 이야기를 들으면서 아쌈이 하므릿의 친척이라는 것을 알았다. 선생은 근심스런 투로 아쌈에 대해 말했다.

"작년에 아쌈이 쓴 일기를 보았는데 그렇게 아름다운 글을 본 적이 없었네. 그래서 프랑크푸르트의 한 출판사에 소개를 해주었지. 출판사에서는 매우 아름다운 글이긴 하지만 독일인의 정서에 맞지 않는다고 하더군. 그런데 아쌈이 말세를 부르짖는 졸빈호버라는 기독교 종파의 광신자가 되었으니 얼마나 안타까운 일인가. 나와 논쟁을 한 이후 아쌈과의 관계는 악화되었지."

하므릿은 자신의 친척까지 걱정해주는 선생의 배려에 몹시 송구해 하는 눈치였다.

"너무 걱정하지 마십시오. 아쌈은 잘 있습니다. 언젠가는 깨우치게 되겠지요. 이국을 떠돌면서 구차하게 살아가고 있는 이방인들에게는 말세의 교리조차 위안이 되는 모양입니다."

하므릿의 얼굴은 어려운 망명생활과 무거운 가난의 짐에 찌들어 있었다. 그는 어린 시절에 경험했던 수많은 사회적인 불평등을 회상하면서 '신은 없다'는 결론에 도달했다고 말했다. 이야기가 점점 진지해지자 내가 끼어들었다.

"신은 절대적인 지배자로 존재하는 것이 아니라 당신의 마음속에 있다는 생각을 해보지 않았나요?"

페터 선생도 나를 거들고 나섰다.

"하므릿, 까비르는 말했네. '산과 들을 헤매며 나는 방황했다. 내 두 눈에는 눈물로 가득 찼다. 그러나 나는 내게 생명을 되돌려 줄 약초를 발견하지 못했다.'고…. 하므릿, 신은 그대 마음속에 있네. 그러나 마음에 감추어둔 신을 깨닫는 것은 결코 쉬운 일이 아니지. 그래서 하피스는 이렇게 노래했지. '알려고 해도 알 수 없는 신이여, 어디에도 있으면서 아무에게도 뺨을 드러내지 않는 님이여'라고…."

하므릿은 갑자기 얼굴이 환해지면서 알라비의 페르시아 시집을 꺼냈다. 그리고는 몇 편의 시를 골라 우리에게 읽어주었다. 그럼에도 불구하고 하므릿은 이 세상의 불평등을 수긍할 수 없는 것 같았다.

"기독교를 기반으로 하고 있는 서구사회는 부유한 생활을 누리면서도 왜 가난한 나라를 돕지 않습니까?"

그의 의미심장한 질문에 페터 선생이 대답했다.

"이슬람에서도 라마단이 끝난 뒤에는 엄청난 음식이 남아돌지만 그들이 굶주리고 있는 아프리카 난민들에게 식량을 나누어주었다는 말은 들어보지 못했네. 진리는 실천할 수 있을 때만이 값진 것이네."

그러면서 선생은 하피스의 시구를 들려주었다.

"천상의 낙원을 구하지 말라. 거기서 빵을 바라지 말라. 마지막에는 잔인한 자가 모든 손님들을 죽이리라."

잠자코 선생의 이야기를 듣고 있던 하므릿이 말했다.

"택시를 운전하다 보면 부유한 독일인들도 늘 자신이 불행하다고 한탄하는 소리를 듣습니다. 그들은 늘 다른 사람보다 가난하다고 생각합니다."

이윽고 선생은 페르시아의 수피였던 바흐 형제에 대한 이야기를 꺼냈다. 형 바흐 눌은 가난했지만 동생 바흐 가즈날은 한 나라를 다스리는 카리프였다. 그리하여 가즈날은 가난한 형을 위하여 칸다하 시장에게 많은 돈을 주면서 형을 도와달라고 요청했다. 시장이 형을 찾아가 그 돈을 건네주려 하자 바흐 눌은 이렇게 말했다.

"나에게는 돈이 필요 없습니다. 제게 줄 돈이 있다면 그것을 부자들에게 나누어주십시오."

시장은 부자들에게 돈을 나누어주라는 말을 도저히 이해할 수 없었다. 하지만 바흐 눌이 끝까지 돈을 거부하자 하는 수 없이 그의 뜻에 따라 도시의 부자들에게 돈을 나누어주었다. 얼마 후 가즈날은 형을 찾아가 물었다.

"시장한테 돈을 받았겠지요? 그 돈을 어디에 썼습니까?"

바흐 눌이 대답했다.

"아하, 부자들에게 나누어주라고 했지."

가즈날은 고개를 갸우뚱거리며 물었다.

"왜 가난한 사람들에게 나누어주지 않고 부자들에게 나누어주라고 했습니까?"

그러자 바흐 눌은 빙긋이 미소를 머금은 얼굴로 대답했다.

"부자들은 늘 가난하다고 생각하지. 그래서 항상 더 많은 돈을 바라네. 그러니 그들은 가난한 사람보다 더 궁핍한 자들이 아닌가? 이 세상에 행복한 부자는 없는 법이야."

나는 선생의 말을 들으며 중국 당나라 때의 선사였던 방거사를 떠올렸다. 중국의 유마거사로 불렸던 방거사는 질박하고 강직한 성품의 소유자였는데, 비록 출가는 하지 않았지만 수많은 선사들로부터 도력을 인정받았다. 그는 깨달음을 얻고 난 뒤 자신이 갖고 있던 모든 재산을 동정호에 갖다 버리기로 했다. 그러자 사람들이 그를 만류하며 말했다.

"아까운 재산을 왜 물 속에 버리는가? 가난한 사람에게 나누어 주거나 절에 시주하여 불사(佛事)를 일으키면 더 큰 공덕을 얻지 않겠나?"

그 말을 들은 방거사는 사람들에게 말했다.

"나는 깨달음을 얻은 뒤 이 재물들이 사람을 망치는 것이라는 것을 알았소. 어떻게 이 더러운 요물을 다른 사람에게 주겠소."

결국 방거사는 모든 재산을 동정호 속으로 내던져 버렸다.

선생이 들려준 우화 때문이었는지 잔뜩 불만에 차 있던 하므릿의 표정이 맑게 빛나기 시작했다. 그는 아주 행복한 얼굴로 말했다.

"지금까지 나는 늘 독일인들보다 불행하다고 생각했습니다. 하지만 지금 생각해 보니 나는 그들에 비해 너무 행복합니다. 나에게는 마음의 평화가 있으니까요."

페터 선생은 하므릿에게 멋진 하피스의 시를 하나 더 소개했다.

"만족하라, 그리고 이 세계를 버려라. 행복한 하피스여, 기도는 의무가 아니다. 님이 듣든 듣지 않든 걱정할 일이 아니다."

선생과 나는 두 시간 정도 하므릿의 집에 머물다가 작별을 고했다. 우리는 다시 민들레를 캐기 위해 쫄스톡을 향해 바삐 걷기 시작했다. 한참을 걷자 내가 처음 독일에 왔을 때 자전거를 타고 다니던 낯익은 길이 나타났다. 나는 청년시절로 돌아간 기분으로 철로 밑의 굴다리를 지났다.

"2차 세계대전이 일어났을 때 이곳에는 모자 공장이 있었지. 내 어머니는 그 공장에서 일했네."

곧 쫄스톡의 기숙사 촌이 나타났다. 우리는 오래된 사설 기숙사를 에워돌아 터널 앞에 방치되어 있는 넓은 정원으로 향했다. 정원에는 시멘트를 쌓아 만든 조그마한 연못이 있었고, 덤불로 뒤덮인 땅에는 사철나무와 과일 나무들이 빼곡이 들어 차 있었다.

"몇 년 전까지 낡은 연립주택이 들어서 있었는데 시에서 건물을 짓기 위해 땅을 사들였네. 하지만 몇 년째 방치되고 있네."

선생은 넓은 정원을 둘러보며 정원의 내력을 설명했다. 여기저기 콜라 병과 낡은 의자들이 비에 젖은 채 뒹굴고 있었다. 가는 눈발이 날리기 시작했다. 우리는 허리를 굽히고 민들레를 찾기 시작했다. 푸른 잔디와 잡초들로 무성한 정원에는 민들레와 질경이들이 수북하게 자라고 있었다. 선생은 무명으로 된 장바구니를 꺼내 나에게 건넸다. 장바구니를 들고 땅에 엎드려 민들레를 찾는 선생의 품이 흡사 나물 캐러 나온 시골 아낙네처럼 보였다.

"뿌리를 자르지 말게. 다시 새싹이 돋아나야 하니까."

열심히 민들레를 캐고 있는 동안 선생이 카비르에 대한 우화 하나를 들려주었다. 어느 날 한 사람의 수행자가 카비르를 찾아와 말했다.

"내 두 눈으로 신을 보지 않고는 못 배기겠습니다. 부디 신을 보게 해주십시오."

카비르는 수행자의 요구에 이렇게 대답했다.

"자네의 두 눈으로는 결코 신을 볼 수 없네."

"왜 볼 수 없습니까. 저는 꼭 신을 보아야만 합니다. 내 눈으로 확인하지 않고는 아무 것도 믿을 수 없습니다."

수행자의 요구가 집요해지자 카비르는 말했다.

"신은 이 사랑스런 모든 자연이네."

그러나 수행자는 믿지 않았다. 그는 자신의 두 눈으로 신을 보기 전에는 결코 물러날 수 없다고 버텼다. 마침내 카비르는 고집을 피우는 수행자에게 이렇게 대답했다.

"내일 낮 정오에 신이 자네 집을 찾아갈 것일세."

신이 찾아온다는 말에 흥분한 수행자는 서둘러 집으로 돌아가 집 안팎을 깨끗이 청소했다. 다음 날 아침이 되자 그는 목욕을 하여 몸을 정갈하게 하고, 식탁에 진수성찬을 마련했다. 마침내 카비르가 약속한 정오가 되었다. 수행자는 마음을 가라앉히고 이제나저제나 노심초사하며 신을 기다렸다. 이윽고 정오가 되자 엉덩이에 똥을 묻힌 물소 한 마리가 나타났다. 물소는 그의 정원에 똥오줌을 싸놓고, 그가 차려놓은 진수성찬까지 모두 먹어치웠다.

화가 난 수행자는 몽둥이를 휘두르며 물소를 쫓아냈다. 그리고는 다시 정원을 청소하고 정갈한 솜씨로 음식상을 차렸다. 그러나 정오가 지나고 해가 기울 때까지 기다리던 신은 나타나지 않았다. 실망한 수행자는 급히 카비르를 찾아가 항의했다.

"당신은 나에게 거짓말을 했습니다. 아무리 기다려도 신은 나타나지 않았습니다."

조용히 항의를 듣고 있던 카비르가 얼굴 가득히 미소를 머금고 말했다.

"수행자여, 오늘 정오에 물소 한 마리가 자네 집을 방문하지 않았는가? 그때 자네는 몽둥이로 그를 쫓아내지 않았던가?"

선생이 들려준 얘기는 아주 재미있는 비유였다. 결국 신은 겉으로 나타난 모습이 아니라 본질을 볼 수 있는 자에게 찾아오는 것이다.

한 시간도 지나지 않아서 선생과 나의 장바구니는 민들레로 가득했다. 향기로운 민들레 내음이 코끝을 간지럽혔다. 민들레를 캔 다음 선생은 하므릿의 아이들에게 선물하기 위해 바싹 마른 갈대 모양의 골드레트를 모았다. 우리는 장바구니를 들고 오던 길을 되돌아 걷기 시작했다. 돌아오는 도중 우리는 하므릿의 집에 들러 민들레 한 바구니와 골드레트 다발을 선사했다. 하지만 하므릿 부인은 하얀 솜털로 뒤덮인 꽃다발만 받고 민들레는 되돌려주었다.

선생의 선물은 늘 자연에서 채집한 것들이었다. 일단 상대방이 선물을 받으면 수시로 비오라덴에서 얻어오는 빵이나 우유를 가져다주었다. 하지만 상대방이 선물을 거절하면, 굳이 선물을 마련하지 않았다. 내 친구인 B선생도 한동안 페터 선생과 가깝게 지냈는데, 너무 자주 선물을 가져다주는 통에 송구스런 마음이 들었다고 한다. 그래서 선물을 거절했더니 선생이 물었다.

"알레스 오더 니히트(다 받을 텐가, 아니면 아무 것도 받지 않을 텐가)?"

친구는 엉겁결에 '니히트(아무 것도)'라고 대답했다. 그 이후 선생은 정말 아무 것도 그에게 선물하지 않았다.

우리는 철로 변을 따라 슈타트발트를 지났다. 내가 머물고 있는 에페른의 기숙사에서 흙 묻은 민들레를 씻기 위해서였다. 기숙사에 도착했을 때 날은 이미 어두워져 있었다. 선생과 나는 민들레를 깨끗이 씻고 다듬은 후 식탁 위에 올려놓았다. 만찬을 마련하는 데는 아무런 요리나 양념도 필요치 않았다. 그저 깨끗이 씻은 민들레를 입안에 넣고 오랫동안 씹으면 되었다.

독이 있는 덩굴

페터 선생이 소나무 밑에서 깨어나는 시간은 보통 새벽 다섯 시쯤이었다. 잠자리에서 일어나면 선생은 늘 도서관 앞 호숫가에 단정히 앉아 독좌정관(獨坐靜觀)의 위빠싸나를 수행했다. 날이 밝으면 선생은 주로 해진 누더기를 기우며 시간을 보내다가 상점이 문을 열 시간이 되면 어김없이 비오라덴에 들러 먹을 것을 구해 왔다.

먹을 것을 구한 다음에는 다시 호숫가로 돌아와 열한 시까지 식사를 했다. 식사시간은 보통 한 시간 반에서 두 시간 정도 걸렸기 때문에 선생의 식사가 끝나기를 기다리는 데는 적지 않은 인내력이 필요했다.

며칠 후 나는 다시 도서관 앞으로 향했다. 그날 선생은 식사를 하며 한 동양인 젊은이와 대화를 나누고 있었다. 나를 보자 페터 선생은 그 젊은이를 소개시켜 주었다.

"라오스에서 온 판람 후이에네."

알고 보니 판람 후이에는 라오스에서 태어나지는 않았다. 베트남 전쟁이 일어났을 때 그의 부모들은 독일로 망명하여 판람을 낳았다. 원래 라오스에서는 부유한 집안이었기 때문에 독일과 라오스의 이중 국적을 갖고 있었고, 어렸을 때부터 독일 학교를 다녀 독일어를 완전히 구사할 줄 알았다.

"판람은 연극을 공부해서 유명한 배우가 되고 싶어한다네."

판람은 아주 영리해 보이는 친구였다. 하지만 최근에 독일 여자친구와 헤어진 후 마음에 상처를 입어 자주 페터 선생을 찾아와 상담하고 있었다. 판람은 자신이 실연을 당했을 때 선생이 들려준 셰익스피어의 시를 기억하고 있다면서 낭랑한 음성으로 시를 암송했다.

내 눈은 그대 안의 수많은 오류를 깨닫는다.
믿는가, 내가 그대를 사랑하는 것은 이 두 눈이 아닌 것을.
그러나 나는 내 눈이 경멸하는 것을 사랑하고 있나니
잘못을 알면서도 헤어나지 못하네.
내 귀는 그대의 혀에서 흘러나오는 멜로디에 황홀해하고
내 섬세한 감각은 그대의 저속한 감촉에 말려들고
그대의 입술과 향기에 빠져들길 원하네.
내 오감과 의식은 그대에게 취했나니
그대는 손가락 하나 움직이지 않은 채 내 미친 열정을 노예로 만드는구나.
그대, 나를 죄악으로 몰고 가니 내가 얻은 것은 고통일 뿐.

판람은 선생이 들려준 시를 통해 실연의 고통을 잊었다며 몇 번이나 감사를 표했다. 판람의 가족은 불교도였기 때문에 쾰른에서 한참 떨어진 불교 사원에 다니고 있었다. 그 사원은 많은 신도를 확보하고 있는 베트남 승려 쮜쉬나탄이 운영하는 대승불교 사원이었다. 판람은 쮜쉬나탄처럼 승려가 되는 것이 어떨까 고민하고 있었다. 또 그는 페터 선생을 알고 나서부터 그 베트남 승려에게 선생을 소개시켜 주고 싶어했다.

"쮜쉬나탄 스님은 많은 신자를 갖고 있습니다. 이렇게 살아가는 것보다 사원에 가서 생활하시는 것이 어떻겠습니까?"

판람의 말에 나는 가만히 웃었다. 판람은 아직 페터 선생을 전혀 이해하지 못하고 있었던 것이다. 물론 판람의 심정을 이해하지 못하는 것은 아니었다. 그는 추운 겨울날 나무 밑에서 누더기 한 장으로 잠을 자야 하는 선생의 생활이 너무나 안타까웠던 것이다.

"판람, 나는 붓다의 가르침만을 나의 스승으로 삼고 있네."

"그렇다고 평생 이렇게 지낼 수는 없지 않습니까? 베트남 승려가 싫다면 티베트 교단에 들어가서 달라이 라마를 만나보는 것은 어떻습니까?"

선생은 가만히 고개를 내저으며 대답했다.

"판람, 달라이 라마는 아주 훌륭한 성품을 갖춘 인물이지만 티베트의 국가 원수이네. 국가의 통치이념을 실현하고 나라의 독립을 위해 노력하는 것은 붓다의 가르침을 실천하는 것과는 다른 것이지."

이어 선생은 티베트 승려들이 주술을 믿고 의례와 형식에 얽매여 있는 것은 잘못이라고 지적하고는 카비르의 가르침을 암송했다.

"순례와 의례는 독 있는 덩굴일 뿐. 나는 아무도 그것을 먹지 못하도록 뿌리부터 뽑아버린다."

판람이 자리에서 일어서자 선생은 한 마디 말로 인사를 대신했다.

"나는 조금씩 잘못을 고쳐나갈 수 있는 내 삶에 만족하네."

판람은 다음 주에 프랑켄에서 자신이 출연하는 연극 공연이 있다고 말한 후 호숫가를 떠났다. 선생이 식사를 모두 마치자 우리는 도서관의 열람실로 자리를 옮겼다. 그곳에서 선생은 괴테가 읽었다는 하피스의 독일어 번역본을 찾아준 다음 노자와 장자의 번역본도 소개해 주었다. 그리고 셰익스피어의 소네트가 실려 있는 책이 어느 서가에 꽂혀 있는지도 가르쳐주었다.

"성경은 제임스 모파드가 번역한 것이 가장 탁월하지. 하지만 지금 유럽에 통용되고 있는 성경은 마담 구용에 따르면 잘못 번역되어 있네. 17세기 프랑스의 신비주의자였던 마담 구용은 성경에 나오는 '카리타스'는 자비로 번역해야 함에도 사랑으로 번역되었고, '아니마'는 삶이라고 번역되어야 함에도 영혼으로 번역되었다고 주장했지. 그래서 많은 사람들이 사랑을 섹스와 혼동하고 영혼을 귀신과 혼동하고 있지."

오후가 되자 선생의 친구인 하랏지가 열람실로 찾아왔다. 우리는 도서관 2층 로비의 난간에 선 채 서로 인사를 나누었다. 그는 머리가 벗겨져 꽤 나이가 들어 보였다. 그는 나와 처음 만났지만 선생에게 자주 내 이야기를 들었다면서 자신의 고충을 서슴없이 털어놓았다.

그 역시 이란의 회교혁명 이후 독일에 망명한 사람이었다. 하지만 독일 정부는 망명 신청을 받아주지 않았으며, 이란에서 취득한 학사 학위도 인정해주지 않았다. 그래서 그는 서른 살이 되어 다시 대학에 입학해야 했고, 서른 여덟 살이 된 지금에야 겨우 석사 학위를 마칠 수 있었다. 그는 원자물리학을 전공했는데, 이것은 독일 정부에게 아주 민감한 문제였다. 독일 정부는 그가 혹시 이란으로 돌아가 원자탄을 만드는 일에 종사하지 않을까 염려하고 있었던 것이다. 그는 자신보다 형편없는 성적을 가진 학생들도 장학금을 받고 박사과정을 마쳤다면서 대학 당국에 대한 불만을 드러냈다. 더구나 하랏지는 독일에서 여러 가지 어려움에 직면해 있었다. 아직 제대로 된 일자리를 구하지 못했을 뿐 아니라 함께 독일에 온 형은 중병에 걸려 고생하고 있었다. 또 이란에 사는 동생이 얼마 전 교통사고로 사망했던 것이다.

페터 선생이 난감한 표정을 지으며 그를 위로했다.

"하랏지, 에스페데(사회당) 장학금을 신청해보게. 이 대학에서 어렵다면 다른 대학을 물색해보게."

우리는 도서관을 벗어나 잔디밭으로 향했다. 하랏지는 선생에게 할 말이 많은 모양이었다. 도서관을 나서자 하랏지는 갑자기 유럽으로 몰려드는 이란인들의 어리석음을 비난하기 시작했다.

"이란 사람들은 유럽에 오는 것을 부러워하지요. 이슬람에서 부러워하는 것은 섹스와 언론의 자유, 그리고 부에 대한 동경이지요. 그러나 막상 이곳에 와보면 많은 이란 사람들이 문화적인 충격 때문에 소외됩니다. 그래서 자살하거나 범죄에 빠져드는 경우가 많지요.

한 친구는 아름다운 부인과 귀여운 아이를 두었지만 얼마 전 우니센터의 고층빌딩에서 자살하고 말았지요."

그는 많은 고민을 얘기했지만 페터 선생이 해결해 줄 수 있는 것은 아니었다. 페터 선생이 그에게 줄 수 있는 것은 마음의 위안이었다.

"얼마 전에 《르몽드》지를 읽은 적이 있네. 전세계에서 마약으로 벌어들인 검은 돈이 하루에 2 밀리야르덴(20억) 달러라고 하더군. 1년이면 500밀리야르덴(5,000억) 달러가 넘는 돈이지. 이러한 어마어마한 돈이 흘러드는 곳은 대개 정치권과 금융권이지. 누가 이 돈을 마다하겠나. 마약의 주산지인 미얀마의 트라이앵글이나 터어키·아프가니스탄·아프리카의 농민들은 다른 작물을 재배하는 것보다 아주 근소한 이익을 낼 수 있기 때문에 마약성 식물을 재배하네. 만일 선진국들이 그들의 수익성을 보장해 준다면 농민들은 더 이상 마약성 식물을 재배하지 않을 것이고, 이 세계에서 마약의 공포를 사라지게 할 수도 있네. 하지만 선진국의 정치가들은 오히려 검은 돈을 받아들임으로써 마약성 식물의 재배를 부추기고 있네. 하피스는 사람들이 그렇게 많은 악을 범하면서도 최후의 심판을 믿지 않는다고 탄식했네. 바르게 산다는 것은 참으로 어려운 일이지. 부유할수록 말일세. 그래서 하피스는 만약 진리의 형상이 눈앞에 나타나면, 수행자는 그 동안 환상을 보고 살아왔다는 것을 부끄러워해야 한다고 말했네. 붓다 역시 이렇게 말했지. 부끄러움이 없이, 철면피하고, 무례하고, 대담하고, 죄악에 오염된 사람의 삶을 살아가는 것은 쉽다. 그러나 부끄러움이 있고, 항상 청정을 구하고, 집착 없이, 겸손하여, 청정한 생활을 영위하는 사람의 생활은 어렵다라고…."

선생은 다시 숨을 고른 후 하피스의 시구를 암송했다.

"잘못을 범하지 않게 한 나의 가난에 감사한다."

내 영혼의 무덤

며칠 후 나는 페터 선생과 함께 본 대학을 방문하기로 했다. 본 대학의 아이머 박사에게 내가 지은 한국어판 《범어문법학》을 전해주고 프랑스 문화원에 들러 프랑스 옹뒤즈에 있는 대나무 숲의 주소를 알기 위해서였다. 페터 선생은 아이머 박사와 각별한 친분을 유지하고 있는 사이였다.

전철을 타고 본 역에서 내려 뮌스터 광장을 지나갈 때였다. 누군가 선생의 이름을 부르며 우리 앞으로 달려왔다. 그는 여러 개의 카메라를 어깨에 메고 있었는데, 아마도 신문기자나 사진 작가 같았다. 그는 몹시 반가운 표정으로 선생에게 악수를 청했다.

"이게 얼마 만입니까?"

선생과 그는 불어로 얘기했기 때문에 나는 두 사람의 대화를 한마디도 알아듣지 못했다. 두 사람은 길거리에 서서 잠시 이야기를 나누다가 이내 거리에 있는 벤치로 옮겨 십여 분 동안이나 대화를 계속했다. 두 사람이 이야기를 나누고 있는 동안 나는 벤치에 앉아 멀거니 하늘을 올려다보고 있었다. 이윽고 프랑스 청년은 선생에게 작별 인사를 고하고 어디론가 사라졌다. 그가 떠나자 선생은 그 프랑스 청년이 압드 엘 알지스의 친구라고 설명해 주었다.

압드 엘 아지스라면 내가 얼마 전에 쾰른 대학의 도서관 층계에서 마주친 사람이었다. 그는 아프리카에서 온 이슬람 교도로 화학을 전공하고 있었으며, 물라를 아버지로 두고 있었다. 그때 그는 페터 선생의 수피에 해박한 지식 앞에 압도된 표정이 역력했었다. 페터 선생이 최근에 완성한 누더기 가사 한 벌을 그 친구에게 선물할 정도로 아끼는 친구였다. 프랑스 친구는 바로 그 압드 엘 아지스의 친구였다.

"그는 유명한 사진 작가에게 사진을 배웠지. 지금은 그것이 밥벌이가 되었지만…. 최근 알렉산드라 다비드니엘에 관해서 읽고 깊은 감명을 받았다고 하더군. 그래서 그녀에 관해 잠깐 이야기를 나누었지. 기다리게 해서 미안하네."

나는 알렉산드라 다비드니엘이란 여자가 어떤 사람인지 궁금해졌다. 선생은 내 호기심을 눈치챘는지 그녀에 대해 짤막한 설명을 덧붙였다.

"그녀는 프랑스의 신비주의자였네. 혼자서 험난한 티베트 전역을 탐험했지. 그후 프랑스 아카데미에 티베트 불교에 대해 비판적인 논문을 여러 편 제출했지. 아주 장수했지. 백 한 살에 사망했으니까."

우리는 노랗게 채색한 건물을 돌아 본 대학의 동양학부 건물에 도착했다. 안내인이 페터 선생이 오셨다고 하니까 아이머 박사가 일을 하다 말고 뛰어 나왔다. 10여 년만에 다시 만난 아이머 박사는 매우 늙어 보였지만, 눈빛만은 더욱 또렷하게 빛나고 있었다. 아이머 박사는 나를 보더니 반갑게 인사를 건넸다.

"전 선생, 자네가 보낸 편지를 받았네."

아이머 박사는 인도학을 전공했지만 티베트 연구로 잘 알려진 학자였다. 페터 선생이 대신 내 저서를 건네주었다.

"아이머, 이것이 전 박사가 쓴 《범어문법학》이네."

아이머 박사는 내 책을 이리저리 살펴보더니 흡족한 표정으로 말했다.

"이렇게 열심히 연구를 하다니 대단하군."

우리는 아이머 박사를 따라 교수실로 들어섰다. 간단히 서로의 안부를 확인한 우리는 곧 동남아의 고전어 번역에서 주의해야 할 여러 가지 문제점에 관해 토론했다.

아이머 박사의 연구실을 나와 페터 선생과 나는 라인강변으로 향했다. 참으로 오랜만에 걸어보는 강변 길이었다. 선생도 옛날의 감회가 떠오르는지 그윽한 눈길로 둑을 바라보았다.

"강변을 걷노라면 붓다처럼 강물로 뛰어들어 목욕을 하고 싶은 충동을 느끼네. 하지만 요즘은 옷을 벗어 던지고 몸을 담글 만큼 깨끗한 물이 없네. 붓다가 생존해 있을 당시 사람들은 공공 건물을 지을 때마다 붓다를 초대해서 상석에 모셨지. 붓다는 늘 맨발로 다니셨으며, 회관에 들어설 때 통로에 붉은 천이 깔려 있으면 제자들에게 그것을 치우도록 했네."

우리는 강변을 걷다가 케네디 다리 앞에서 버스를 탔다. 선생의 어머니가 잠들어 있는 무덤에 인사를 드리기 위해서였다. 무덤은 아델하이디스 양로원 옆의 공동묘지에 자리잡고 있었다. 일찍이 위암으로 사망한 선생의 아버지는 뒤셀도르프에 묻혀 있었다. 그러나 지금은 돌보는 사람이 없어 거의 폐허가 되다시피 했다고 한다.

선생과 나는 한 평도 안 되는 어머니의 무덤 앞에 섰다. 다행히 페터 선생이 가까이 있어 어머니의 무덤은 잘 단장되어 있었다. 페터 선생은 무덤 주위에 담쟁이를 심어 잡초가 자라지 못하도록 하고, 무덤 앞에 슈네글렉첸이라는 종 모양의 꽃을 심어 놓았다. 나는 가까이 다가가 자그마한 비석을 살펴보았다. 돌아가신 날짜는 1993년 5월로 되어 있었다. 선생의 어머니는 1910년 생이니까 83세에 돌아가신 셈이다.

"어머니는 돌아가시기 직전 매일 나의 누추한 거처를 찾아왔네. 아마도 당신의 임종을 예감하고 있었겠지. 임종이 가까워졌을 때 나는 며칠 동안 양로원에 머물렀지. 하지만 끝내 임종은 보지 못하고 말았네. 잠시 자리를 비운 사이 운명하고 말았거든. 사람들 얘기를 들어보니 임종 직전에 나를 찾았다고 하더군."

"무척 가슴 아팠겠군요."

선생의 말이 내 가슴을 아프게 저며 왔다. 임종을 예감한 어머니의 눈에 이 아름다운 아들은 어떤 모습으로 비쳤을까. 아마 어머니에게는 이 위대한 성자조차도 철없고 나이 어린 아들일 뿐이었을 것이다.

"토요일 아침에 도착하니 이미 밤중에 돌아가셨다고 하더군. 내가 임종을 지켜드리지 못한 것은 큰 실수였지."

선생은 서리가 내린 무덤의 흙과 풀들을 쓰다듬으며 6년 전의 일을 회상했다. 선생이 하피스의 시 한 구절을 읊었다.

"보라. 가냘픈 다리 위에 서 있는 희망의 성을! 바람 불어 삶의 건축물들은 순식간에 무너져 내린다."

가냘픈 다리 위에 서 있는 희망의 성이란 곧 인간 자신을 가리키는 것이었다. 그는 자신의 삶 위에 견고한 성을 구축하지만 죽음이라는 바람 앞에는 어찌해볼 도리가 없다. 우리는 잠시 묵념을 하고는 무덤을 떠났다. 우리는 10여 년 전 함께 걸었던 옛길을 따라 훌슬라까지 걷기로 했다. 둑길을 따라 펼쳐진 넓은 밭은 금방 밭갈이를 끝냈는지 향기로운 흙 냄새를 바람에 날리고 있었다.

"선생님, 붓다가 생존했을 당시 사람이 죽으면 어떻게 했습니까?"

"그때는 흰 천으로 감아서 내다 버렸지. 그러면 새들이나 들짐승이 와서 깨끗이 먹어치웠네."

"하지만 붓다의 장례는 성대하게 치르지 않았습니까?"

"물론 붓다의 장례는 재가신자들에 의해 성대하게 치러졌지만 붓다는 그것에 대해 아무런 가치도 부여하지 않았네."

우리는 어느덧 싼트아우구스틴으로 이어지는 철로 변을 걷고 있었다.

"네 번째 칼리프인 알리의 장례식이 어떠했는지 아는가?"

나는 고개를 저었다.

"다섯 번째 칼리프가 들어설 때, 모든 것이 혼란스러웠지. 알리는 임종을 앞두고 제자들에게 말했네. '내가 죽으면 시체를 흰 낙타에 태워 사막으로 보내라. 사막에 내 시체가 떨어지는 곳이 나의 무덤이다'라고…. 제자들은 그의 유언을 따랐지. 그러므로 그의 무덤을 아는 자는 아무도 알 수 없었네. 그런데 훗날 제자들은 스승을 위해 엄청난 크기의 무덤을 만들었네. 따라서 지금은 네 개의 커다란 무덤이 있지만 어느 것이 진짜 알리의 무덤인지 알 수 없지."

우리는 목장의 푸른 목초지 사이로 난 오솔길을 걷고 있었다. 스코틀랜드에서 수입한 망아지 만한 말들이 한가로이 풀을 뜯고 있었다.

"무덤과 관련된 우화를 하나 들려줄까?"

내가 고개를 끄덕이자 선생은 물라 나스루딘의 얘기를 들려주었다. 나스루딘의 아버지는 아들의 견문을 넓혀주기 위해 당나귀에 아들을 태워 세상 밖으로 내보냈다. 그러던 어느 날 나스루딘을 태운 당나귀가 죽고 말았다. 나스루딘은 유일한 동반자였던 당나귀가 죽자 그 시체 위에 돌을 쌓으며 슬피 울기 시작했다. 무덤 곁을 지나던 사람들이 그 모습을 보고는 훌륭한 제자가 돌아가신 스승을 위해 슬피 울고 있다고 생각했다. 그래서 사람들은 나스루딘과 함께 돌을 주워 날라 무덤을 만들었다. 지나가는 사람들이 점차 몰려들더니 무덤은 금세 커다란 피라미드로 바뀌었다. 피라미드의 높이가 점점 높아지자 많은 사람들이 그 앞에 기도하기 시작했다. 이윽고 사람들은 피라미드 앞에서 아들을 점지해달라거나 장사가 잘되게 해달라고 기원하며 돈을 던지기 시작했다. 돈은 점점 쌓여갔다. 나스루딘은 쌓여가는 돈을 어떻게 처리할지 고민하다가 커다란 정원과 호수가 있는 사원을 만들기로 했다.

사원이 생겨나면서 나스루딘은 이 성스러운 장소의 지도자가 되었다. 그런데 어느 날 삼촌이 찾아와 나스루딘에게 물었다.

"자네는 여기서 무엇을 하고 있는가? 지금 자네의 아버님이 자네를 찾아 천지를 헤매고 있네."

문득 집에 돌아갈 때가 되었다는 것을 깨달은 나스루딘은 급히

짐을 챙기며 말했다.

"삼촌이 잠깐 동안 이 사원을 관리해 주십시오. 제가 금방 아버님께 다녀오겠습니다."

나스루딘은 그 길로 아버지를 찾아갔다. 오랜만에 나타난 아들을 본 아버지가 그에게 물었다.

"그 동안 무얼 하느라 소식이 없었느냐.?"

나스루딘은 그 동안 벌어졌던 일을 아버지에게 털어놓았다. 그러자 아버지는 깜짝 놀라며 말했다.

"나도 할아버지가 당나귀에 태워 보낸 뒤에 이 사원을 얻었다!"

선생의 말이 끝나자 나는 손뼉을 치며 웃어댔다. 정말 통렬한 풍자가 아닐 수 없었다. 죽음은 때로 환상을 만들어내고, 그 환상은 몽매한 사람들을 최면에 빠뜨리는 것이다. 선생은 다시 장자가 임종을 앞두었을 때 보여준 행동에 대해 말했다.

장자가 죽게 되었을 때 제자들이 그를 후하게 장사지내려 했다. 그때 장자는 이렇게 말했다.

"나는 하늘과 땅을 관으로 삼고, 해와 달로 한 쌍의 구슬을 삼으며, 별들로써 장식의 옥을 삼고, 만물로써 제물을 삼고 있으니 이 얼마나 큰 장례인가 무엇을 더 보태려 하느냐?"

그러자 제자들이 걱정스레 말했다.

"솔개와 까마귀가 시신을 파먹을까 두렵습니다."

"땅 위에 있으면 까마귀나 솔개의 밥이 되고, 땅 속에 있으면 벌레나 개미의 밥이 되는 것이다. 까마귀의 밥을 빼앗아 벌레에게 주다니, 어찌 그리 편벽한가?"

결국 장자는 자신의 주검마저 자연에 되돌려주었던 것이다.

선생과 나는 옛 베르크마이스터 스퇵 가를 둘러보았다. 근처에는 숲이 울창한 공원이 있었다. 내가 첫 아들을 낳았을 때 아이를 양털로 된 포대기로 감싸고 곧잘 산책하던 곳이었다. 그때 나는 아이를 나무등걸 위에 뉘여 놓고 주위를 산책한 적이 있었다. 마음씨 좋게 생긴 중년의 독일인 남자가 계속 눈치를 살피다가 내 앞으로 다가왔던 기억이 새롭다. 그는 한참동안 망설이더니 내게 이렇게 말했다.

"아이를 버릴 거면 나한테 양자로 주시는 게 어떻겠습니까?"

정말 가슴 아픈 한 마디였다. 한 푼의 생활비가 아쉬웠던 그 시절, 중년 남자의 말은 내 심장을 갈기갈기 찢어놓았었다.

선생과 나는 레스푸룽(노루가 뛰노는 곳) 가를 거쳐 예전에 선생의 어머니와 함께 차를 마시던 발트카페 앞으로 지났다. 우리의 눈 앞에는 어느 새 어두컴컴한 전나무 숲이 가로막고 있었다. 선생과 내가 눈부신 햇살을 받으며 즐겨 명상하던 곳이었다. 숲은 여전히 나뭇가지 사이를 비집고 들어오는 찬란한 광채로 빛나고 있었다. 페터 선생은 아름다운 햇살을 어깨에 받으며 나무등걸에 걸터 앉았다.

"13세기의 수피 아부 야지드는 이렇게 말했지. '나는 어떠한 관점에서든 완전한 가난보다 더 나은 부를 보지 못했다. 나는 어떠한 관점에서든 완전한 무능함보다 더 나은 유능한 것을 보지 못했다. 나는 어떠한 관점에서든 완전한 침묵보다 강하게 빛나는 등불을 보지 못했다. 나는 어떠한 관점에서든 완전한 벙어리보다 더욱 유창한 것을 보지 못했다'라고…."

"눈부신 언어군요."

"공(空)은 바로 완전한 가난, 완전한 무능, 완전한 침묵, 완전한 벙어리를 말하는 것이네."

눈부신 햇살이 가문비나무 가지 사이로 스며들며 숲 속을 찬연한 빛으로 물들였다. 체로 걸러낸 듯 숲으로 스민 빛은 나뭇잎에 맺힌 이슬방울에 반사되어 영롱한 빛을 발산시키고 있었다.

나는 선생의 깊은 사유와 보석처럼 빛나는 언어들이 어디로부터 흘러나오는 것인지 알 수 없었다. 선생의 놀라운 사색과 아름다운 비유는 마치 속 깊은 우물 속에서 길어 올린 샘물 같았다. 그 맑은 사유의 바다에 한 번만이라도 몸을 담글 수 있으면 좋겠다고, 나는 생각했다.

"선생님은 주로 어떤 책을 읽었습니까?"

"책이 모든 것을 가르쳐주지는 않지만 그 속에서 길을 발견할 수는 있지. 나는 붓다와 카비르, 노자와 장자로부터 많은 것을 배웠네. 제임스 모파드가 번역한 신약성서에서는 예수의 삶을 배웠고, 신비주의자였던 요하네스 타울러로부터도 영향을 받았네. 나는 위대한 사람들의 삶을 배우기 위해 노력하고, 그로부터 내 잘못을 깨달으며, 하루하루 그것을 고쳐 나가기를 원하네. 전 선생, 우리에게는 시간이 없네. 모든 경전을 외우고, 매일 성전에 나가 기도한다고 해도 구원의 길은 멀기만 하지. 한 사람이 붓다를 뵙고 출가하기를 원했을 때 한 제자가 259개에 달하는 계율을 열거한 적이 있었네. 그러자 출가자는 계율이 너무 복잡해서 다 기억할 수 없다며 떠나려 했지. 그때 붓다는 말했네. 몸과 말과 뜻의 세 가지 행위를 지키라고. 그 말을 들은 출가자는 단박에 깨달음을 얻었지. 사실 우리는 진리를 알 시간적인 여유도 없네. 중요한 것은 한 가지라도 지금 당장 실천하는 것이지. 선(禪)을 행하는 선사에게는 턱수염을 깎을 시간조차 없는 것이네."

마지막으로 선생은 붓다의 가르침을 들려주었다.

"무화과나무 숲에서 꽃을 찾을 수 없는 것처럼, 모든 존재 가운데 실체를 얻을 수 없으므로 수행자는 이 세상과 저 세상을 모두 버린다. 마치 뱀이 옛 허물을 벗듯이."

어느덧 오늘의 긴 여행은 황혼과 더불어 저물어가고 있었다. 우리는 홀츨라의 검은 숲을 빠져 나와 버스를 탔다.

다음날 나는 쾰른 시내로 향했다. 노이마르크 거리에는 서점이 즐비했다. 나는 몇 군데 헌 책방을 돌며 책을 골랐다. 두어 시간쯤 헌 책방을 돌고 나니 어느덧 내가 사 모은 책이 한 보따리나 되었다. 나는 책을 에페른의 숙소에 갖다 놓고, 셰익스피어의 시를 읽으며 야채와 과일로 생식을 했다. 저녁 무렵이 되자 나는 페터 선생을 만나기 위해 도서관으로 향했다. 간간이 비가 내리고 있었으므로 선생은 도서관 처마 밑에 앉아 바느질을 하고 있었다. 나는 빗물이 듣는 처마 밑에 쭈그리고 앉아 낮 동안 읽었던 셰익스피어의 시에 대해 말했다.

"선생님, 스스로 지은 죄를 참회하는 데는 셰익스피어의 시가 제격이라는 생각이 들었습니다. 그는 극작가였다기보다는 위대한 시인이었습니다."

선생은 바늘 쌈지를 한쪽으로 치우고는 자리에서 일어섰다. 그리고는 널찍한 도서관 낭하를 걸으며 셰익스피어의 시를 읊기 시작했다.

가난한 영혼이여, 죄의 업보에 둘러싸인 땅의 한가운데 선 그대여
그대를 둘러싼 반역의 힘에 바보가 되었나니
껍데기는 값비싼 물감으로 채색하면서
왜 그대의 마음은 텅 비워놓고 괴로워하는가?
왜 금쪽 같은 삶의 시간을 치장하는 데 급급한가?
육신의 찌꺼기가 벌레의 소굴이 될 때
이것이 그대 육신의 끝이란 말인가?
영혼이 고작 노예처럼 희생한 그대 육신의 대가란 말인가?
불쾌한 고통을 높이 세우고
궁핍한 시간을 팔아 신의 시간을 사는 것인가?
궁핍으로 가득 찬 가난한 내 마음
삶은 죽음을 먹고사는가?
그러나 단 한번의 죽음뿐, 더 이상 죽음은 없네.

선생의 낭랑한 음성이 울려 퍼질 무렵, 선생 앞에 한 사람이 나타났다. 선생의 친구인 하싼이었다. 그 역시 이란인이었다. 하싼은 다

짜고짜 빵과 사과를 내밀었다. 선생이 서류와 탄원서를 대필해준 대가였다.

"돈으로 주고 싶었지만 선생님께서 받지 않으실 것 같아서요."

하싼은 수줍은 듯 얼굴을 붉혔다.

"고맙네."

우리는 도서관 앞에 앉아 빵과 사과를 나누어먹었다.

"하싼, 얼마 전에 나를 괴롭히던 꼬마들이 오늘 다시 나타났네."

선생은 끌끌 혀를 차며 낮에 겪었던 얘기를 시작했다. 어디든 미치광이나 거지를 괴롭히는 꼬마들이 있는 법이었다. 누더기 차림의 선생에게도 마찬가지였다. 선생이 거리를 걸을 때마다 심술궂은 꼬마들은 곧잘 선생의 주위를 돌며 신기한 동물을 만난 것처럼 구경하곤 했는데, 그 중 몇몇은 돌팔매질을 하기까지 했다. 오늘 낮 선생은 그 꼬마들로부터 돌팔매질을 당한 것이다.

"단단히 타이르지 않구요?"

"아이들은 부랑자까지도 존경하는 법을 배워야 하네. 하피스가 나타날 때마다 사람들은 '이 번뇌 덩어리야, 어서 사라져라!' 하고 욕을 해댔지. 그에 비하면 나는 아이들의 훌륭한 장난감이 아닌가?"

나는 선생이 아이들의 놀림감이 되는 것이 너무나 가슴 아팠다. 하기야 이 세상에 출현했던 어떠한 성자도 처음에는 비웃음의 대상에 지나지 않았다. 하지만 그 위대한 성자들은 주위의 비웃음과 따가운 눈초리에도 불구하고 자신이 걸어야 할 길을 묵묵히 걸어갔다.

선생은 화제를 돌려 하싼의 근황을 물었다.

"하루 11시간이나 컴퓨터 프로그래밍을 배우고 있습니다."

하싼은 경제학을 전공하고 있었지만 취업을 위해 컴퓨터 프로그래머가 되려 하고 있었다. 더구나 국가에서 지원하는 훈련을 받고 있었으므로 학비 걱정을 덜 수 있었다. 하싼이 떠난 후 나는 그 동안 궁금해하던 것을 선생에게 물었다.

"붓다의 가르침 가운데 '이와 같이 알고 이와 같이 본다'는 말은 무엇을 뜻합니까?"

"짐승의 발자국이 있다고 하세. 그 발자국은 땅 위에 남겨진 하나의 자취이지. 하지만 그 발자국의 주인은 보이지 않네. 물론 땅에 새겨진 발자국은 주인의 본질이 아니라 발의 형태일 뿐이네. 하지만 우리는 그 형상을 봄으로써 발자국의 주인이 어떤 동물인지 알 수 있지. 발자국을 보고 동물의 정체를 아는 것이 '이와 같이 알고 이와 같이 보는' 것일세. 하지만 그 동물을 일찍이 본 적도 없고, 알지도 못한다면 발자국을 보는 것은 아무런 의미도 없네. 그것은 마치 교통 신호등을 모르고 길을 건너는 것과 같지. 내가 보고 있는 것을 내가 알지 못한다면, 다시 말해서 내가 발자국을 읽을 수 없다면 내가 본 것은 아무런 의미도 없다는 말일세. 연기가 나면 불이 피워져 있다는 것을 알 수 있지. 그러나 불을 보기까지는 어디까지나 추측일 뿐이지. 특징과 징후를 보고 사물을 알 수는 있지만, 내가 보는 것을 내가 모른다면 나는 단지 애매한 서술만 할 수 있을 뿐이네. 이때 본다는 것은 아무 의미도 없네. 금의 가치를 모르는 사람이 수만 금을 가지고 있는 것과 마찬가지지. 만약 내가 세계에 대해 잘못된 그림을 가지고 있다면, 나는 이 세계의 허상 속에서 살아가는 것일세. 위대한 성자들은 발자국을 보면서 그 본질을 꿰뚫은 사람들이라고 할 수 있지. 발자국은 곧 이 세계이며, 그 본질은 신이자 진리이네. 그러나 최상의 진리는 스스로 깨달을 수밖에 없네. 그래서 카비르는 말했지. '찾아 헤맸으나 아무 것도 발견하지 못했네. 그래서 신은 유일한 것이라는 것을 알았네'라고…. 신은 어떤 것과도 비유될 수가 없네. 내가 어떻게 무조건적인 것의 조건을 발견할 수 있겠는가? 신은 그 스스로가 증거이네. 땅에 새겨진 발자국은 하나의 증거이지만 물고기의 흔적이나 새의 날개 자국은 될 수 없네. 하지만 성자들은 모든 발자국에서 유일성의 본질을 보았지. 그래서 카비르는 말했네.

'하나에 헌신하면 모두가 그에게 헌신한다. 모두에 헌신하면 하나는 사라진다'라고…."

어느새 밤 열한 시가 가까워졌다. 이 늦은 밤에도 자전거를 타고 도서관 앞으로 질주해 오는 청년이 있었다. 청년은 문득 자전거를 멈추고 선생과 나를 한참동안이나 바라보았다.

"페터 선생님!"

터어키계 독일 청년인 데니스였다. 한때 빵을 굽는 일을 하던 그는 지금 대학에서 사회학을 전공하고 있었다. 데니스는 다른 남자에게 애인을 빼앗긴 후 매일 밤 선생을 찾아와 위로의 말을 듣고 가는 것이 일과처럼 되어 버렸다. 데니스는 빨래를 해주겠다면서 선생의 누더기와 속옷을 빼앗다시피 자전거에 실었다. 페터 선생이 불러 세울 겨를도 없이 그는 서둘러 어둠 속으로 사라졌다.

왜 돌아갈 길을 걱정하는가

왜 돌아갈 길을 걱정하는가

일요일 아침까지도 여전히 비가 내리고 있었다. 나는 선생에게 가져갈 흑빵을 사기 위해 거리로 나왔지만 대부분의 가게는 문이 닫혀 있었다. 이리저리 기웃거린 끝에 마을 입구까지 가서야 얼마 전에 새로 문을 연 빵 가게를 발견할 수 있었다. 나는 여러 가지 곡식을 넣어 구운 흑빵 한 덩이를 산 후 전철을 탔다.

휴일을 맞은 캠퍼스는 너무나 조용했다. 더구나 차가운 비까지 내리고 있어 도서관 건물이 을씨년스러워 보이기까지 했다. 페터 선생은 처마 밑에 앉아 무연히 빗줄기를 바라보고 있었다. 그 모습이 마치 절간 툇마루에 앉아 홀연 깨달음을 얻은 노승처럼 보였다. 나는 처마 밑에 신문지를 깔고 흑빵을 내려놓았다. 선생과 나에게는 아침 겸 점심식사인 셈이었다.

"며칠 전 청둥오리 한 쌍이 호수에 나타났네."

나는 문득 호수 쪽으로 시선을 돌렸다. 아름다운 청둥오리 한 쌍이 비를 맞으며 유유히 헤엄치는 모습이 보였다. 부리를 물 속에 처박았다가 다시 머리를 들 때마다 유리알 같은 물방울이 사방으로 흩어졌다.

"호수에는 물고기도 없을 텐데 무얼 먹는 거죠?"

"사람들이 던진 빵 부스러기를 찾고 있겠지."

"저 청둥오리가 여기서 태어났을까요?"

"모르지. 그러나 모든 동물은 본능적으로 자신의 고향으로 돌아오는 법이네."

선생은 문득 생각난 듯 어제 만났던 레저에 대해 말했다. 레저는 조금 전 선생을 찾아와 독일 여자와 결혼한다는 소식을 전했다고 했다.

"착한 청년이지. 가끔 내게 옷을 주거나 돈을 주려 해서 그때마다 거절하느라 애를 먹었네. 아까도 돈을 주려고 하길래 거절했네. 하지만 음식은 가끔씩 받지."

사실 선생은 어제 하루종일 굶고 있었다. 밤늦게 레저가 빵과 사과를 가져오지 않았다면 선생은 한 끼의 식사조차 해결하지 못했을 것이었다. 그 얘기를 듣는 순간 나는 가슴에 아련한 통증을 느꼈다.

"일요일이라 가게가 모두 문을 닫았더군요. 그래서 빵밖에 살 수 없었습니다."

"터어키나 이란인들이 경영하는 가게는 대개 일요일에도 문을 열지."

"그럼 야채를 사러 갈까요."

"좋은 생각이네. 그러잖아도 산책을 나갈 생각이었거든."

우리는 대학을 빠져 나와 바바로사 광장 근처의 터어키 식품점으로 향했다. 부슬부슬 내리는 비를 맞으며 거리를 걷는 것도 오늘은 청승맞게 느껴지지 않았다.

"선생님, 카비르는 맛 있다고 과식을 하면 맛있는 만큼 고통을 당한다고 말하지 않았습니까?"

"터어키에는 '오직 먹을 것만 찾는 새는 덫에 쉽게 걸린다'는 속담이 있네."

"예수도 빵만으로 살 수 없다고 했지요."

"맞네. 붓다는 다음 네 가지를 음식에 비유했네. 즉 물질적인 음식과 감촉이라는 음식, 의도라는 음식, 의식이라는 음식이지. 그 모든 것이 먹어 없어지는 것이 아니라 재생을 구하는 윤회의 음식이 된다고 말했네."

우리는 루돌프 광장을 지나 터어키 상점 앞에 이르렀다. 일요일에 문을 여는 가게는 몇 안 되었기 때문에 비좁은 상점 안은 많은 사람들로 붐볐다. 상점 안에는 과일과 육류는 물론 생필품들로 가득 차 있었다. 나는 사과 10개와 다텔이라는 자두 모양의 과일 한 상자, 그리고 양배추를 샀다. 야채와 과일 담은 종이봉지를 품에 안은 채 우리는 다시 쥘피서 가를 따라 걸었다.

"선생님, 윤회에 관해 어떻게 생각하십니까?"

"윤회사상은 붓다가 고안해낸 이론이 아니라 직접 체험한 것이라고 생각하네. 붓다는 해탈하기 직전에 세 가지 지혜를 얻었는데 그 중에 하나가 전생에 관해서 아는 숙명통(宿命通)이 아니던가? 하지만 다른 종교가 윤회에 관해서 말하지 않는 것은 연구해볼 만한 과제이네."

쾰른 대학의 구내식당 앞을 지날 무렵 빗방울이 굵어지기 시작했다. 선생은 손수레에서 낡은 우산을 꺼내 내 머리를 가려주었다.

"유난히 올해는 비가 잦군. 봄이 오면 먹을 만한 푸성귀들이 많이 자라겠지."

선생의 빠른 걸음 덕분에 우리는 금세 도서관 낭하에 도착했다. 늦은 식사이긴 했지만 나는 야채와 과일을 꺼내 신문지 위에 조촐한 상을 차렸다. 선생은 아이베 나무 밑에 깔아두었던 두꺼운 종이를 꺼내 앉을 자리를 마련했다. 우리는 요가 수행자처럼 허리를 곧게 세우고 앉았다.

"차가운 바닥에 오래 앉아 있으면 몸이 굳네."

선생은 내게 누더기를 건네주며 그렇게 말했다. 누더기는 선생이 오랫동안 천 조각을 기워 만든 것인데, 치마처럼 허리에 두르고 앉은 다음 아랫도리를 넓적다리 위쪽으로 올려 차가운 공기가 들어가지 않도록 단추로 잠그게 되어 있었다. 그 누더기를 덮으니 따뜻한 안방에 들어와 있는 것 같았다.

"기막힌 발명품이군요. 아무리 추운 겨울이라도 명상하기에는 안성맞춤입니다."

우리는 흑빵을 입안에 넣고 완전히 물이 되도록 꼭꼭 씹었다. 식사가 거의 끝나갈 무렵 선생은 예전과 달리 요즈음 도시의 청년들이 밤마다 번화가를 배회하며 고성방가한다면서 하피스의 시를 읊었다.

오, 그대 왕다운 독수리여!
그대의 살 곳은 신의 천국인데
그대는 왜 도시의 한 구석,
비참한 재난의 고통 속에 사는가?
돌아가라, 신의 천국으로!
나는 묻노라.
왜 그대는 이곳에서 날아와 돌아가는 것을 주저하는가?
그물과 덫으로 가득 찬 이 곳에 왜 남아 있는가?

어느새 비는 멎어 있었다. 늘 하던 대로 우리는 식사를 끝낸 후 산책을 하러 나섰다.

"하디스가 집에 있는지 한번 가볼까?"

우리는 하디스를 찾아가기로 했다. 쥘피셔 가를 지나 파란타 가로 들어섰을 때 우리는 어느 야채 가게 앞에서 나이든 독일인 부부를 만났다. 부인은 뚱뚱한 몸집에 키가 작은 편이었지만, 화가인 남편은 비쩍 마른 체격이었다.

"페터 선생님!"

"오, 레오 부인."

선생은 거리에 선 채 부부와 잠시 대화를 나누었다. 선생은 부인에게 아직도 남편이 술을 마시는지 물었다. 얘기를 들어보니 남편은 심각한 알코올 중독자로 오랫동안 고생한 것 같았다. 남편이 손을 내저으며 선생의 말을 가로막았다.

"최근 1년간은 거의 마시지 않았네. 이젠 알코올 중독에서 완전히 벗어난 것 같아."

그러자 선생은 남편에게 채식을 할 것을 권했다. 채식을 통해 몸에 축적된 독소를 완전히 빼내야만 알코올의 유혹에서 완전히 벗어난다는 것이었다. 부부는 선생에게 감사를 표하고 총총히 사라졌다.

우리는 한참을 걸어 하디스의 집에 도착했다. 집안으로 들어서자 하디스는 막 외출을 하기 위해 구두를 닦는 중이었다. 선생이 걸음을 되돌리려 하자 하디스는 굳이 문을 열고 들어오라고 했다.

"하디스, 그간 어떻게 지냈나?"

하디스의 얼굴은 무척 어두워 보였다.

"최근 노이마르크 근처의 한 주택에서 인테리어 공사를 했지요. 그런데 일을 도급하는 업자가 세 번이나 설계를 변경하는 바람에 아주 혼이 났습니다. 그런데도 아직 공사 대금을 한푼도 받지 못했어요. 일거리가 있는 것만도 다행이지만 얼마를 요청해야 할지 알 수가 없어요."

"도급업자가 나쁜 사람이군. 세 번이나 공사를 했으면 당연히 업무 외 수당을 청구해야 하지 않겠나?"

하지만 망명자들이 제 품삯을 받고 일하기는 쉬운 일이 아니었다. 선생은 하디스를 위로한 후 빈 병에 수도물을 채웠다. 이곳은 아이펠의 청정구역에 있는 수원지에서 물을 끌어오기 때문에 굳이 수도물을 끓여 먹을 필요가 없었다. 하디스가 외출을 해야 했으므로 우리는 곧 밖으로 나왔다. 선생과 나는 하디스의 집에서 받아온 수도물을 마시면서 퀼른 대학병원 앞을 지났다. 선생이 거대한 병원 건물을 가리키며 말했다.

"전 선생, 저것은 거대한 질병의 궁전이네."

"질병의 궁전이라니요?"

"현대인의 생활은 질병을 요구하지. 저 병원에 근무하는 수많은 사람들을 먹여 살리는 것이 누구인가? 생식과 채식을 하면서 바른 삶을 살아가면 질병은 사라질 수 있네. 하지만 의사들은 그렇게 말하지 않지. 그들은 자명한 진리를 은폐하고 있는 것이네. 건강한 자에게 의료가 무슨 필요가 있겠는가?"

"얼마 동안 과일과 야채만 먹었더니 몸이 훨씬 가벼워지고 머리도 맑아졌습니다."

나는 벌써 이주일째 과일과 야채만으로 식사를 하고 있었다. 그 효과는 너무나 놀라웠다. 무엇보다도 위에 가득 차 있던 가스가 사라졌고, 속 쓰림도 말끔히 없어졌던 것이다.

"한국에 가면 모든 사람이 익힌 음식을 먹는데 계속 생식을 할 수 있을는지 걱정입니다."

"자네가 똑같은 삶을 살아간다면 다른 사람에게 무엇을 보여줄 수 있겠나?"

하지만 나는 확신할 수 없었다. 사람들은 모두 동일한 것을 먹고 동일하게 행동하길 바란다. 생식을 하려면 그만큼의 노력과 집념이 필요했다. 또 불편함을 이겨내야 하고, 다른 사람들과도 쉽게 어울릴 수 없었다. 한국에 돌아가 그런 어려움을 감내할 수 있을 것인지 확신이 서질 않았다.

"동양에서는 운모나 구리가루 같은 것을 마치 불로장생의 비약처럼 복용했던 적이 있습니다."

내 얘기에 선생은 화들짝 놀라며 얼굴을 일그러뜨렸다.

"그런 광물질을 먹는 것은 바보나 하는 짓이네. 인체에 필요한 비타민은 물론 철분과 같은 광물질까지도 식물을 통해 얻어야 하네. 그것들이 생체 에너지와 결합될 때에만 인체가 받아들일 수 있지. 금속가루를 먹는 것은 죽음을 부르는 짓일세. 자네도 알다시피 중국에서는 얼마나 많은 황제들이 수은 중독으로 죽어갔는가?"

"많은 황제들이 불로초를 찾아 온 천지를 헤매고, 단약(丹藥)을 복용했지요. 많은 황제들이 젊은 나이에 죽은 것은 대개 중금속에 의한 중독 때문이었습니다."

"연금술사들은 동서고금을 막론하고 본래부터 잘못된 길로 빠져들었네. 연금술을 믿는 도가의 사람들은 노자를 전혀 이해하지 못하는 자들이지. 노자는 결코 구리가루나 운모가루를 먹으라고 말한 적이 없네."

"한국에 유명한 T스님이 있었습니다. 그가 죽었을 때 위장 안에 운모가루가 가득했다고 합니다. 붓다의 가르침을 제대로 알았으면 그런 일이 있을 수 없었겠지요."

"현세에서 불로장생을 꾀하는 자가 어찌 남의 스승이 될 수 있겠는가?"

"동양에서는 점술도 성행하고 있지요. 한국의 신흥종교들은 상당수가 허무맹랑한 예언을 하면서 사람들을 현혹시키고 있습니다."

"대부분의 성자들은 어떠한 예언이나 점술도 거부했네. 몽고가 페르시아를 점령했을 때 몽고의 황제는 가장 유명한 점쟁이를 궁중에 초대했지. 그리고는 점쟁이에게 스스로 몇 살까지 살 것인지 알아맞혀 보라고 했네. 그러자 점쟁이는 '폐하, 저는 장차 아흔 살까지 살 것입니다'라고 대답했지. 그 황제가 점쟁이를 어떻게 했겠나?"

"글쎄요."

"하하하, 황제는 그 자리에서 점쟁이의 목을 베어 버렸네. 결국 점쟁이는 자신의 운명조차 알지 못한 것일세."

선생은 다시 너털웃음을 터뜨린 후 조용히 말을 이었다.

"인연은 수많은 요인에 의해 생겨나고 그에 따라 수많은 결과가 발생하지. 따라서 미래를 예언하는 것은 불가능하네. 그 점쟁이는 황제의 의지로 인해 자신의 미래가 바뀔 수 있다는 사실을 알지 못했네. 그래서 카비르는 말했지. '그대는 눈앞의 일도 모르면서 내일을 위해 계획을 세운다'라고…."

"그런데도 중국에서는 구리가루나 운모가루가 비싼 값에 팔리고 있습니다."

"중국은 거대한 나라인 만큼 어리석음도 거대하네."

그 말에 나는 배꼽을 쥐고 웃었다.

"중국만이 아니라 유럽의 연금술사들도 신비주의에 빠져 있었지. 본래 연금술은 페르시아에서 생겨난 것일세. 페르시아의 수피들은 내면세계를 표현하기 위해 연금술에 비유한 언어를 사용했는데 어리석은 자들이 그 의미를 알지 못하고 글자 그대로 해석한 것이지. 예를 들어 하피스는 술과 술잔을 통해 신과의 합일을 비유했는데 훗날 사람들은 이것을 오해해서 받아들였지."

한창 이야기를 나누는 동안 우리는 베토벤 파크에 도착했다. 한겨울이라 낮이 짧아 벌써 저녁 무렵이 되어 가고 있었다. 너른 숲과 아름답게 펼쳐진 초원을 에워 도는 산책로에는 드문드문 사람들이 지나다녔다. 페터 선생의 시선이 문득 한 곳을 향했다. 그곳에는 중년 독일인 신사가 벤치 위에 아이들 장난감 같은 잡동사니들을 얹어 놓고 지나가는 사람들에게 팔고 있었다. 차림새로 보아 노점상 같아 보이지는 않았다. 선생은 중년의 신사를 한참 동안 바라보다가 이내 곁으로 다가갔다. 페터 선생을 본 중년 신사도 아는 체를 하며 인사를 했다. 선생은 잠시 중년 신사와 얘기를 나눈 다음 내게로 왔다.

"쾰른 대학에서 생물학을 전공한 사람이지. 얼마 전에 이혼했다는 얘기를 들었는데 집과 재산을 모두 부인에게 빼앗기고 부랑자처럼 떠돌고 있다는군. 알코올 중독에 정신이상 증세까지 보이고 있으니 걱정이네. 생활비가 없어 집에서 가져나온 잡동사니들을 팔고 있더군."

어느덧 베토벤 파크는 어둠에 물들고 있었다. 어스름한 저녁 하늘에 별들이 나타나기 시작했다.

"해가 뜨면 별들은 사라지는 법이지. 《자타카》에 재미있는 이야기가 실려 있네. 옛날 사람들은 밤길을 갈 때 별자리를 보고 목적지를 찾아갔지."

 선생은 벤치에 앉아 밤하늘의 별들을 바라보면서 계속 말을 이었다. 선생이 들려준 이야기는 이러했다. 어느 날 사람들은 무거운 물항아리를 낙타에 싣고 사막으로 여행을 떠나게 되었다. 이윽고 목적지가 가까워지자 사람들은 안도의 숨을 몰아쉬며 싣고 있던 물을 모두 쏟아버렸다. 낙타들이 지쳐 있었으므로 더 이상 무거운 물을 싣고 갈 이유가 없었던 것이다. 그러나 사람들은 너무 방심한 나머지 낙타가 길을 잃고 오던 방향으로 되돌아가는 것을 눈치채지 못했다. 결국 그들은 무심코 낙타를 쫓아가다가 결국 사막한 가운데 갇히고 말았다. 물 한 모금 없이 사막에서 살아남는다는 것은 불가능했다. 마침내 그들은 사막에 갇혀 영영 돌아오지 못했다.

 대개 사람들은 자신이 서 있는 자리가 어디인지도 모른 채 무작정 길을 걷는다. 눈앞에 나타난 잠깐 동안의 신기루가 그들을 안심시키지만 그 너머의 세계로 가기 위해서는 더 많은 고통이 따른다는 것을 알지 못하는 것이다.

영혼이 머물 자리

다음날은 날씨가 훨씬 푸근했다. 아침 일찍 전철을 타고 도서관에 도착해보니 페터 선생은 벌써 탁발을 끝내고 식사를 하고 있는 중이었다. 내가 나타나자 선생은 비오라덴에서 얻어온 두부를 내밀었다.

"비오 두부를 맛보게."

나는 선생이 건네준 두부를 조금 떼어내 입안에 넣었다. 맛이 고소하고 향긋했다.

"치즈보다 훨씬 맛있습니다. 이런 두부는 일찍이 맛본 적이 없습니다."

비오 두부는 무공해로 재배한 콩으로 만드는데, 독일에서는 생두부에 일본 간장을 발라 먹었다. 맛은 치즈와 맛이 비슷했지만 우리 나라에서 생산하는 두부보다는 약간 단단했다. 나는 독일인들이 두부의 원조인 동아시아보다도 다양한 종류의 두부를 생산해내는 데 놀랐다.

"한국은 대부분의 콩을 수입에 의존하기 때문에 농약 성분이 많이 들어 있습니다. 두부를 만들 때도 석회 같은 것을 넣어 모양만 그럴듯하게 만드는 경우가 많습니다. 최근 들어 무공해 두부가 나오고 있지만 아직은 일반화되어 있지 않습니다."

"먹을 것을 만드는 사람들이야말로 진실이 필요한 사람들이지. 진실과 이타적인 삶만이 사회에 진정한 변화를 가져올 수 있네. 그러나 사람들은 남을 속일 뿐 아니라 자기 자신도 속이는 경우가 많네. 붓다는 말했네. '보라! 사람들은 밤을 낮이라고 하고, 낮을 밤이라고 하지만 나는 말한다. 낮은 낮이고, 밤은 밤이다'라고…. 사람들은 탐욕과 어리석음에 물든 감각적 쾌락을 낮이라고 부르지만, 그것은 진실을 가리고 있기 때문에 밤과 같네. 사람들은 감각적 쾌락이 없는 것을 어두운 밤이라고 말하지만 마음 속에 눈부신 빛을 가진 자에게는 그것이 밤이 아니네. 카비르는 거짓말은 가장 나쁜 죄악이라고 말했지. 가장 날카로운 선(善)은 진실을 말하는 것일세. 겉보기에 좋아 보이되 속이 썩은 것은 아무런 가치도 없는 것이지."

선생은 내게 토마토와 크로이터 치즈를 권했다. 토마토는 싱싱했지만 맛은 없었다. 크로이터 치즈는 세모 모양으로 잘라져 있었는데, 그 한가운데 약초 같은 것이 점점이 박혀 있었다. 독일을 방문한 이후 줄곧 야채식을 했기 때문에 치즈를 먹기에도 꽤나 거북했고, 소화를 시키는 데도 무척이나 힘들었다.

선생은 다시 생식을 주장하는 독일의 자연 치유사 반마거에 대해 이야기했다.

"반마거는 빵뿐만 아니라 두부나 치즈도 건강에 아무런 도움도 되지 않는다고 말했네. 그는 야생초만이 진정한 가치를 지닌다고 했지. 치즈나 우유제품은 결국 소의 먹이로 만든 것이네. 그것을 인간이 먹으면 소화하기 힘들뿐만 아니라 우리 신체 안에 노폐물로 축적되지. 익힌 음식도 마찬가지이네. 나는 오랫동안 명상을 하면서 그 사실을 깨달았지. 요리한 음식은 염분과 화학조미료가 많이 들어 있어서 갈증을 유발하지. 때문에 요리한 음식을 먹은 사람은 오랫동안 명상을 할 수가 없네. 하지만 생식을 실천하기란 보통 어려운 일이 아니지."

선생은 다시 상추 잎사귀를 권했다. 하지만 잎사귀에 흙이 묻어 있었기 때문에 입안에 넣기가 부담스러웠다. 그러자 페터 선생은 보자기를 건네주며 흙을 닦아내고 먹으면 괜찮을 거라고 말했다.

"페르시아의 임산부들은 일부러 흙을 먹네. 그 흙은 몸에서 노폐물을 제거하는 데 중요한 역할을 한다네. 간디도 흙을 먹으며 질병을 치료한 적이 있네. 이곳에서도 식용 흙을 살 수 있지. 약국이나 비오라덴, 또는 레폼하우스에 가면 살 수 있네."

나는 선생에게 최근 한국에서도 황토에 대한 관심이 고조되고 있다는 점을 설명했다. 어떤 농가에서는 소에게 황토 물을 먹여 육질을 개선하고, 건강에 좋다는 황토제품들이 봇물처럼 쏟아진다고 설명하자 선생은 고개를 끄덕이며 수긍하는 모습이었다. 우리가 대화에 열중하고 있는 사이 도서관 입구에서 한 남자가 걸어나왔다. 자세히 살펴보니 17년 전 에페른의 기숙사에 살던 알리였다. 알리는 나를 보더니 빠른 걸음으로 다가와 내 손을 덥석 잡았다.

"오, 전 선생! 어떻게 이곳까지…. 이게 꿈은 아니겠지?"

"알리, 오랜만이군. 자네는 어떻게 지내는가?"

"나는 엘카베에서 트럭 운전사로 일하고 있네."

엘카베는 독일 최대의 화물운송회사였다.

"그럼 공부는 포기한 건가?"

"그렇다고 할 수 있지. 10년 전에 독일 여자와 결혼해서 벌써 네 명의 가족을 두었네. 밤낮없이 일하다 보니 공부 같은 건 꿈도 못 꾸네."

"자네, 고문 후유증은 어떤가?"

"별로 나아진 게 없네."

나는 알리와 대화를 나누면서 잠시 얼굴을 일그러뜨렸다. 그의 입에서 풍겨 나오는 역겨운 냄새 때문이었다. 나는 보름 이상 자연식을 했기 때문에, 육류를 많이 먹거나 술과 담배를 하는 사람과 대화할 때면 역한 입 냄새를 참기 어려웠다.

"그런데 알리, 여기까지 무슨 일인가?"

"페터 선생을 뵙고 싶어서 몇 개월만에 들렀지. 여기서 자네를 만날 줄은 꿈에도 몰랐네." 그러나 알리와는 오랜 시간 얘기를 나눌 수가 없었다. 그는 회사로 일하러 가야 한다면서 곧 자리를 떴다. 그는 나와 가볍게 포옹한 뒤 총총걸음으로 사라졌다. 그가 떠난 뒤 나는 선생에게 말했다.

"선생님, 자연식을 해서 그런지 다른 사람의 입 냄새를 참기 어렵습니다."

"나도 마찬가지일세."

선생은 수십 년 동안 자연식을 해왔으므로 나보다 입 냄새에 더 예민할 것이 틀림없었다. 그럼에도 불구하고 나는 선생이 상대방에게 무안을 주는 행위를 본 적이 없었다. 그 많은 사람들과 어울리면서 지금껏 싫다는 내색을 한번도 하지 않은 것이다. 문득 나는 얼마 전에 만난 구룬트발트 교수 부부를 떠올렸다. 그때 나는 구룬트발트 교수의 초대로 본박물관에서 열린 비잔틴 문화전을 보러간 적이 있었다. 그곳에서 나는 역대 교황의 초상과 레오나르도 다빈치의 작품들을 가까이 볼 수 있었다. 구룬트발트 교수의 부인은 한국인 여자였다. 그 부인에게서도 나는 심한 냄새를 경험했다. 그들 부부는 양쪽 다 세 번씩이나 결혼한 특이한 경력을 갖고 있었다. 구룬트발트 교수는 자신들의 결혼을 정당화시키려는 듯 마르틴 루터의 초상을 보면서 그가 광포한 성격을 갖고 있었으며, 수녀와의 사이에 많은 아이들을 두고 있었다고 설명했다.

"알리처럼 고기를 먹는 사람의 입에서는 지독한 악취가 나네 하지만 냄새를 풍기는 사람 자신은 그것을 알지 못하네. 담배를 피우는 사람이 스스로의 입에서 나오는 담배 냄새를 맡지 못하는 것과 같지. 악취는 몸이 병들고 있다는 증거이네. 사람들은 비누로 몸을 씻고, 향수를 바르지만 병든 몸을 숨길 수는 없네. 나쁜 식사 습관을 고치지 않으면 악취를 제거할 수 없네."

"얼마 전에 동물보호협회에서 방영하는 동물의 도살 장면을 본 적이 있습니다. 그것을 보면서 육류를 먹는 것이 얼마나 큰 죄악인가 다시금 깨달았습니다."

"붓다는 '사람들은 동물의 괴로움이 얼마나 큰지 알지 못한다'고 말했네."

"인간으로 태어난 것이 얼마나 축복 받은 일인지 새삼 느끼겠더군요."

"붓다는 인간으로 태어나는 일이 눈먼 거북이가 대양의 한가운데 우연히 떠돌아다니는 나무판자의 구멍으로 머리를 내미는 것만큼이나 어렵다고 말했지. 하지만 인간으로 태어난 것보다 더 어려운 것은 가르침을 만나 진리를 깨닫는 것일세."

우리는 정오가 넘어서야 도서관의 열람실 안으로 자리를 옮겨 책을 읽었다. 그날 저녁 무렵이 되자 선생의 친구인 키야노스가 찾아왔다. 그는 이란에서 고등학교 교사를 하다가 독일로 망명한 10년째인 사람이었다. 그는 이란에서 감옥에 갇혀 있다가 간신히 국경을 넘어 터어키 이스탄불에서 가짜 여권을 구해 독일로 망명했다.

우리는 도서관의 층계가 내려다보이는 2층 로비로 나와 이야기를 나누었다. 키야노스는 시시콜콜한 이야기를 하다가 나치 이야기를 꺼냈다.

"최근에 영화 한 편을 보았습니다. 나치하의 독재가 어떻게 한 가정을 철저하게 파괴시키는가를 생생하게 보여주는 영화였죠. 어린아이가 나치의 스파이로 부모를 감시하는 장면이 나오더군요. 인간이 이념에 물들 때 얼마만큼 비인간화될 수 있는지 처절하게 보여주고 있죠. 최근 이란에서는 유명한 재야 지도자가 암살당했어요. 지금 이란에서도 형제가 서로를 믿지 못하고, 친척이 서로를 믿지 못하는 상태가 되었습니다."

"키야노스, 얼마 전 동구에 살던 사람이 친구가 있는 베를린에 7주일간 머문 적이 있네. 그때 독일 정부는 하루를 더 체류했다는 이유로 그를 체포하여 감옥에 집어넣고, 벌금을 물게 했네. 그뿐 아니라 감옥에서 지낸 숙박료와 법정 소송비용까지 그에게 물어내게 했지. 또 얼마 전에는 마케도니아에서 망명하여 7년 동안이나 독일 사회에 적응해 온 사람에게 다시 추방 명령이 내려졌네. 또 작년에는 거지의 돈을 경찰이 영수증 없이 빼앗더라도 된다는 쾰른 시의 판결까지 있었네. 독일에 다시 나치의 망령이 부활하고 있는 느낌이네."
키야노스가 선진국도 별 수 없다면서 투덜거렸다.
"법이란 게 귀에 걸면 귀걸이, 코에 걸면 코걸이죠. 공무원이 관용 비행기를 타고 휴가를 가면 불법이 아니고, 거지가 돈을 가지고 다니면 불법인 세상이죠."
키야노스가 계속 불만을 토로하자 선생은 셰익스피어의 《베니스의 상인》을 들려주었다. 그 얘기는 나도 익히 알고 있는 내용이었다. 한 젊은이가 무역상으로 큰돈을 모은 친구 안토니오에게 돈을 빌리러 갔다. 하지만 항구에 물건이 도착하지 않아 안토니오에게는 수중에 현금이 없었다. 그리하여 안토니오는 유대인 샤일록이 경영하는 은행에 가서 돈을 빌려 친구에게 주기로 했다. 샤일록이 보증을 요구하자 안토니오는 3년 후에 돈을 갚기로 하고 만약 10년이 지나도 돈을 갚지 못하면 자신의 몸에서 1킬로그램의 살을 떼어주겠다고 약속했다. 하지만 물건을 실은 배가 바다에 침몰하는 바람에 안토니오는 파산하고 말았다. 약속했던 10년이 지났지만 안토니오는 돈을 갚을 수 없었다. 안토니오는 샤일록에게 좀더 기다려 달라고 하소연했지만 샤일록은 계약서를 내보이며 법대로 처리하겠다고 을러댔다. 마침내 안토니오는 법정에 설 수밖에 없었고, 법정은 계약서대로 집행할 것을 명했다. 다급해진 안토니오는 법률 교수인 자신의 애인에게 변론을 부탁했다. 그녀는 법정에서 안토니오를 변호하고 나섰다.
"안토니오의 몸에서 1키로그램의 살을 떼어내는 것은 정당합니다. 하지만 한 방울의 피를 흘리게 하거나 조금이라도 더 많은 살을 도려내면 안 됩니다."
물론 법정은 그녀가 요구한 것을 지킬 수 없었다. 결국 안토니오는 죽음에서 벗어날 수 있었다.
키야노스는 페터 선생과 나를 일요일에 초대하겠다고 제안했다. 우리는 흔쾌히 그의 초대를 받아들였다. 밤이 늦어 키야노스와 나는

먼저 도서관을 빠져 나왔다. 전철역까지 걸어가면서 키야노스는 내게 걱정스런 투로 말했다.

"지금은 저렇게 잘 견디고 있지만 페터 선생도 더 나이가 들면 이런 생활을 계속하기가 어려울 겁니다. 최소한 편하게 잠이라도 잘 수 있는 공간을 마련해야지요. 그래서 백방으로 알아보고 있는 중입니다."

그의 마음 씀씀이에 나는 코허리가 시큰해지는 것을 느꼈다. 선생의 수많은 친구들은 선생을 집 없는 나그네로만 생각하지 않고 있었던 것이다. 그는 우리들의 스승이었고, 위대한 가르침을 행하는 수행자이자 실천가였다.

다음날 아침에도 나는 일찌감치 도서관으로 향했다. 아침 햇살이 무척 따사로웠다. 들풀과 나뭇잎에 맺혀 있던 이슬방울들이 찬란한 햇살을 반사하여 영롱한 빛을 발하고 있었다. 기분은 상쾌했지만 마음은 무거웠다. 어젯밤 키야노스가 했던 말이 내 가슴 한켠에 묵직하게 걸려 있었다. 이제 선생은 환갑이 다 되어가고 있었던 것이다. 얼마 후 걸어다닐 기력조차 남아 있지 않다면 선생은 어디에 자신의 육신을 의지할 것인가. 나는 그것이 마음에 걸렸다.

선생은 여전히 도서관 낭하에 앉아 누더기를 꿰매고 있었다. 나는 안쓰러운 낯빛으로 선생의 옆모습을 바라보다가 넌지시 운을 뗐다.

"선생님도 점점 늙어가는군요. 머리에 새치가 많이 돋았습니다."

선생의 입가에 잔잔한 미소가 흘렀다.

"이 몸이 늙어 가는 것이지 내가 늙어 가는 것이 아니네. 카비르는 마음은 불사(不死)라고 말했네. 카비르는 이 몸이야말로 '의심의 성'이라고 했지. 몸이 마음을 지배하게 되면 우리의 생각은 흔들리게 되고 흔들리는 생각은 개처럼 낮은 목표를 향하게 되네."

"누군가 거처를 마련해주면 그 곳에서 사시겠습니까?"

잠시 대답을 주저하던 선생은 옛 인도 우화를 이야기해 주었다. 선생의 얘기는 이러했다.

어느 날 왕은 자신의 머리에 흰머리가 나는 것을 가장 먼저 발견하는 신하에게 상을 내릴 것이라고 말했다. 이윽고 세월이 흘러 왕의 머리에 흰머리가 나기 시작했다. 그때 최초의 흰머리를 발견한 신하는 큰상을 받았고, 자신이 늙고 있다는 것을 깨달은 왕은 아들에게 왕위를 물려주고 출가하여 승려가 되었다.

선생은 그 우화를 들려주며 내게 말했다.

"옛사람은 나이가 들면 궁전을 떠났거늘, 내가 왜 비좁은 방으로 다시 들어가야 하는가? 몸이 늙으면 더 많은 것을 버려야 하는 것이 아닌가?"

나는 무안해진 얼굴로 평계를 댔다.

"어젯밤 키야노스가 선생님이 거처할 방을 마련해 줘야 한다고 말하더군요."

"호의야 고맙지. 하지만 지금은 그럴 필요를 못 느끼고 있네."

그때 다람쥐 한 마리가 젖은 풀숲 사이를 가로질러 아이베 나무 아래까지 다가왔다. 선생은 다람쥐를 물끄러미 바라보다가 천천히 말했다.

"인디언들은 늙으면 스스로 가족을 떠나 숲 속에 들어가 풀뿌리로 연명하지. 풀뿌리를 뽑을 기력조차 없게 되면 죽어서 짐승의 밥이 되는 것이네. 카비르는 이렇게 말했지. '신이 죽으면 내가 죽는다. 신이 죽지 않는데 내가 왜 죽는가?'라고⋯. 그는 또 말했네. '모든 것을 버리고 나면, 그때부터 신은 노래한다'라고⋯."

나는 우리 나라에도 옛날에는 고려장이란 것이 있어서 늙은 부모를 숲 속에 버렸다고 얘기했다. 아마 그러한 풍습은 인디언과 한민족은 같은 몽고족 출신이기 때문일 것이라는 말도 덧붙였다.

"그렇다고 해서 늙은 부모를 갖다버리는 것은 잘못이네. 인디언들이 스스로 숲 속에 들어가 초근목피로 연명한 것은 그것이 자연의 이치라고 여겼기 때문이었네."

이별 전야(前夜)

독일에 온지 한 달이 되어가고 있었다. 늘 그렇지만 시간이 이렇게 빨리 지나갈 것이라고는 미처 생각지 못하고 있었다. 그러나 시간은 멈출 수 없는 것. 이제 페터 선생과 작별을 고해야겠다고 생각했다. 기한을 정하고 온 것은 아니었지만 숫자란 우리가 무엇을 결심하고자 할 때 어떤 명분을 주는 것이다.

나는 차분한 마음으로 페터 선생과의 마지막 밤을 맞기로 했다. 마침 키아노스가 선생과 나를 식사에 초대한 날이었기 때문에 아침 일찍 집을 나와 에페른 역에서 전철을 탔다. 차창으로 내다보이는 룩셈부르크 가의 바로크식 건물들이 유난히 아름다워 보였다. 떠나는 자에게 남아 있는 것은 모두 아름답게 보이는 모양이었다.

내가 처음 경찰서 유치장에 갇히던 날도 그랬다. 폐쇄된 공간 속으로 들어갈 때, 나는 눈에 보이는 모든 것을 기억에 남기고 싶었다. 언제 다시 볼지 모른다는 불안감 때문이었을까. 거리를 걷는 사람들, 경적을 울리며 지나가는 차들, 심지어는 길거리에서 흘러나오는 유행가 가사까지도 내게는 모두 의미 깊게 다가왔던 것이다. 그때는 내가 보고, 듣고, 느끼는 이 순간이야말로 자유의 파라다이스처럼 느껴졌었다.

이제 나는 페터 선생과 작별한 후 그 일상성으로 복귀해야 한다. 성자와의 행복한 만남을 뒤로 한 채 다시 어두운 현실 속으로 들어가야 하는 것이다. 따라서 내 발걸음은 무거울 수밖에 없었다.

페터 선생은 여전히 도서관 낭하에서 나를 맞았다. 나와의 이별이 전혀 아쉽지 않은 것일까. 선생은 늘 하던 대로 맑은 미소를 머금은 채 누더기를 꿰매고 있었다.

"어서 오게."

선생의 음색에도 전혀 달라진 것이 없었다. 내 어두운 표정을 바라보던 선생이 말했다.

"하피스가 말했네. '영혼의 문지방에서 천상의 행복을 생각하지 말라. 그렇지 않으면 가장 높은 첨탑에서 노닐 때에 가장 낮은 진흙 속에 떨어지리니'라고…."

선생은 툴툴 자리를 털고 일어섰다. 나는 선생이 누더기와 손수레를 챙기는 것을 지켜보았다.

"자, 가세. 아이펠 가에 키야노스의 집이 있네."

우리는 우니센터를 지나 룩셈부르크 가를 가로질렀다.

"유숩의 친구 하미둘라를 아는가?"

"에페른 기숙사 위층에 살던 아프가니스탄 사람 말입니까?"

"그래 얼마 전 그는 경제학 박사학위를 받았네. 몇 년 전 그 친구가 에렌펠드에 있는 이슬람 사원에 나를 데리고 갔네. 그는 나를 이슬람 신자로 만들고 싶었는지 압둘라라는 물라를 소개시켜 주더군. 그래서 우리는 시간 가는 줄 모르고 수피들에 관한 이야기를 나누었지. 그때 누군가 내 누더기를 보더니 왜 차림새가 그 모양이냐고 묻더군. 그래서 밖에서 잠을 잔다고 대답했지. 그 이야기를 듣더니 그의 표정이 차갑게 굳어지는 것이 아니겠나? 더구나 내 몸에 벼룩이 있다는 이야기를 듣고는 안절부절 못하더군. 더 이상 그곳에 머물 수가 없었네. 그래서 우리의 대화도 끝이 났지."

"예나 지금이나 달라진 것이 없군요. 더구나 그들은 성직자 아닙니까?"

"카비르는 이렇게 말했지. '위선과 오만을 버리고 길바닥의 자갈처럼 되어라. 그러한 신의 종이 있다면, 그는 신을 볼 것이다'라고…. 또 그는 말했지. '그러나 자갈이 여행자의 발을 다치게 하면 다시 땅위의 먼지처럼 되어야 한다'라고 말일세."

"성자다운 겸손함이군요."

"카비르의 가르침은 거기서 끝나지 않았지. 그는 말했네. '먼지처럼 되어 다른 사람의 몸에 붙는다면 다시 물처럼 되어야 한다'고…."

"물처럼 되면 족한 것입니까?"

"아닐세. 만약 물 같다면 뜨겁거나 차가울 것이네. 그렇다면 무엇이 되어야 하는가? 카비르는 말했지. 신처럼 되어야 한다고…."

신처럼 된다는 것은 결국 이 세상의 모든 것이 소멸한 무(無)를 의미하는 것이다. 공(空)에 대한 체험인 것이다. 그러나 위선과 오만을 버리고 스스로 땅 위의 자갈이나 먼지처럼 되는 겸허함을 실천하고, 마침내 무에 이르는 것은 결코 쉬운 일이 아니었다. 오랫동안 불교를 공부했지만 나는 아직 그러한 깨달음에 이른 사람을 보지 못했다. 내가 본 성자가 있다면, 그는 오직 페터 선생뿐이었다.

아이펠 광장을 지나 키야노스의 집에 이르러 나는 초인종을 눌렀다. 몇 번이나 초인종을 눌렀지만 안에서는 아무런 인기척이 없었다. 5분 정도가 지난 뒤에 다시 초인종을 누르자 현관문이 열렸다. 키야노스는 막 샤워를 끝낸 듯 온몸에 물기가 흠뻑 젖어 있었다. 페터 선생은 손수레에서 커다란 양배추를 꺼내 키야노스에게 선물했다.

키야노스는 밥을 끓이고 생선을 삶았다. 음식을 준비하는 동안 우리는 키야노스가 틀어놓은 아름다운 페르시아 음악을 들었다. 정열적이고도 부드러운 선율이었다. 그때 부엌에 있는 키야노스가 소리쳤다.

"그 노래는 푸란이라는 음악입니다. 지금 '태양까지 오르는 진정한 사랑'에 대해 노래하고 있는 중이지요."

"이 테이프를 어디서 구했나?"

"독일 방송에서 특집으로 페르시아 음악을 방송하는 것을 녹음했습니다."

노래의 가사 가운데는 하피스의 시도 있었다. 노래가 끝난 뒤에 아나운서가 하피스를 마치 연애시인인 것처럼 말하고 있었다. 아나운서 역시 하피스의 시를 피상적으로만 이해하고 있었던 것이다. 우리가 즐거워하는 것을 보고 키야노스가 콧노래를 흥얼거렸다. 선생이 키야노스를 향해 외쳤다.

"키야노스, 독일어에서 '살다'와 '사랑하다'는 동일한 어근을 갖고 있네. 사랑 없이는 삶 자체가 성립하지 않는다네."

부엌에서 다시 키야노스의 목소리가 들려왔다.

"우리 형제들이 사춘기에 접어들었을 때 아버지는 이렇게 말씀하셨지요. 사랑할 때는 불이 붙지 않도록 발 밑만 적시라고요."

"자네가 그런 말을 하는 것을 보니 이제 정신을 차린 것 같군."

사실 작년까지만 하더라도 키야노스는 실연의 고통 속에 너무나 괴로워했다고 한다. 선생의 설명에 의하면 그는 매일같이 찾아와 고통을 하소연했다. 수년 간 사귀어 오던 독일 여대생이 전망이 없어 보이는 가엾은 망명객을 차버리고 부유한 독일 청년과 결혼했다는 것이었다.

한참이 지난 후 키야노스가 식탁 위에 음식을 올려놓았다. 향료를 얹은 푸짐한 밥에 구운 생선이 메뉴의 전부였지만 식탁은 어느 때보다도 풍성해 보였다.

"키야노스, 훌륭한 요리네."

선생이 칭찬하자 키야노스는 얼굴을 붉히며 쑥스러워 했다. 내가 그의 요리 솜씨를 부러워하며 끼어들었다.

"저는 요리를 못합니다. 아버지는 어려서부터 사내자식이 부엌에 드나들면 안 된다고 가르쳤기 때문이지요. 한국에는 유교적인 관습이 아직도 많이 남아 있습니다."

"공자가 '군자는 부엌에 가지 않는다'고 한 이유는 동물들이 부엌에서 도살되는 것을 탐탁치 않게 여겼기 때문이었네."

처음 듣는 말이었다. 나는 선생의 해석이 그럴 듯하다고 느꼈다. 카세트에서는 '내가 신을 발견할 때까지는 평온에 머물지 않으리라.' 라는 가사가 흘러나오고 있었다. 곧이어 네와라는 대나무 악기와 산토라는 현악기가 절묘하게 어우러진 다스카 음악이 흘렀다. 우리는 아름다운 음악을 들으며 식사를 끝내고, 다시 차를 마셨다. 선생은 내게 페르시아 음악을 간략히 설명해 주었다.

"들어보게. 페르시아 음악의 운율은 마치 사막의 모래톱이 폭풍에 쓸려 자리를 옮기는 것과 같네."

"그런데 붓다는 왜 음악을 부정했을까요?"

"침묵이야말로 가장 위대한 음악이기 때문이지. 음악의 본질을 깨닫지 못하면 음악은 아주 위험한 것이 될 수도 있네. 카비르는 '길 위에 설탕을 뿌리면 코끼리는 거들떠보지도 않지만 개미들은 재빨리 그것을 차지한다'고 말했지."

나는 지그시 눈을 감은 채 부드럽게 울려 퍼지는 페르시아 음악의 선율을 감상했다. 가사 내용은 다소 감상적이었다.

'눈물은 비처럼 흘러내리고 나의 마음은 불처럼 타오른다…'

우리가 음악에 흥미를 나타내자 키야노스는 독일의 한 장인에게서 산 바이올린을 꺼내 자랑을 늘어놓았다.

"1,500마르크를 주고 샀는데 특별히 싼값으로 제작한 것입니다."

우리가 바이올린을 켜보라고 권하자 키야노스는 이제 막 배우는 중이라면서 연주를 사양했다. 차를 마신 후 선생은 욕실에 들어가 오랜만에 샤워를 하고 빨래도 했다. 페터 선생은 개운한 표정으로 욕실을 나서며 말했다.

"키야노스, 전 선생은 내일이면 한국으로 돌아가네. 오늘 여기서 작별을 고해야겠네."

우리는 키야노스에게 마지막 작별 인사를 고한 후 밖으로 나왔다. 밖에는 북유럽의 차가운 바람과 함께 마지막이 될지도 모를 눈발이 어지럽게 휘날리고 있었다.

떠나는 자의 뒷모습

쾰른 공항으로 떠나던 날, 선생의 독일인 친구 데니스가 아침 일찍 벤츠를 몰고 왔다. 페터 선생과 함께 나를 공항까지 배웅하기 위해서였다. 내가 운전석 옆에 앉았고, 페터 선생은 검은 망토를 걸친 채 뒷좌석에 앉았다.

데니스의 운전 솜씨는 능숙했다. 그는 빵 가게를 운영하다가 지금은 대학에서 사회학을 공부하며 틈틈이 택시를 운전하면서 학비를 벌고 있었다. 그는 운전을 하면서 쉴새없이 말을 이어갔다. 그는 한때 비만으로 고생했는데 선생의 가르침대로 과일과 야채식을 했더니 몸무게가 8킬로그램이나 빠지고, 머리도 상쾌해졌다고 자랑이 대단했다. 요즘에는 페터 선생이 모아둔 빨래거리를 가져다가 세탁해주곤 했다. 나는 그가 선생을 보살펴주는 것에 대해 늘 감사하고 있었다.

쾰른 공항까지는 불과 10여분 거리였다. 나는 항공기 시간을 체크하며 연신 시계를 바라보았다. 시간이 없었다. 이제 이별을 해야 할 시간이었던 것이다. 나는 남은 돈 50마르크를 기름 값이나 하라며 데니스에게 건네주었지만 그는 한사코 받기를 거절했다. 나는 내일 아침 끼니를 찾아 헤맬 선생에게 돈을 전해주려 했지만, 오히려 선생이 꾸짖는 바람에 금세 머쓱한 표정을 짓고 말았다. 나는 50마르크를 주머니에 집어넣으며, 페터 선생을 가슴으로 껴안았다. 뭉클한 감동이 온몸으로 전해져 왔다.

나는 출국장으로 걸어 들어가며 몇 번이고 뒤를 돌아다보았다. 선생은 만면에 미소를 머금고 나를 향해 손을 흔들어 주었다. 언제 다시 이곳을 찾아올 수 있을까. 왈칵 눈물이 쏟아질 것만 같았다. 나는 애써 고개를 돌리고 무거운 발걸음을 떼어놓았다.

내가 탄 여객기는 쾰른 공항을 떠나 프랑크푸르트로 향했다. 북구의 흐린 날씨가 무겁게 공기를 누르고 있었다. 생각 같아서는 금방이라도 비행기에서 뛰어내려 선생에게 돌아가고 싶었다. 하지만 그게 무슨 소용인가. 이미 내 가슴속은 미처 육화시키지 못한 선생의 가르침으로 충만하지 않은가. 중요한 것은 보석과도 같은 선생의 가르침을 내 안에서 다듬고 닦아 실천하는 것이었다. 그래서 나는 더 이상 슬퍼하지 않기로 했다. 프랑크푸르트 공항에서 나는 한국행 루프트한자 항공으로 갈아탔다.

이제 긴 비행이 시작될 것이다. 나는 손가방 안에서 수첩을 꺼냈다. 페터 선생의 작은 글씨가 촘촘히 박혀 있는 수첩이었다. 선생은 명상을 하거나 깊은 사유에 잠겼을 때 떠오르는 단상을 꼼꼼히 메모하곤 했었다. 메모지가 없으면 찢어진 신문지 조각에 끄적거리기도 하고, 때로는 수첩을 마련해 날짜별로 적어놓기도 했던 것이다. 그러나 선생은 그런 메모를 굳이 간직하려 하지 않았다. 꼭 필요한 것은 모아두기도 했지만 대부분은 쓰레기통에 버렸다. 선생이 쓰레기통에 버린 수첩을 주울 수 있었던 것은 내게 행운이 아닐 수 없었다.

나는 깨알같이 눌러쓴 선생의 메모를 읽기 시작했다. 선생의 글은 호수 위의 잔물결로 써내려 간 듯 고요했다. 다음의 단상은 선생의 수첩에 실려 있는 글 가운데 하나를 요약한 것이다.

변화하는 것은 진여(眞如)가 아니다. 카비르는 말했다.
'가고 오는 것은 모두 마야(Maya : 환영)이다. 마야가 수호신을 붙잡을 수는 없다. 그 님은 오지도 않았고 가지도 않았다. 있는 그대로 존재할 뿐이다.'

사람들은 이 세계에서 무상함을 본다. 파도는 일어났다가 가라앉고, 밤이 가면 낮이 오고, 달도 차면 기운다. 파도의 본질은 물이다. 바람은 물결을 일으켜 거대한 파도를 만들지만, 그 모양을 오래 간직하게 할 수는 없다. 그러나 바다는 바람이 불고 파도가 일렁거려도 늘 그대로의 모습으로 존재한다. 밤하늘을 밝히는 달도 마찬가지이다. 수시로 변화하는 달의 모습은 달의 본래 모습과는 관계가 없다. 우리가 보는 달은 태양과 달, 지구의 위치에 의해 결정되기 때문이다.

그러나 사람들은 늘 마야를 꿰뚫어보지 못하고 지각되는 모든 것을 자기의 기준에 따라 판단한다. 우리가 지각하는 것은 무대 위에 연출된 하나의 장면에 불과하다. 그 장면은 무대를 구성하는 여러 가지 조건들에 의해 시시각각 변화할 수 있다. 그 연출된 장면 속에서 관객은 스스로를 배우와 동일시함으로써 자신을 망각한다. 이것은 하나의 착시(錯視)이다. 어떻게 관찰자가 피관찰자일 수 있는가? 어떻게 타자적인 것에 관해서 나 자신의 것이라고 말할 수 있는가?

자아는 눈의 대상도 아니고, 눈도 아니다. 왜냐하면 두 가지 모두 항상 변화하기 때문이다. 참다운 자아는 비이원적(非二元的)인 본질을 꿰뚫어 볼 뿐만 아니라 스스로 변화한다는 것을 안다. 따라서 그는 '이것이 나의 것이고, 이것이 나이고 이것이 나의 자아'라고 생각하지 않는다. 그는 자아가 생겨나고, 또 사라진다는 것을 안다. 그러나 존재 자체는 무상하지 않으며, 다만 그렇게 보이는 것이 무상할 뿐이다.

강물과 바닷물은 다른 근원을 갖고 있다. 그러나 강물이 바다에 이르면 그 자신은 더 이상 존재하지 않는다. 그 안에서 강물은 괴로워하지 않는다. 하지만 강물이 끝까지 강물이기를 고집한다면 그는 괴로움에 직면할 것이다. 고통이란 타자적이고 소외된 환경으로부터 생겨난다. 따라서 세계가 변화하고 무상한 것이라는 것을 깨닫는다면, 자아는 더 이상 고통 속에 방치되지 않을 것이다. 자아는 필연적으로 평화롭고 자유로워야 한다. 그래서 《우파니샤드》는 말한다.

'모든 것이 하나가 되었다면 어떻게 내가 다른 것을 지각할 수 있겠는가?'

우리의 눈으로 보는 모든 것은 결국 하나인 것이다. 따라서 거기에는 나의 것도 없고, 나의 대상도 있을 수 없다. 그래서 카비르는 말한다.

'마음이 전부이면, 몸은 사라진다. 몸이 전부이면, 마음은 사라진다. 항상 몸과 마음을 하나로 하라. 그러면 그대가 백조이다.'

백조는 순수정신을 의미한다. 사람은 거대한 백색의 설원(雪原)에서 눈이 멀고, 미지근한 물 속에서는 자신의 몸을 인식할 수 없다. 이런 상황 속에서는 대상을 구분하는 분별점 자체가 사라지기 때문이다. 이것이 바로 하나됨의 의미이다.

거울은 대상을 구별하지 않는다. 거울은 스스로 소유하지 않을 뿐 아니라 모든 것을 되돌려 주며 모든 것을 포기한다. 그래서 미라 래빠는 말했다.

'나는 아무 것도 갖지 않으며 아무 것도 필요로 하지 않는다.'

모든 것이 하나일 때 내가 가질 것은 없다. 그러나 사람들은 가면을 쓰고 화장을 한 얼굴로 거울 앞에 나타난다. 이것이야말로 참다운 자아를 볼 수 없게 만드는 장벽이다. 그래서 카비르는 말했다.

'이 세계를 가르는 장막을 걷어치워라! 이 세계에 님이 없다면 무거운 장막만이 걸려 있는 것이다. 마음의 의심을 걷어치울 때 비로소 님의 얼굴이 보인다.'

그러나 보는 것과 아는 것의 섬세한 차이를 구분하지 않으면 안된다. 보는 것과 아는 것의 차이를 식별하는 것은 마치 물 속에서 투명한 유리조각을 구분하는 것처럼 어렵다. 새가 유리창에 머리를 부딪히는 것은 자신의 감각만으로 세계를 보기 때문이다. 내 눈에 보이는 것을 모두 진리라고 할 수는 없다. 우리는 지구가 자전하는 것을 볼 수 없지만, 다른 행성을 관찰함으로써 진리에 접근할 수 있다. 따라서 당장 눈에 보이는 것은 이차적이고 타자적인 것일 뿐이다. 붓다는 '내가 잠이 들면 잠이 들었음을 알고, 깨어 있으면 깨어 있음을 안다'고 했다. 눈이나 귀가 없어도 아는 것이야말로 참 자아인 것이다.

자신을 불완전한 것으로 볼 때, 우리는 완전한 것을 찾아 나설 수 있다. 그래서 물은 바다의 완전함에 이를 때까지 아래로만 흐르고, 향수는 그윽한 향기를 갖고 있으면서도 스스로를 다할 때까지 대기 속으로 고루 스며드는 것이다.

인간의 욕망은 연못 위에 비친 달일 뿐 본질적인 달이 아니다. 하지만 대부분의 사람들은 연못 위에 비친 달을 달이라고 믿는다. 그것은 코끼리가 대리석에 비친 자신의 모습을 보고 놀라거나 사자가 우물 속에 비친 자신의 모습을 보고 우물 속으로 뛰어들어 싸우려는 것과 같다. 그럼에도 불구하고 우리는 늘 환상에 매료되어 있다. 수레가 언제나 같은 바퀴자국만 따라간다면 언젠가 수레는 깊게 패인 궤도에 빠져 헤어나지 못할 것이다. 우리 역시 눈에 보이는 감각적인 지각만을 따라가다가는 수레바퀴처럼 깊은 수렁에 빠져 벗어나지 못하게 된다. 그러므로 감각적인 쾌락만을 추구해서는 안 된다. 사용하지 않는 칼은 녹슬어 무디어지고 사용하지 않는 근육은 사라지는 법이다.

내 몸이 나 자신이라면 나는 언제나 올바르게 행동할 수 있을 것이고, 더 이상 내 몸과 싸우지 않아도 될 것이다. 또 정신이 나 자신이라면, 나는 모든 것을 잊어버리지 않고 기억할 수 있을 것이다. 그렇게 되면 나는 언제나 올바로 말하고, 올바로 행동하고, 몸을 적절하게 움직이고, 느낌이나 기분을 제어할 것이다. 또 나는 깊이 숨쉬고, 올바로 사유하며 적절한 표현을 골라서 말하고, 바르게 잠을 청하고, 선을 행하며 아무도 해치지 않게 될 것이다.

촛불은 스스로 빛을 내어 어둠 속에 묻혀 있던 사물을 드러낸다. 이때 모습을 드러내는 사물들은 촛불의 빛이 만들어낸 마야이다. 따라서 스스로의 존재를 깨닫는다면 자신이 만들어낸 마야로부터 자유로울 수 있다. 마야는 실재와 유사한 모습으로 나타난다. 그러나 진리는 본질적으로 하나이며, 스스로 알 수 있을 뿐이다. 물론 진리는 성자들에 의해 다양하게 표현되었다. 그러나 이러한 표현은 달을 가리키는 손가락일 뿐, 궁극적으로는 같은 달을 가리키고 있다.

진리는 거짓의 가면을 벗긴다. 따라서 거짓은 진리에 대한 증인인 셈이다. 또 진리는 인식되는 것을 두려워하지 않는다. 진리는 모든 존재 속에서 스스로 자명하므로, 그 밖에서는 절대로 인식될 수 없기 때문이다. 진리는 시공간을 초월하여 파악되는 즉각적인 것이다. 따라서 진리는 기술적인 것이 아니라 스스로의 깨우침이라 할 수 있다. 진리에 충실한 자는 자신에게도 충실하다. 그래서 카비르는 말했다.

'신은 비밀을 누설했다. 내가 있는 곳에 어떻게 다른 것이 있겠는가?'

내가 정말 유일자라면 다른 것은 있을 수 없다. 코란에도 '이 세상에서 변화하는 모든 것은 신의 얼굴 위에 있다'라고 씌어 있다. 진리는 조건지어져 있지도 않고 타자적인 것에 의해서 결정되지도 않는다. 따라서 진리는 움직이지 않고, 변화하지도 않으며, 어떠한 욕망도 없고, 스스로 존재한다.

카비르는 말했다. '신이 돌이면, 모든 돌이 신이다.' 마음이 순수하고 순일하면 천 강에 달이 비추듯이 모든 현상에 비추므로 마음은 다르마를 따로 필요로 하지 않는다. 그러나 다르마에 맞는 올바른 길을 가는 것은 쉽지 않다. 행복과 불행은 육체적으로 규정되는 대상이며, 외부적인 인상일 뿐이다. 그러나 지복(至福)은 유일성에의 체험이다. 그러므로 나는 자아를 자아에 집중하여 행복의 바다를 얻을 수 있다. 다양성 속에서 유일성을 체험하면 상이한 이 세계에 대한 몰이해는 사라진다. 사실 신은 어디에서 존재한다. 신은 우리의 목 동맥보다도 가까이 있는 것이다. 그러나 내가 만든 덕성의 정원에서 과일나무를 심어 가꾸지 않는다면 열매를 거둘 수 없다. 무지야말로 가장 견고한 장벽이다. 사람들은 지복의 세계에 대한 무지 때문에 감관의 만족을 추구한다. 그것은 소금물을 마셔 갈증을 해소하려는 행위와 다를 것이 없다. 정말 아름다운 지복의 세계는 우리 스스로 갖고 있다. 그래서 하피스는 말했다.

'수년간 보물을 찾았지만, 알고 보니 내 스스로 갖고 있지 않은가?'

우리는 결국 다른 것을 찾아 헤매다가 길을 잃어버리고 마는 것이다. 우리는 누에고치가 실타래 속에 자신을 가두듯 스스로 욕망의 늪에 빠진다. 《우파니샤드》는 사람은 욕망의 모든 대상에서 벗어나야 한다는 것을 가르치고 있다. 대부분의 사람들은 하나의 목표를 이루고 나면 다시 다른 욕망을 찾아 헤맨다. 결국 욕망은 끝이 보이지 않는 사막 한가운데 버려진 나그네의 신기루와 같은 것이다. 하지만 물 속에 잠긴 달은 물을 없애도 꺼낼 수가 없다.

수시로 변화하는 나 자신을 '나'라고 생각할 수 있을까? 떨리는 손으로 바늘구멍에 실을 집어넣을 수 없는 것처럼, 변화하는 것으로 변화하지 않는 것에 도달할 수는 없다. 헛된 망상과 자신을 일치시키지만 않는다면, 우리는 진정한 자아를 발견할 수 있다. 진여(眞如)는 무위이고, 인위적인 것은 환상이다. 우리는 자아를 통해서만 자아를 발견할 수 있다. 그러나 자아를 모르는 사람이 어떻게 자아를 발견할 수 있는가? 찰나가 지난 뒤 이전의 나와 이후의 나는 같지 않다. 그러므로 찾는 자아와 발견되는 자아는 흐르는 강물에 비친 달과 같다…

나는 페터 선생의 수첩을 접고 지그시 눈을 감았다. 수십 번을 곱씹어도 맛난 과일처럼 진액(津液)이 스며 나오는 선생의 언어를 접하면서 나는 눈물이 나올 것 같은 진한 감동을 느꼈다. 선생과의 이별이 오랫동안 나의 가슴을 공허하게 만들 것이라는 생각은 사라진 지 오래였다. 비록 선생과 같은 음식을 먹으며, 같은 누더기 속에서 잠을 청할 수는 없지만 선생의 가르침만은 여전히 나의 가슴속에 화인(火印)처럼 새겨져 있었다. 그 견고하고 깊은 새김자리가 억만 겁의 세월 속에서 닳아 없어지지 않는 한 나는 여전히 선생과 함께 있을 것이었다.

어쩌면 나는 이 세상에서 가장 행복한 사람이었는지도 모른다. 어둡고 침침한 독일의 거대 도시 쾰른의 작은 섬 린덴탈의 호숫가에서 나는 한 사람의 성자를 만났고, 그를 알아보았으며, 그의 가르침을 받았다. 이 세상에 태어나 그보다 더 아름답고 풍요로운 행복을 누린 사람이 도대체 얼마나 될 것인가.

이제 내 몸을 실은 비행기는 김포공항에 도착할 것이다. 내가 서 있는 자리와 선생의 잠자리는 엄청난 거리에 놓여 있지만 나는 두렵지 않았다. 선생은 나와 같은 우주 속에서 함께 호흡하며 살아 있기 때문이었다.

독일에서 온 편지

귀국한 후 나는 일상생활로 돌아왔다. 부끄럽게도 나는 아직도 선생의 가르침을 행동으로 옮기지 못하고 있다. 하지만 나는 아주 작은 것부터 조금씩 실천하기 위해 늘 마음을 닦아세우고 있는 중이다. 선생은 나에게 여러 번 편지를 보내 나에게 용기를 주고자 했다. 선생의 편지는 일상생활의 타성에 젖어 있는 나에게 늘 깨우침을 주었다. 그것은 면벽(面壁)한 수행승의 어깻죽지를 후려치는 죽비처럼 나를 깨어 있게 하고, 길 잃은 나그네의 나침반처럼 바른 길로 인도해 주곤 했던 것이다.

다음은 선생이 내게 보낸 편지를 간략하게 요약한 것이다.

…공자는 '군자는 먼저 행동하고 나중에 말한다'고 하지 않았는가. 붓다의 가르침을 따르는 자는 말을 아껴야 하네. 공자가 말했듯이 허황한 말은 인(仁)의 도리에 맞지 않네. 《자타카》에서 승려 우빠나다는 '먼저 스스로 행하고 다른 사람에게 가르쳐야 한다'고 했고, 《법구경》에서도 '먼저 알맞게 익히고 다른 사람에게 가르쳐야 함정에 빠지지 않는다'고 했네.

전 선생, 나는 그대를 함께 가르침을 나눈 유일한 사람으로 사귀어 왔네. 자네는 깊은 우정으로 내게 질문을 던지고, 내 말에 귀를 기울여주었네. 나는 귀를 기울이는 자에게 저절로 입이 열린다고 믿고 있네. 나는 형제보다도 더 깊은 신뢰로 자네에게 성현의 가르침을 말해주었네. 하지만 나는 그러한 가르침을 정확히 이해하고 실천하려고 노력할 뿐이며, 그저 많은 노력에도 불구하고 오늘날까지도 잘못을 고치지 못하고 있는 사람일뿐이네. 자네는 나에게 기대 이상의 것을 바라고 있다는 느낌을 지울 수 없네.
　내가 도서관 앞의 숲 속에 사는 이유는 거기에 성현들의 가르침이 있기 때문이네. 오늘날의 사원이나 수도원은 더 이상 가르침을 실천하지 않고 있네. 그러나 아무리 가르침을 깨닫고자 해도 내가 깨달은 것은 결국 내 스스로가 얼마나 미미한 존재인가 하는 것일세. 결국 내가 아는 것은 내가 '아무 것도 모른다'는 사실뿐이네. 손가락으로 달을 가리키면 어리석은 자는 언제나 손가락을 쳐다 볼 뿐이지. 《장자》에 이런 글이 실려 있네.
　'손가락을 가지고 손가락이 손가락이 아님을 깨우치는 것은, 손가락이 아닌 것을 가지고 손가락이 손가락이 아님을 깨우치는 것만 같지 못하다.'
　인생의 모든 괴로움 뒤에는 피할 수 없는 죽음이 뒤따르네. 이것을 안다면 우리는 모든 값비싼 것, 우리의 목숨과 재산, 감각적인 향유를 떠나야 하네. 그대는 내가 가르침을 실천한다고 믿지만, 신은 내가 실천하는 것이 얼마나 보잘 것 없는 것인지 알고 있네. 나는 사람들이 그려낸 환상 속의 그림이 되는 것을 원하지 않네. 공자는 말했네.
　'나는 스스로 인자(仁者)라고 불리는 것을 얼마나 두려워하는가?'
　불교에서는 아라한에 도달할 때까지 끝없이 싸워야 한다고 가르치고 있지. 수행이란 한 순간에 끝나는 것이 아니라 오랜 세월을 요구하는 것이네. 하피스는 말했지.
　'그대가 길의 끝에 이르지 못했다면 세상에 나타나지 말라. 그대가 나의 명성에 관해 말한다면 그것은 치욕일 뿐이다. 그대가 나의 치욕에 관하여 말한다면 그것이 나의 명예가 될 것이다.'
　요즈음 유행하고 있는 명상은 스트레스를 감소시키고 그릇된 생활을 바로잡거나 다른 사람을 능가하기 위한 기술에 지나지 않네. 그것은 기초공사를 하지도 않고 고층빌딩을 세우려는 것과 같네. 메마른 사막에 정원을 만들 수는 없네. 명상을 위해서는 모든 전제조건이 충족되어야만 하네. 그 맛있는 열매는 씨를 뿌린 다음에야 거두어야 하는 것이네.

아무런 덕을 쌓지 않고 감각기관을 제어하는 습관을 갖지 않는다면, 자신의 몸을 항상 현존하게 할 수 없다면, 마음새김으로 모든 유혹을 물리칠 수 없다면, 그리고 옳고 그름을 판단할 준거를 모른다면, 홀로 고요히 청정하게 지낼 줄 모른다면, 허리를 곧게 펴고 앉을 줄 모른다면, 좋은 것을 버리고 싫은 것을 취할 줄 모른다면, 어떻게 명상에 성공할 수 있겠는가? 붓다가 가르친 것은 유기적인 인간 전체의 삶이지 명상만을 수행하는 것이 아니었네.

사람들이 붓다가 걸어갔던 길과 동일한 높이를 설정하지 않는다면, 그것은 단지 붓다를 신격화하는 것에 지나지 않네. 따라서 나는 명상을 하기에 앞서 명상의 전제 조건을 채우려고 노력하네. 그래서 나는 늘 초보자처럼 위빠싸나를 명상하네. 그 명상을 통해 많은 틈새와 잘못을 발견하고, 그 이유를 찾아 고치려고 노력하네. 이러한 과정을 통해 나는 본질적인 것을 얻고 사소한 것은 버리지. 또 일상생활에서는 잠자는 시간과 음식을 줄이려고 노력하고, 무의식적으로 진행되는 의식의 흐름을 차단하려고 노력하네.

카비르는 말했지.

'그대가 몸과 마음을 모두 바친 신은 무(無)이다. 아무 것도 없는 그곳에서 지혜가 생겨난다. 눈은 스스로를 보지 못한다. 그러므로 신을 볼 수 없다… 우리가 말하는 것과 우리가 집착하는 것은 실재가 아니다. 단지 우리가 거기에 붙들려 있는 동안 그것을 놓지 않으려 하는 것뿐이다. 가고 오는 것은 모두 마야이다. 그러므로 아무 것도 원하지 말고, 아무 것도 기대하지 말아야 한다… 방랑하는 그대의 마음을 붙들어 매고, 그대를 응시하라. 기둥이 없는 사원은 끝내 허물어지고 만다…. 그대가 모든 희망을 버린다면 그대는 모든 것을 손에 쥘 수 있다. 그때 그대의 지식은 모두 불에 타 없어지고 그대의 몸은 빛으로 충만하게 될 것이다. 지혜를 가진 자는 움직이지 않고 아무런 힘도 남아 있지 않다. 그러나 아무도 그러한 성자의 옷자락을 만질 수 없다.'

끝으로 아프가니스탄의 수피였던 베딜의 시를 들려주고 싶네.

'이 세계는 맛있는 술이 담긴 술잔과 같다. 그러나 그것을 즐기는 자는 술에 섞인 죽음의 독을 마시는 것과 같다.'

지은이 退玄 전재성

철학박사. 서울대학교를 졸업했고,
한국대학생불교연합회 13년차 회장을 역임했다.
동국대학교 인도철학과 석·박사과정을 수료하고,
독일 본대학 인도학세미나에서 인도학 및 티베트학을 연구했으며,
독일 본대학과 퀼른 동아시아 박물관 강사, 동국대 강사,
중앙승가대학 교수, 경전연구소 상임연구원,
한국불교대학(스리랑카 빠알리불교대학 분교)교수,
충남대 강사, 가산불교문화원 객원교수를 역임했고,
현재 한국빠알리성전협회 회장을 역임하고 있다.
역서로는〈인도사회와 신불교〉(일역, 한길사),
저서에는〈거지성자〉(선재, 안그라픽스),
그리고 저서 및 역서로〈빠알리어사전〉〈티베트어사전〉
〈금강경-번개처럼 자르는 지혜의 완성〉
〈붓다의 가르침과 팔정도〉〈범어문법학〉
〈쌍윳따니까야 전집〉〈오늘 부처님께 묻는다면〉
〈맛지마니까야 전집〉〈명상수행의 바다〉
〈앙굿따라니까야 전집〉〈생활 속의 명상수행〉
〈디가니까야 전집〉〈신들과 인간의 스승〉
〈법구경-담마파다〉〈우다나-감흥어린 시구〉〈숫타니파타〉
〈천수다라니와 붓다의 가르침〉〈초기불교의 연기사상〉
(이상, 한국빠알리성전협회)이 있다.
주요논문으로〈初期佛敎의 緣起性 硏究〉
〈佛敎哲學과 環境問題〉〈中論歸敬偈無畏疏硏究〉등 다수 있다.

독일에서 페터와 함께한 7년

1999년 5월 25일 초판 발행
2004년 1월 10일 안그라픽스 개정판 상하 발행
2011년 5월 25일 한국빠알리성전협회 초판 재발행

지은이 전재성
펴낸이 도 법
펴낸곳 도서출판 한국빠알리성전협회
       (우) 120-090, 서울 서대문구 모래내길 430, 102-102
       Tel. 02-2631-1381. Fax. 735-8832.
       www.kptsoc.org

ⓒ 전재성 2011
정가 15,000 원

ISBN : 978-89-89966-70-8 03800